國朝

興亡史

THE RISE AND FALL
OF THE DYNASTY

治
國

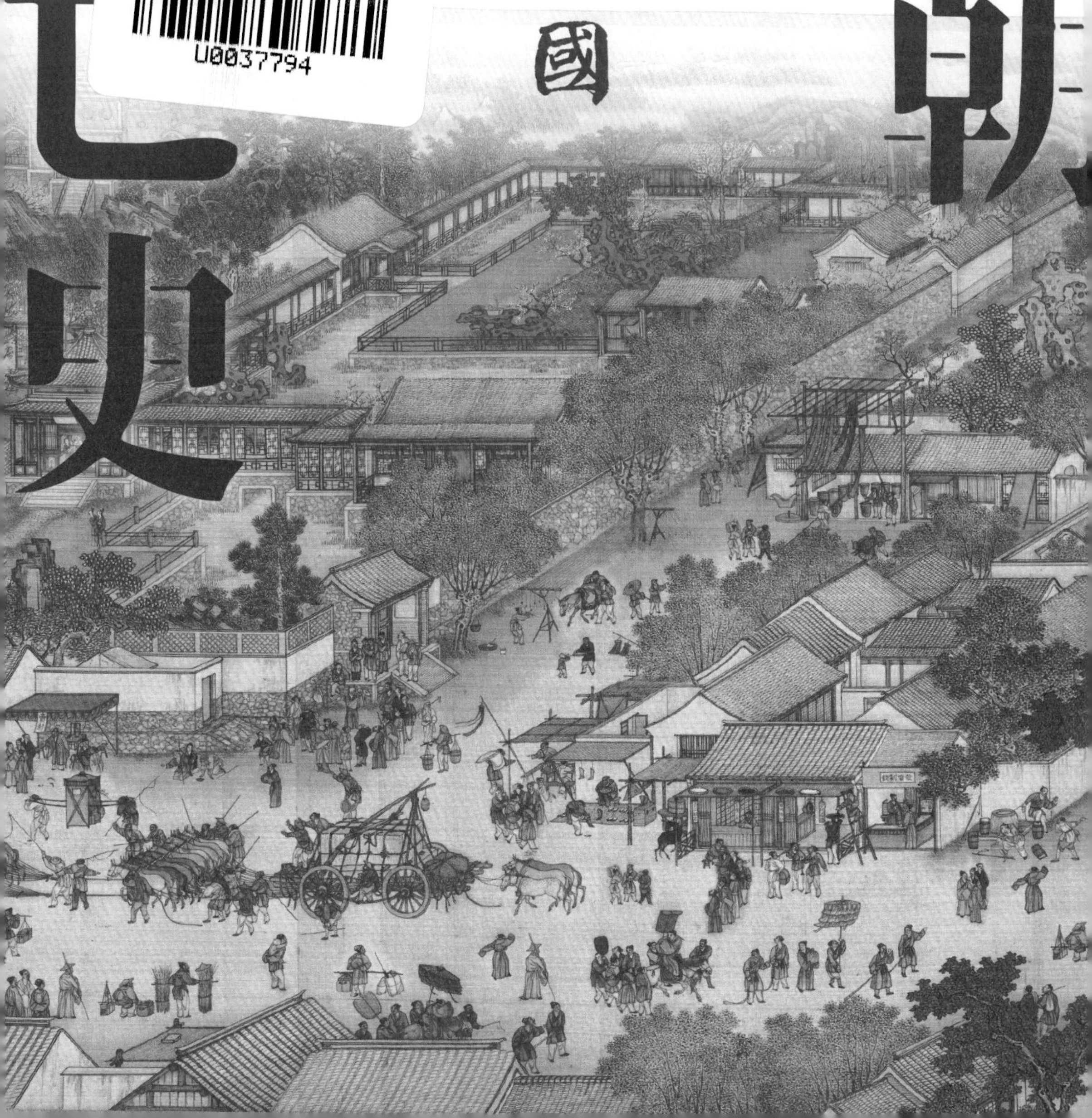

前言　勵精圖治，繼往開來

王延武、顧志華

本卷中出現的皇帝，都是以親子或親屬關係繼承皇位的，他們中的大多數是以接受「奉天承運，皇帝詔曰」的詔書或「遺詔」，合法地「龍登九五」的，但實際上，都是王朝上層各政治集團在傳統法理框架內爭鬥的結果。當然，由於西周以來確定的「長子繼承」原則影響深遠，有的皇位繼承人因年幼或其他原因沒有親身參與這種爭鬥。這樣，每一個繼承皇位的新天子，雖然大都痛哭流涕，誠惶誠恐，每一個擁戴新君主的大臣，都有一副「重任在肩」的模樣，但那內心深處的感受，可不一樣。至於尚在童年的天子，如果說他們自己的心中是一片童真，環侍在他周圍的母后、國戚、大臣的心，卻是陰晴難定。於是，中國歷史上每一個繼嗣之君的登基，都是一場揭示封建政治倫理和政治運作內幕的戲劇。欲瞭解傳統中國的政治狀態，不能不看看這一幕幕戲劇。

細分中國統系延續較長王朝的繼嗣之君，有繼位於王朝前、中、後期的不同。而中國封建社會的政治，因生產方式、生產關係及思想文化等的影響，呈現出治亂迴圈的現象。所以中國歷史上的每個王朝，從現象上看，都走著由治及亂的路。所謂由治及亂，是以君主和國家機構解決社會問題、安定社會秩序的視點、政策是否合於實際，是否有效為標準。走完這條路所用時間的長短，就與王朝繼嗣之君的政治作為有關。

一般說，王朝前期的繼嗣之君，如果能夠做到依靠開國時期形成的人才群體，妥善調整王朝上層政治集團的關係，將戰爭環境中不得不施行的軍事手段施於政治決策中，把握好與周邊國家或民族的關係，上下一心在解決戰爭遺留問題的同時，多少滿足社會各階級、階層的經濟等要求，整個社會就會安定下來，王朝便會從初步穩固進而走向強盛，王朝就會多幾個繼嗣之君。如果做不到，這個王朝便會是短暫，談不上再有幾個繼嗣之君了。唐朝太宗，北宋仁宗，可說是王朝前期繼嗣之君中的佼佼者。

中期的繼嗣之君則貴在能夠根據社會和國家的現狀，對國家的政策和機構作新的調整，以滿足封建國家長治久安的需要。如果，此種調整與中國社會自身的發展要求相吻合，那麼這位繼嗣之君就不僅延長了王朝的壽命，還會對以後的歷史進程產生巨大的影響。西漢武帝就是「立一朝之規則，開百代之風氣」的繼嗣之主，他可說是王朝中期嗣主中的上上者。

次於漢武帝的，是適時調整了部分政策的帝王。或政治，或外交，或經濟，或軍事，總要有些調整，而最關鍵的是「整頓吏治」。即調整上層的利益關係，強化國家機構的控制能力，加強官僚群體對王朝的向心力，提高政治運作的效能。唐玄宗開元年間的政治作為，宋神宗所推行的變法，是這類帝王施行的較典型的舉措。

再次是循祖宗成法而少更張，自己亦隨事應付的嗣主。這類帝王養癰遺患，但只是使王朝得了慢性病，不會令國家立刻就面臨崩潰。更等而下者，是驕、嬌之氣俱全，不親政務，不知世情的昏昏之主。這類帝王如只滿足於享樂，對國家大局的破壞性也還是慢性毒藥。既要享樂，又欲做一代雄主者，便可能立刻就造成嚴重的社會危機，王朝上層各集團如不能合力更換這類君主，便只能寄希望於皇帝自然死亡，如明世宗，就是很生動的例子。

一個王朝，在中期若間隔性地有一、兩位君主稍能解決些社會民生問題，又如果周邊關係無大的變化，如果還有幾個風調雨順之年，這個王朝便可能再延長若干年，於是乃有後期的繼嗣之主。

我們說一個王朝到了後期，就是因這個王朝的君主，及整個國家機構中的絕大多數成員，已經失去了對社會問題的準確判斷力，其內部關係也由此一片混亂。此種狀態使國家的行政決策和措施不斷失誤，國家對社會各階級、階層和不同利益集團的調控作用消失，社會動盪。社會動盪反過來又令君主與官員、官員與官員間的糾葛爭吵增加，社會與國家機構都處在無序狀態。這時的君主即便有心整頓，但面對積重難返的種種問題，已是力不從心。更何況此時的任何整頓，都會侵及某個社會集團的利益，會引發新的矛盾。新老矛盾交織，更令制定、推行的措施難以切中要害，只是徒然增添矛盾。因而，王朝後期君主的困惑和煩惱，常以盡情享樂，放棄責任來消解。整個官僚集團，也隨之進入「末日狂歡」的狀態。這樣，王朝覆滅的日子，就為期不遠了。這不僅是後期繼嗣君主個人的問題，也是整個國家機構已腐爛的結果。進而言之，則是整個社會對解決自身面臨的問題，已缺乏有效的手段了。

本卷中收入的繼嗣之君，是「繼世英主」？是「中興明主」？是「守成中主」？是「肇禍昏主」？作者們在忠實於歷史的基礎上，以生動的筆觸作了介紹。讀者不妨在閱讀這一篇篇饒有趣味的帝王傳時，根據上面提及的線索，再作「解讀」。

前　言

勵精圖治，繼往開來

目錄

前言　勵精圖治，繼往開來　002

第一章　齊桓公　姜小白

賢人輔佐，亂世奪權　018
管仲為相，完成霸業　023
赫赫霸主，驅攘平亂　028
違背遺策，終釀大禍　031

第二章 晉文公 姬重耳
懼禍流亡 038
奠定初基 043
終成霸業 047

第三章 楚莊王 羋旅
辨清形勢，大智若愚 054
重用人才，政治清明 057
問鼎周室，稱霸中原 061
勤惜民力，威德並用 066

第四章 秦孝公 嬴渠梁

以沖天之志，得羽翼之資 072
重用商鞅，更張秦政 075
賞罰必信，政令必行 078
兵伐魏國，收復河西 080
政成於內，敵服於外 083

第五章 漢武帝 劉徹

少年得志，君臨天下 088
強化專制，穩定國家 090
勤事邊陲，開拓疆土 094
漢之得人，於茲為盛 100

晚年知過，改弦易轍 105

第六章

北魏孝文帝 元宏

幼年稱帝，學有所成 114
班行俸祿，始推均田 116
遷都洛陽，實行漢化 120
改革官制，修定律令 124
崇儒尚佛，講究門閥 127
打擊守舊，守境伐齊 131

第七章　唐太宗　李世民

輝煌的軍事戰績　140
玄武門兵變登基　147
貞觀之治與開明君王　150
以開明求團結的民族政策　162

第八章　武周聖神皇帝　武則天

從才人到皇后　168
天后垂簾　172
武周女皇　178

第九章　唐玄宗　李隆基
陰影籠罩下的少年時代　190
歷經艱辛登帝位　192
選賢任能為治國　195
開元盛世局面的出現　196
盛極而衰　202
苦度晚年　206

第十章　後周世宗　柴榮
卓有成效的經濟改革　213
苦心經營的清明政治　218
整頓軍事的輝煌成就　222

第十一章　宋仁宗　趙禎
年少承大統，太后聽政　228
內外處困境，窮於應付　230
變法革弊端，曇花一現　235
第十二章　元太宗　窩闊台
繼位風波　246
強化汗權　249
聯宋滅金　253
三路掠宋　257
遣軍西征　258
降服高麗　261

第十三章 明成祖 朱棣

營建北京，天子守邊 266
威德遐被，治理奴兒干 271
政事之美，班班可考 275
奠安南方，鄭和遠航 279

第十四章 明世宗 朱厚熜

繼位重皇威，力圖除弊政 288
崇尚道教癡，寵奸國政敗 292
北疆鐵騎掠，沿海倭寇患 296
從諫罷嚴嵩，拒疏懲海瑞 301

第十五章 清聖祖 愛新覺羅・玄燁

勤奮好學，能文能武 310
打倒鼇拜，制止倒退 312
平定三藩，鞏固統一 315
巡視四方，體察民情 318
輕傜薄賦，發展經濟 320
抵禦外侮，維護獨立 322
控制思想，建設文化 324

第十六章 清世宗 愛新覺羅・胤禛

藩邸縱橫，終登帝位 330

第十七章

清高宗　愛新覺羅・弘曆

禁除朋黨，鞏固皇權　335
整頓吏治，發展經濟　340
加強集權，鞏固邊疆　344
性情剛毅，勤政務實　350
清除異己，鞏固皇位　354
炫耀武功，史稱十全　355
加強專制，頻繁出巡　359
嚴懲貪官，堅持不懈　361
繁榮文化，禁錮思想　364

第一章

齊桓公　姜小白

春秋時期，齊國第十五個君主齊桓公，姜姓，名小白，齊公子，齊襄公弟，西元前六八五年——前六四三年在位。

賢人輔佐，亂世奪權

齊襄公姜諸兒有兩個弟弟，長弟公子糾為魯女所生，次弟公子小白為衛女所生，都屬庶出。在襄公諸兒即位的時候，兩位弟弟也已長大，襄公指派管仲和召忽作公子糾的傅，指派鮑叔牙作公子小白的傅。

起初鮑叔牙對這項委任頗為不滿。他認為公子小白是次弟，繼承君位的希望很小，於是藉口生病，閉門不出。管仲知道後，走訪鮑叔牙，詳細地替他分析兩位公子的個性和潛力，管仲說道：「很明顯，兩位公子都有繼承君位的可能。而我認為公子小白更具實力。雖說按長幼順序來說，公子糾排在小白之前，但依我的判斷，如果齊國發生什麼變故，以公子小白的才智，他善於把握情勢，一定能圓滿解決。在這些方面，公子糾遠不如公子小白。到那時，要安定國家，就全靠鮑叔兄發揮才幹了。」鮑叔牙聽管仲這麼一推敲，心裡盤算著也有道理，終於答應做公子小白的傅了，兩人還相約，將來這兩位公子，無論誰繼位，兩人都要互相舉薦。

管仲，名夷吾，出身於破落貴族家庭，早年曾當過兵。管仲少年時，即已精通「詩」、「書」，又會駕車、射箭。為了供養生母，做些小本生意，遊歷過很多地方，對各地的風俗民情和社會狀況有所瞭解，積累了較豐富的社會經驗。可是，他早年家境不濟，一直鬱鬱不得志，幸得鮑叔牙慧眼識英雄，認為管仲是一個不可多得的人才。

由於政治見解的一致，兩人的友誼日益加深。在生活方面，鮑叔牙經常接濟管仲。二人合夥經商，鮑叔牙總是讓管仲多得一些利；二人一起當兵作戰時，管仲總能巧妙脫險。如果有人非議管仲，鮑叔牙也總是站出來為他申辯：「他家中生活貧窮，又要奉養老母。他之所以這麼做，不是因為他貪利、膽小，是因為他確實有他的困難之處啊！」管仲對這些非常感激，曾經感動地說：「生我者父母，知我者鮑叔啊！」由此可見，管、鮑二人的交情之深，這為日後輔佐齊桓公創建霸業提供了一個堅實可靠的基礎。

齊襄公在位時，淫亂異常，暴虐無已，甚至與自己同父異母的妹妹私通，還派人害死妹夫魯桓公，國內怨聲載道，人人憤恨。鮑叔牙便對公子小白說：「國君的淫逸遭到眾人痛恨，長此以往，必然釀成大禍。公子一定要勸阻他啊！」於是小白進宮勸諫哥哥：「人們對魯侯之死眾說紛紜。男女授受不親，是否要避一避，否則影響不好。請哥哥三思！」襄公不但不聽，還邊打邊訓斥道：「你這乳臭未乾的小子懂什麼，膽敢多嘴多舌！」這樣小白只得趕緊退了出去，感到非常委屈，回來向鮑叔牙哭訴。鮑叔牙嘆道：「有奇淫者，必有奇禍。」因此，他建議公子小白暫時投奔別國，以後再見機行事。小白覺得也好，但心裡沒譜，就問：「到哪個國家去呢？」鮑叔牙仔細斟酌了一番，答道：「不能到大國去，否則會受制於人。不如到莒國去，莒國既小又離齊國近，一定不會怠慢我們的！」於是他們就出奔到莒國去了。

西元前六八五年，齊襄公的族弟公孫無知與大臣連稱、管至父串連搞政變，殺了齊襄公，篡奪了王位。這時，管至父向公孫無知推薦其族人管仲，公孫無知遂想召管仲入朝為官，企圖拉攏管仲為其服務。管仲預料公孫無知好景不長，為他謀事，必遭其難。連忙和召忽、公子糾計議道：「他們自身都難保，我們跟了他，豈不成了犧牲品。得趕快離開這裡！」二人點頭稱是。因與魯國國君有親緣關係，他們便陪同公子糾投奔到魯國去了。

果然，一個多月後，雍廩、高傒諸大夫突然襲擊，把公孫無知、連稱、管至父殺掉了。這時，魯國想趁機控制齊國，便派人到齊國，要求立公子糾為君。這樣，齊國準備迎接公子糾回來繼位。

與此同時，在莒國避難的公子小白在國內高氏、國氏等貴族的支持下，也欲回國爭奪君位。魯莊公知道後，即刻採取行動，親自出兵，以曹沫為大將，護送公子糾回齊國。管仲稟告魯莊公：「公子小白在莒國，離齊國很近，萬一他搶先回國就麻煩了。請讓我先帶一隊人馬去截他吧。」莊公依了他。

於是，管仲向魯國借了一支軍隊在即墨和公子小白的隊伍相遇。管仲看到公子小白坐在車裡，就跑過去說：「公子別來無恙！今天想到哪裡去？」小白正色道：「回齊國辦喪事去。」管仲說：「有您哥哥，您就別去了，免得人家說閒話。」鮑叔牙雖說是管仲的好朋友，可他為了護著自己的主人，對管仲喊道：「咱們是各有其事，你就不必囉嗦了！」這時一旁的士兵也在吆喝著。管仲看情勢不妙，也不敢多說，一邊後退著，一邊在心裡盤算著，如何才能阻止公子小白回齊國。突然，他猛地一轉身，對準公子小白就射出一箭。箭矢所至，公子小白應聲而倒，口吐鮮血。管仲眼見公子小白中箭不起，趁著官兵們慌亂地圍向小白時，策馬逃竄。他認為大事已定，便派人向公子糾報告喜訊。於是，公子糾在魯軍的保護下不慌不忙地向齊國開進。

誰知這卻是管仲的一大失策。公子小白的確中箭了，但卻只射中小白的衣帶鉤，自以為大功告成的管仲也沒細察。機智的公子小白知道管仲箭法不錯，怕他再射一箭，就咬破自己的舌尖，噴血詐倒，這一招竟連鮑叔牙也被騙了。

待管仲走遠後，公子小白馬上坐起，眾人轉悲為喜。這時鮑叔牙連忙提醒大家：「不要大意，為了防範管仲再回來，我們得抓緊時間抄近道。」於是他給公子小白化了妝，抄小道來到都城臨淄郊外，而此時，公子糾一行尚在途中。鮑叔牙向公子小白建議：「你們先在此等候，我先進城去探個究竟。」

鮑叔牙進入國都，逐個拜訪各位大臣，盛讚公子小白的賢德，請求大臣們立公子小白。可大家都面有難色，有的說：「我們已派人到魯國去迎接公子糾，他也快到了，怎麼辦呢？」有的說：「公子糾為大，照理應該立他。」鮑叔牙爭論道：「齊國已連殺二位國君，國內混亂，非得有一個賢能的人才能控制住局勢，大家有目共睹，在這一點上，公子小白比公子糾強。況且，公子小白已先於公子糾回國。如果立了公子糾，豈不長了魯國的志氣，他們希望得到回報的胃口不是更大了嗎？」大夫隰朋、東郭牙齊贊鮑叔牙說得有道理。於是，當魯軍護送的公子糾還未踏入齊國境內時，齊國已用儀仗迎請公子小白入城即位了，這便是後來稱霸諸侯的齊桓公。

齊桓公登位後，派大夫仲孫湫去攔截魯莊公。莊公聞訊大怒，來不及埋怨管仲的大意，沖著齊使仲孫湫說：「自古以來都是立長，再說齊國也不能出爾反爾，那我豈不是帶領三軍白跑一趟？」仲孫湫只好拜辭，而後回稟齊桓公，桓公隨即發兵攻打魯軍。魯軍措手不及，背水一戰，結果大敗。

主將曹沫身負重傷，副將秦子戰死，梁子被俘遭殺。齊軍乘勝追擊，直打到魯國境內，將汶水以北的汶陽占為己有，派軍駐守。

接著鮑叔牙奏請齊桓公：「公子糾在魯國，終究是個隱患，不如讓臣率兵壓境，趁魯軍心有餘悸之時，迫使魯國除掉他！」桓公准奏。鮑叔牙先遣隰朋致信魯莊公並勸其就範，並再三叮囑臨行前的隰朋：「管仲是天下奇才，我將勸主公起用他，你一定要保證他安全回國。如果有什麼意外情況，要見機行事。」

魯莊公見信後，無可奈何，只好召集群臣商議後決定按齊使的要求以結好齊國，逼死公子糾，取其頭顱，再把召忽、管仲扣押起來，準備押回齊國。而召忽見主人已死，自己也一頭撞牆柱而死。

魯國大夫施伯，也是一個智勇之士，他把前後情況仔細一分析後，覺得其中另有因由，便私下對莊公說：「據我觀察，管仲不是個簡單的角色，齊國押他回去，肯定是想繼續留用他，幫助齊國重整旗鼓，這必然會威脅到魯國的安全。我們乾脆殺掉他，千萬不能讓他落在齊國人手裡來對付我們！」莊公同意了這個建議，準備對管仲行刑。隰朋一直密切地注視著事態的發展，看情形不妙，急忙對魯莊公說：「管仲曾箭射我國君，差點致命，我國君已對其恨之入骨，一定要親手殺了他，才解心頭之恨。如果貴國殺了他，我們國君一箭之仇未報，反而會怪罪貴國的。」魯莊公想了想，又聽信了隰朋的話，將囚車交給隰朋帶歸齊國。

此時關在囚車中的管仲，早已猜到能讓自己活著回去，肯定是鮑叔牙的謀劃，就怕魯君聽了施伯的話反悔，再遭追殺，他靈機一動，編了歌謠刺激押送人員快行，他們日夜兼程，原本要走兩天的路程一天就走完了。待齊國人走了之後，魯莊公越想越後悔，立即派兵追趕，無奈他們已出了魯國的地界。

管仲一入齊國境內，就見到昔日好友鮑叔牙早就在那兒迎候他了，還命人快將囚車門打開。所以，當門一打開，管仲不無感激地跪拜鮑叔牙：「要不是你的精心安排，我怎麼也逃不脫殺身之禍，今日就是我的再生之日啊！」鮑叔牙見到管仲安然無恙地回來，喜出望外地說：「我不但要讓你活著回來，還要把你引見給主公呢！」管仲慚愧地說：「我輔佐的是公子糾，不但沒讓他取得君位，還讓他喪了命，已失臣節，況且還要為仇人做事，九泉之下的死難者一定會恥笑我的。」鮑叔牙安慰道：「俗話說：『成大事者，不恤小恥；立大功者，不拘小諒。』你有治天下的才氣，而主公又是個有抱負的君主，如果你能幫助他使齊國富強起來，一展你的才華，這豈不是好事嗎？」聽了鮑叔牙的一番勸慰，管仲連連道謝。

管仲為相，完成霸業

鮑叔牙把管仲安頓好了後，自己先行一步趕去朝見齊桓公，他先報告了任務已圓滿完成，然後祝賀桓公又得到管仲這樣一個賢德之士。桓公覺得納悶，心想自己在驚濤駭浪之中登上君位，對管仲那一箭耿耿於懷，恨不得將其千刀萬剮，鮑叔牙這時還敢提他。於是，沒好氣地說：「他差一點就要了我的命，難道我還要再重用他不成？」鮑叔牙忙解釋道：「那時他是公子糾的傅，做臣子的都各為其主。主公若能重用他，他能為您幹出一番大事來，何樂而不為呢？」聽鮑叔牙這麼一說，桓公勉強答應赦管仲不死。

鮑叔牙見事情有了轉機，進而說道：「我很幸運能追隨主公並擁立主公登上君位，而我自認為才識和能力方面還有明顯不足。如果主公只想統治齊國，那麼有我和高傒輔佐就夠了，但想稱霸天下，則非管仲這個經世良才不可。」桓公默不作聲，鮑叔牙繼續說：「如果主公能起用管仲，天下有才之士知道您不計前嫌，尊賢禮士，都會來投奔您的。更何況要一統天下，必須要有內安百姓，外撫諸侯，富國強兵的人才，所有這些管仲都比我強。因此，主公要成就一番大事業，不但要重用管仲，而且還應拜管仲為相國。」

桓公經鮑叔牙的力勸，很受啟發，對鮑叔牙一心想振興齊國，不計個人得失的行為，倍加讚賞。斟酌之後，表示要面試管仲，並想試探一下管仲是否如鮑叔牙所說的是個人才。

齊桓公經過一番觀察和交談，被管仲的才識膽略深深折服，認為他確實有著經天緯地之才，匡世濟時之志，於是任命他為相國，把國政悉數委託於他。這樣也給了管仲一展才華的機會。

一日，桓公問管仲：「相國對安定國家，創建霸業有什麼良策？」管仲坦率地說：「君王要創建霸業，首先要能識賢、用賢，並且信任他，但一定要謹防小人滲入。臣認為，巍巍大廈不能只靠一根大樑，浩瀚大海不能只靠一條河流，所以建議主公起用五個人。」桓公忙問：「哪五個人？」

管仲回答：「管理官吏，能言善辯，隰朋作大司行最合適；因地制宜，發展農業，寧越作大司田最合適；指揮軍隊，攻城掠地，王子成父作大司馬最合適；明察冤獄，善斷訴訟，賓須無作大司理最合適；剛直不阿，犯顏直諫，東郭牙作大諫官最合適。主公如能任用這五個人，我國建立霸業就指日可待了。」桓公欣然同意，採納了管仲的建議。同時懸榜國門，號召國人獻計獻策，招納四方志士。

通過這些措施，齊國政局煥然一新，桓公也更為器重管仲，尊稱他為「仲父」，當朝宣佈：「朝廷各部，任何重大事情，先報仲父，再報寡人。如何辦理，也由仲父決定！」這樣，管仲輔助齊桓公在政治、經濟、軍事等各方面進行了一系列的改革，特別是他因地制宜，大力發展農漁業，使齊國逐漸走出低谷，富強起來。

齊桓公雖然豁達大度，起用賢能之士，安邦興國，但也忽略了管仲的忠告，讓三個小人滲入：一個是為了求寵而自願為宦者的豎刁；一個是殘忍到把自己三歲的親生兒子烹製成美味獻給桓公品嘗的易牙；最後一個是貪慕虛榮，留齊做官的衛懿公的長子開方。這三個人溜鬚拍馬，深得桓公的寵倖，成了桓公生活中離不了的角色，桓公經常讓他們隨侍左右，所以齊人稱其為「三貴」，他們的存在給日後的齊國霸業留下了隱患。

魯莊公一直為放走管仲而暗自後悔，一聽到管仲做了齊國的相國，更加懊悔。為防齊國再次攻打魯國，他下令打造兵器，練兵備戰。齊桓公得到這個情報，就想主動出擊，出兵攻魯，雖遭到管仲等大臣的強烈反對，但桓公執意而行，並相邀楚軍參戰，想仗著人多勢眾，一舉殲滅魯軍。

而魯國這方面，莊公積極迎戰，且他任用頗有軍事指揮才能的曹劌充當軍師，兩軍在長勺相遇。齊軍在經過三次衝鋒未成功的情況下，反被打垮退出魯境，還退還了原屬魯國的汶陽。

長勺之敗深深地震撼了齊桓公，於是他聽從管仲的建議，重整旗鼓，全力以赴，恢復經濟，發展生產。桓公在管仲等大臣的輔佐下，實施了一系列切合實際的方針政策，為齊國稱霸奠定了堅實的物質基礎。

三年後，齊桓公再次興兵伐魯，大獲全勝，佔領了魯國的遂邑。心有不甘的魯莊公在柯與齊國會盟，令曹沫手拿匕首脅迫齊桓公歸還魯國領土遂邑。情急之下，齊桓公只得答應將三次戰爭所奪之地一併歸還。盟畢，桓公倍覺負氣，想再次攻打魯國，但與管仲一商議，又感到君子一言，駟馬難追，已經答應了別人的事，再反悔就不對了，於是把這事停了下來。這件事情一傳開，許多諸侯國都覺得桓公寬宏大度，是一個可信的賢德之君，紛紛表示願同齊國結盟，桓公一一答應下來。齊國也因這件事聲譽鵲起。

由於周天子權威的喪失，各諸侯國遇有內亂，周天子也無力平定。

這一年，宋國南宮萬殺死宋閔公，野心勃勃的齊桓公想趁機掌握宋國的命運，但唐突行事又不好，於是接受管仲的建議派遣使臣先去朝拜剛繼位的周僖王。這一招博得了長期無諸侯國使節朝拜的周天子的歡心，周天子當即委派齊桓公負責宋國的新君即位事宜。

這樣，齊桓公名正言順地相邀各諸侯國，來年三月初一到北杏召開大會，共同決定宋國的君位，並按管仲的建議，決定設置周天子座次，把兵車留在界外，不炫耀武力，以禮相待。應邀赴會的陳宣公杵臼、蔡哀侯獻舞、邾子克，看到齊桓公並不以武力相脅，深為其誠意感動，一致推舉齊桓公為盟主，只有宋桓公以「公」的爵位列於齊侯之後而不服，於第二天五更時不辭而別。大家都很不滿，齊桓公更是大怒，要追擊他，管仲急忙勸阻：「他畢竟來赴會了，而魯、衛、鄭、曹四君違抗王命，不來赴會，不可不討伐。依臣看，不如先降服魯國更具威力。」

於是齊桓公宣稱魯國的附屬國遂國未到會，舉兵問罪，一舉滅遂。然後進軍魯國。魯莊公聞訊，急忙召集施伯、曹沫眾大臣商議，他們一致認為以和為好。這樣兩國會盟，和平解決了爭端。隨後，衛、鄭、曹也附和會盟。

西元前六八〇年，齊桓公派使者朝拜周僖王，報告宋桓公不從天子之命，請求出兵討伐宋國，又聯合陳、衛、曹討宋。途中，齊桓公路遇牧牛的衛國人甯戚，在管仲、隰朋的推薦下，他被封為大夫，作為使臣到宋國規勸宋桓公。經過甯戚的一番遊說，宋桓公帶著禮物，拜見齊桓公。而齊桓公也很大度，把禮物奉獻給周天子使者，答應了宋國的入盟。

第二年，齊桓公約宋、魯、衛、曹、鄭、邾、蔡等八國在幽地歃血為盟，各諸侯一致推舉齊桓公為盟主。這時，齊國稱霸的局面終於確立，齊桓公也因此成為春秋時代的第一個霸主，天下暫時太平了一段時間。

赫赫霸主，驅攘平亂

西元前六六三年，仗恃地險兵悍，屢屢侵擾中原的北方山戎國，入侵燕國，擄掠錢財女色，燕莊公不敵，告急於齊桓公。於是齊桓公聯合燕莊公和無終國率軍合力討戎。齊桓公親率三軍千里征戰，因戰爭時間長，氣候惡劣，地勢險峻，桓公為了鼓舞士氣，親自慰問官兵，同官兵一起挖地泉，一起編軍歌，使官兵上下齊心，不斷克服一個又一個的困難。一次打敗山戎後，齊軍乘勝追擊，被假投降的敵人引入沙漠之中，當時正值隆冬，北風呼嘯，三軍又冷又餓，陷入困境。齊桓公聽取管仲「老馬識途」的建議，終於順利走出死地。

在作戰過程中，齊桓公制定了嚴明的紀律：所有將士不得傷害山戎百姓；士兵投降不准殺，來去自由；軍官率部投降一律獎賞贈官。這一系列政策，使山戎百姓心存感激，他們還擴大了戰果，趕走了山戎軍，一直佔領了北方的孤竹國，齊軍大獲全勝。

齊桓公率軍凱旋並把方圓五百里的孤竹國贈給燕莊公，莊公遜謝不敢接受：「您為我們打走了戎敵，感激都來不及，還贈地於我，實不敢當。」桓公則懇切地說：「北方僻遠，怕戎人再捲土重來，現在有了這些田地，成了大國，戎人就不敢侵略。再說貴國是北邊的屏障，您一方面向天王朝貢，一方面守著北部，我豈不榮幸地沾光了嗎？」聽了齊桓公慷慨陳詞，燕侯感激萬分，隨即親自相送，兩君懷著永遠和睦相處的願望，灑淚作別。後來，齊桓公救燕贈地的事傳開了，大家都盛讚齊桓公的威德，稱他頗具霸主風範，大大提高了齊桓公的聲譽。從此各諸侯有了大事，都請齊桓公主持。

正當齊國忙於討戎助燕之時，楚國日益強大起來，連年出兵北上，侵擾各諸侯國。西元前六五六年，為抑制其擴張趨勢，保持霸主地位，齊桓公統領齊、魯、宋、陳、衛、鄭、許、曹八國聯軍，首先攻破楚的屬國蔡。進而乘勝逼近楚境。桓公派管仲責問楚國：「楚國仗勢欺小，不講道義；不向周王室進貢，有失禮儀；周昭王南征死於漢水，又該當何罪？」問得楚成王無言以對，只好派大夫屈完向齊求和。桓公考慮到楚國地域遼闊，兵強馬壯，大可不必再向他們炫耀武力，便答應和楚訂立盟約。這是中原諸侯國在齊桓公的率領下第一次聯兵伐楚，挫敗了楚國北上的鋒芒。

魯莊公去世後，莊公的三個弟弟和齊桓公的妹妹、魯莊公夫人哀姜，為了立君之事，互相殘殺，弄得國家大亂。齊桓公派兵幫助魯國平定了叛亂，立公子申為君，即魯僖公。在這次激烈的爭奪中，齊桓公秉公而斷，召回哀姜斥問：「魯國兩次弒君，都與你有關，對齊魯兩國關係多有影響啊！你還有什麼臉面去見人？」魯僖公一即位，齊桓公立即派上卿高傒去同魯結盟，穩定了僖公的君位，使得在中原很有影響的魯國真正尊齊桓公為霸主。

魯國既服，齊桓公威名愈振，諸侯悅服，桓公的霸主地位更加穩固。西元前六五八年，齊桓公聽衛國、邢國使臣報說北狄入侵兩國。桓公一問原因，衛國是因為衛懿公終日玩弄寵物，不理國政，朝野一片混亂；而邢國是因為國小力弱，被狄人乘虛而入。桓公問管仲：「怎麼辦，是否去救？」管仲回答：「列國諸侯都尊敬主公，只有去救，才能更具威信。」桓公覺得可行，便欣然放行在齊國安家做官的衛公子燬（同「毀」），協同齊長公子無詭率兵趕走了狄人，幫助衛國百姓重建家園。燬即位為衛文公，齊人還與衛國聯合救邢，齊、魯、宋會師聶北，狄人一看三國救兵已到，搶先掠奪財物、放火燒城，逃之夭夭。邢侯叔顏見了桓公哭倒在地，桓公急忙扶起他，安慰他，並為來遲一步深感內疚，於是他發動三軍幫助邢國在夷儀重建京都。

驅戎趕狄、平魯伐楚、救衛助邢等功績，使齊桓公再一次提高了威望。他的霸業達到了頂峰，就是周王室想裁決一件大事，也要請齊桓公召集各會盟諸侯國共同商議。

西元前六五五年，周惠王想廢黜太子鄭而立少子叔帶。齊桓公認為違反「立長」的周禮，惠王懾於桓公的壓力，雖然不高興也只好准奏。桓公便召集各諸侯在首止會盟，確定了太子鄭的地位。過了三年，周惠王去世，太子鄭怕叔帶爭位，向桓公告急求救。齊桓公於是重邀各諸侯和王室代表，在洮會盟，立太子鄭為周天子，即周襄王。為重謝齊桓公，在桓公大會諸侯於葵丘之時，襄王派使臣宰孔到會，以祭肉賞賜給桓公。

六年之後，周襄王之弟叔帶勾結戎、翟，兵圍京城洛邑，襄王派人向各諸侯國求救，齊桓公派管仲率軍救援，戎軍憚於齊的強悍而退兵，並派使者到齊營謝罪。管仲以「共尊王室」的大義規勸戎王親自拜見周襄王求和，戎王領情照辦了。

違背遺策，終釀大禍

齊桓公即位以來，在管仲、鮑叔牙等幾位重臣的輔佐下，不但把齊國治理得很好，還幫助、救濟周圍弱小的諸侯國。可是，在晚年卻犯了一個致命的錯誤，沒有接受管仲的臨終之言，繼續留用小人干涉國政，以致葬送了霸業。

齊桓公有三個夫人和十幾個妃子。三個夫人未有子嗣，而受寵倖的六個妃子各有一子：長衛姬生公子無詭；少衛姬生公子元；鄭姬生公子昭；葛嬴生公子潘；密姬生公子商人；宋華子生公子雍。在立太子一事上，桓公曾和管仲商議過，雖說這六位公子都是庶出，論年長數無詭，且他侍奉桓公時間最長；論賢能卻要數昭。六位公子的母親都向桓公表示要立自己的兒子為太子，桓公對此事都答應考慮，但君位只有一個，於是桓公把這些情況告訴管仲，問道：「相國，你有什麼好辦法？」管仲素知易牙、豎刁二人奸佞，又得寵於長衛姬，若日後立無詭為君，必定內外勾結擾亂國政；公子昭是六位公子中最有能力的一位，為鄭姬所生，若立昭為太子，齊、鄭的友好關係會更加牢固，於是他便說：「要繼承霸業，非立賢明的公子不可。既然主公覺得昭賢明，何不立他。」桓公聽了，雖表示贊同，但也沒有採取實際的措施，遲遲不宣佈誰為太子。

西元前六四五年，管仲因為長年的奔波辛勞，終於病倒。桓公幾次前往問候，握著他的手問道：「仲父這次病得太厲害，如果一時難以康復，我該將大任委託於誰呢？」管仲感嘆道：「可惜啊！甯戚早死，現在只有隰朋、鮑叔牙最合適，但恐怕隰朋也年事已高了！」

管仲告誡桓公，一定要遠離易牙、豎刁、開方三人。桓公不解地問：「這三個人棄子棄親，效忠於我多年了，為什麼不可以重用？」管仲解釋道：「此三人為了迎合君主，連自己的骨肉都忍心殺害，也不愛惜自己的身子，對自己的父母也不尊敬，還能愛別人嗎？他們親近您是另有所圖的，總有一天會原形畢露。」管仲請求桓公一定要逐走他們三人，免得滋生禍患。

第二天，管仲病逝，齊桓公遵從管仲的遺言，將易牙等三人逐出宮去，並任隰朋為相。但不到一個月，隰朋就病故了，齊桓公只好再任鮑叔牙為相，一切沿襲管仲定下的政策。所以各諸侯國君還都能聽齊的號令。

不久，淮夷侵犯杞國，杞人求救於齊，齊桓公親會宋、魯、陳、衛、鄭、許、曹七君率師救杞，並把杞都遷到緣陵。西元前六四四年，北戎再次進攻周王室，桓公又下令各諸侯國發兵討伐。同年，晉國公子重耳因內亂出奔齊國，桓公熱情款待重耳，並鼓勵他伺機復國。重耳在齊國一住就是好幾年，桓公還許以齊宗室女，嫁之為妻。

齊桓公自逐走易牙等三人後，一直都茶飯不香，在長衛姬的慫恿下，又召回了他們。鮑叔牙很為國家的前途擔憂，數次勸諫。但桓公置若罔聞，鮑叔牙不久鬱鬱而死。三個佞臣重新得勢，少了管仲和鮑叔牙，他們三人更是橫行霸道，專權謀亂。

隨著老臣們的相繼去世，齊桓公在國事上感到孤立無援，長年溺於酒色，心力不濟。易牙等三人乘虛而入，逐漸掌握國政。西元前六四三年，七十三歲的齊桓公一病不起，呼喚左右，無人應答。

易牙、豎刁、公子無詭、長衛姬等人見此機會，命人在桓公的寢宮外築起高牆，只留一個洞口留作觀望用，還假傳君命任何人不得入內。

突然有一日，迷迷糊糊地桓公聽見有人自窗而入，便問：「是誰？我好餓，給我弄點吃的來。」來人含淚說道：「我是您的小妾晏娥，什麼東西都沒法弄進來，連水都沒有。我是偷偷從樹上爬過來的，易牙、豎刁等人守在外面，不許任何人進來，公子昭也被擋在外面。」這時，桓公老淚縱橫地嘆道：「仲父真是個有遠見的聖人，我卻糊塗到如此地步，真不該辜負仲父的囑咐啊！」一會兒又奮力急呼：「天啊！我小白叱吒風雲一生，難道就這樣完了嗎……」話沒說完，連吐幾口鮮血，頭一歪就斷了氣。懷抱著桓公的晏娥見狀，痛不欲生，然後沖著門柱猛撞過去，一縷幽魂追隨桓公去了。

齊桓公一死，爭奪君位的混戰隨即展開。兩個多月後，公子無詭在易牙、豎刁的推舉下即位。公子昭連夜逃往宋國，其他公子看大事不妙，也紛紛出逃。

公子昭逃到宋國後，向宋襄公哭訴，宋襄公受齊桓公生前囑託，於西元前六四二年，聯合衛、曹、邾四國之師，攻打齊國，殺死無詭和豎刁，轟走易牙，立公子昭為君，這便是齊孝公。

齊桓公是春秋時期的第一個霸主，在周王朝日漸衰敗的情況下，他奮起維護各諸侯國的統治秩序和共同利益，抵制了戎狄部族對中原的侵擾，平定了各諸侯國之間的混戰和內亂，緩和了社會矛盾。齊桓公稱得上是一位雄才大略的威武之君。

齊國地處中原東部，人傑地靈，物產豐富。齊桓公即位以後，選賢任能，其中最為突出的是他不避嫌疑，啟用管仲。管仲一任職，就開始推行一系列政治、經濟、軍事等改革，使齊國增強了國力，迅速強盛起來。齊桓公之所以能脫穎而出，一舉稱霸諸侯，並憑藉強大的經濟、軍事實力，在「尊王攘夷」的旗幟下，不斷樹立霸主的威望，這和相國管仲的輔佐分不開。

當然，齊桓公在位時期所進行的一系列改革還不夠徹底，隨著社會矛盾的激化，各諸侯國之間的矛盾及各國內部矛盾逐漸加劇。他早年播下的禍根終究釀成大禍，他的幾個兒子為了爭奪君位，相互殘殺，紛擾不絕。不久，齊桓公創下的霸業也就衰落了。

王蓓 文

第一章
齊桓公　姜小白

第二章

晉文公　姬重耳

晉文公（西元前六九七年——前六二八年），姬姓，名重耳，晉獻公子，春秋時期晉國的國君，西元前六三六——前六二八年在位，春秋「五霸」之一。

懼禍流亡

申生、重耳、夷吾、奚齊、卓子都是晉獻公的兒子，申生是太子，重耳和夷吾是狄人所生，奚齊和卓子分別是妃子驪姬和她陪嫁的妹妹所生。

晉獻公晚年，被驪姬迷得糊理糊塗。驪姬為了讓親生子奚齊繼承君位，讒害了太子申生。太子一死，重耳和夷吾知道他們危在旦夕了，於是趕緊逃命。於是，重耳逃到了蒲城，可是晉獻公還不肯善罷甘休，派宦臣寺人披帶兵追殺重耳。因為蒲城是重耳的封地，那裡的人願意為了他而同獻公的軍隊作戰，可是重耳卻說：「靠著君父的任命，我才能享受俸祿，才能得到百姓的擁戴，得人擁戴就跟君父對抗，沒有比這更大的罪惡了，我還是逃走吧。」哪料寺人披追了上來，一把拉住他的袖子，舉刀就砍，那又肥又長的袖子救了重耳，只有那塊衣袖被砍掉了，重耳逃到了他姥姥家狄國。他的舅舅狐偃、謀臣趙衰、顛頡、魏武子、司空季子、介子推等人跟隨他在一起。

這麼一來，死了一個太子，兩個公子逃跑了，奚齊就做了晉國的太子。在重耳逃到狄國的第五年，晉獻公死，奚齊和卓子也被人殺了，晉國沒有了國君。這個時候，雄心勃勃的秦穆公乘機出來幫助晉國，想以此來擴張自己的勢力。他派公子子顯分別向重耳和夷吾弔唁，以探聽他們的動向。子顯對重耳說：「奪取君位機不可失，公子您怎麼不考慮考慮呢？」重耳深謀遠慮，他知道時機還不成熟，不便行動，於是他說：「父親剛過世，做兒子的只感到悲痛，哪兒敢有什麼妄想，丟先人的臉。」而當子顯對夷吾說同樣的話時，夷吾卻私下裡對子顯表示如果秦穆公肯幫助他回到晉國，他願給秦穆公豐厚的謝禮。公子子顯回去後照實向秦穆公報告了。秦穆公自然知道誰更適合做晉國的國君，但他權衡利弊，最後決定還是立夷吾為國君，即晉惠公。

重耳在狄國一住就是十二年，晉惠公夷吾怕重耳搶他的君位，派寺人披再次去行刺，重耳得知後被迫再次逃命。

重耳他們要到齊國去，但先得經過衛國，衛文公不許他們進城，氣得他們火星直冒，但他們畢竟是落難的人，除了繞道別無他法。途經五鹿的時候，他們個個餓腸轆轆，只好向鄉下人討飯吃，鄉下人先奚落了他們一番，然後嘻嘻哈哈地送過來一塊土疙瘩。重耳看見鄉下人嘲笑他們，惱羞成怒，揚起鞭子就要打那個鄉下人，狐偃連忙勸阻：「這不正是上天要賜予您土地的吉兆嗎？」重耳聽了，立即叩頭接受了那土地。

他們又餓著肚子堅持走了十幾里，再也走不動了，只好在一棵大樹底下坐的坐、躺的躺，休息休息。有人掐了一些野菜，煮了野菜湯，送去給重耳吃，可是重耳哪裡吃得下這種東西？他皺著眉頭把野菜湯還給了他們。狐偃說：「趙衰那兒還有一竹筒稀飯，他怎麼又落在後面了？」魏武子撇了撇嘴，說：「甭提了！一筒稀飯，他自己都不夠吃，哪裡還有留給我們的。」這時，介子推端來了一碗肉湯，捧給重耳。重耳一嘗，味道還不錯，一口氣吃了個碗底朝天。吃完了，他才問：「這肉湯是哪兒來的？」介子推說：「是我大腿上割下來的肉。」重耳一聽，淚流滿面，介子推說：「只願公子能夠回國，做一番事業，我這一點疼算得了什麼。」這時候趙衰也趕到了。他說：「我腳底下全起了大泡，走得太慢了。」說著，把一竹筒稀飯捧給重耳，重耳說：「你吃吧！」趙衰哪兒能依。他在稀飯裡和了點水，分給大家，一人一口。魏武子不好意思地低下了頭。

他們就這麼有一頓沒一頓地到了齊國，齊桓公大擺筵席給他們接風。還將宗室女嫁給重耳，又送給他八十四匹馬。重耳舒舒服服地一住就是幾年，狐偃等人認為這樣待下去會誤了大事，便在桑樹林子裡秘密地計畫，先把行李搬出來，然後請公子出來打獵，到了城外，就請他離開齊國。他們的計畫恰巧被一個採桑葉的女奴聽到了，她將此事告訴了重耳的夫人姜氏，姜氏大仁大義，也認為重耳應該離開齊國，便與狐偃商量好了一個辦法。晚上，姜氏用酒灌醉了重耳，狐偃等人把他抬到車上，離開了齊國。

他們到了曹國，曹共公聽說重耳的肋骨連在一起，想看個究竟。當重耳洗澡時，曹共公毫無禮貌地走近他身邊看他的肋骨。曹國大夫僖負羈回到家跟他的太太說了這件事，太太說：「晉公子有那麼多的能人跟著他，他一定能回國主政，到那時，他如果要報仇，曹國第一個逃不了。你不如跟他結交結交，留個後路。」於是僖負羈備了酒食，還在盤裡藏了一塊玉。重耳收了酒食，卻退回了那塊玉。僖負羈說：「公子重耳在正需要盤纏的時候，還不肯接受我的禮物，可見他的志向不小。」

重耳一行人離開曹國，到了宋國，宋襄公送給他八十四匹馬，把他們打發走了。

他們到達鄭國，鄭文公不理他們。鄭國大夫叔詹對鄭文公說：「晉公子有三件事是受上天眷顧的，上天或許要立他為晉國的國君。第一件，男女同姓結婚，他們的子女不旺盛，可是晉公子的父母均為姬姓，而他一直生機勃勃活到現在；第二件，他流亡在外，而上天卻一直不讓晉國安寧，大概是在為他回國創造條件；第三件，有幾個很有才能的賢士追隨他到處流浪，我們應當禮遇他們。」可鄭文公卻毫不理會。

楚成王可就不同了。當重耳他們到達楚國之後，楚成王把他當作貴賓招待。有一天，楚成王問重耳：「如果公子將來回到晉國，拿什麼酬謝我？」重耳說：「金銀財寶貴國應有盡有，我實在想不出用什麼來報答您。」楚成王不肯放棄：「話雖這麼說，你多少總得報答我吧。」重耳回答說：「如果托您的福，我能回到晉國去，我願跟貴國友好往來，讓兩國的老百姓都過上太平的日子。萬一晉楚兩國發生戰爭，在中原相遇，為了報答您的恩德，我們晉國軍隊將會退避三舍。如果楚國還不退兵，那麼，我將左手提著弓，右手摸著箭袋，跟你們楚國周旋一番。」

重耳這番委婉的說辭，實際意思是，如果晉楚兩國交兵，我先退九十里以報今日之恩，然後我們將真刀真槍決一死戰。

楚國大夫子玉聽到重耳出此不遜之言，請求楚成王殺掉重耳，可楚成王卻說：「晉公子志向遠大而且嚴於律己，善於說辭而且禮數周到。他的隨從態度恭敬而且待人寬厚，才能過人而且忠心耿耿。現在晉國的國君失去了人心，國內外的人都討厭他。我聽說姬姓諸國之中，唐叔的後代將是最後衰亡的，這大概就是因為晉公子重耳的緣故吧！上天要讓他興旺，誰能夠除掉他呢？違背天意必定大難臨頭。」

有一天，楚成王對重耳說：「秦穆公派人來我這兒，請公子到那邊去。敝國離貴國太遠，如果我要送您回去，得路過好幾個國家，秦國跟貴國離得最近，秦穆公肯幫助您回國，這真是再好不過了，您還是到秦國去吧。」於是，重耳一行到了秦國。

當初，秦穆公立公子夷吾為國君，就是晉惠公，沒想到他竟恩將仇報。秦穆公為了控制在秦國作人質的晉惠公的公子圉（音同語），把女兒懷嬴嫁給他，公子圉聽說他父親病了，怕君位傳給別人，就偷偷跑回去，繼承了君位，就是晉懷公，也不跟秦國來往。秦穆公後悔當初立了夷吾，因此，他決定要立公子重耳做國君，於是把他從楚國接了來。

重耳一到秦國，就受到非常熱情的接待，秦穆公甚至把五個女兒嫁給他，其中有一個就是懷嬴。有一次，懷嬴捧著盛水器倒水給重耳洗手，洗完後重耳揮手叫她走開，懷嬴非常生氣，說：「秦國和晉國是平等的國家，你憑什麼輕視我？」重耳聽後，馬上就意識到了自己的行為所產生的不良影響，他害怕會妨礙他的復國大業，便脫去上衣，自囚以謝罪。有一天，秦穆公設宴款待重耳，趙衰陪同前往。宴會上，重耳朗誦了《河水》一詩，以表示晉國將歸向秦國；秦穆公朗誦了《六月》一詩，預祝重耳事業成功，並勉勵他輔佐周天子。趙衰趕緊說道：「重耳拜謝君王賞賜的美言。」重耳馬上行稽首大禮，秦穆公表示不敢受此重禮。趙衰說：「您用輔佐天子的詩篇來囑咐重耳，重耳怎敢不拜謝呢？」

奠定初基

西元前六三六年，秦穆公派兵護送重耳回國即位。走到黃河邊上，上船的時候，管行李的人非常小心地把所有的東西都搬上了船，他忘不了以前受的那些苦難，連一些破破爛爛的東西也沒落下。

重耳看見了，哈哈大笑說：「我現在是去做國君，想要什麼有什麼，還留著這些破破爛爛的幹什麼？」狐偃一瞧這情形，就拿著一塊白玉對重耳說：「我牽著韁繩跟隨您走遍天下。我的過失太多了，連我自己都知道，何況您呢？您現在馬上就要回國了，就允許我離開您吧！」重耳說：「你們跟著我吃了十九年的苦，全靠你們的幫助，才有今日，回去後我們就有福同享了，你怎麼說不去了呢？」狐偃說：「從前公子落難，我多少對您還有點用處，現在您做國君了，自然另有一批新人使喚，我們好比那些破爛，還留著幹什麼呢？」重耳聽罷，臉紅了，馬上發誓說：「我如果不和舅舅一條心，任憑河神懲罰！」說完，把那塊白玉投入黃河。這個舉動消除了老臣們的顧慮，使他們一如既往地為重耳盡忠盡力。

他們過了黃河，接連攻下了幾座城，晉懷公逃走了。晉國的大臣們迎接了公子重耳，立他為國君，即晉文公。晉文公四十三歲逃往狄國，五十五歲到了齊國，六十一歲到了秦國，即位的時候已經六十二歲了。

晉文公即位的第二天，就派人刺死了逃亡的晉懷公，以絕後患。懷公原先的心腹呂甥等人害怕了，聯合寺人披密謀焚燒晉文公的宮室，企圖殺死文公。

寺人披想把這事告訴晉文公，可文公卻推辭不見，說：「蒲城那場戰爭，獻公命令你一天後到達。你當天就到了；後來我跟隨狄國國君在渭水邊上打獵，你又替惠公來追殺我，惠公令你三天到達，你第二天就趕到了。雖然有國君的命令。但你為什麼來得那麼快？我被你砍掉的那截衣袖還留著呢，你還是趕快走開吧！」

寺人披回答說：「我以為您回國為君，一定懂得為君的道理，如果還不懂，又將會遭遇災難。對於國君的命令必須一心一意地去執行，這是自古以來的制度，為國君除惡，就得盡力而為。您在蒲城和狄國時就是蒲人和狄人，殺個蒲人或狄人，跟我有什麼關係呢？如今您當了國君，難道就沒有反對您的蒲人和狄人嗎？當年齊國的管仲侍奉公子糾，與桓公爭奪君位，公子糾命管仲射桓公，射中了帶鉤。齊桓公能置射鉤之事不問，而起用管仲輔佐自己。您要是沒有齊桓公那樣的寬宏大量，又何必勞您下令驅逐我呢？而且走的人一定很多，豈止我一個小小的宦臣？」

於是，文公召見了他，知道了將要發生的禍事，避免了一場大災難，並且除掉了呂甥等人。

那場火燒宮室的叛亂平息後，晉文公也沒有琢磨出一條安定民心的辦法。有一天，那個當初攜財物逃跑，害得大家吃盡苦頭的頭須求見晉文公，晉文公一見他，就想起從前逃難時受的那份罪了，罵他說：「你還有臉來見我？」頭須說：「呂甥手底下的人挺多，他們害怕主公追究，因此，人心不定，不敢相信主公的話。我想了一個好辦法。當初我偷了您的財物，這件事晉國人沒有不知道的，主公如果任用我做您的車夫，到處游逛逛，讓大家知道您不記舊仇，連我這麼大的罪過都不追究，別人自然可以放心了。」晉文公覺得有道理，果然讓他做了車夫，特意叫他趕著車到處巡視，果然取得了好的效果，民心安定，連以前反對他的人也歡天喜地地擁護他了。

晉文公的君位穩定了，他開始大賞功臣，尤其是當初跟他一起逃亡的那一批人。他讓每個人說出自己的功勞，然後論功行賞，許多人都踴躍地前來邀功請賞。只有那個當初割了大腿上的肉給國君解餓的介子推不提自己的功勞，賞賜也就自然沒有他的份。

他回到家裡對他母親說：「獻公的兒子現在只剩公子重耳了，上天沒有斷絕晉國的世系，晉國肯定會有君主，不是文公還有誰呢？這是上天的安排，那些人自以為是他們的功勞，多麼狂妄啊。偷竊別人財物的是盜賊，又何況貪天功以為己有呢？下面的人把這種罪惡當成正義行為，上面的人獎賞這種行為，上下互相矇騙，我無法同這樣的人共事。」於是，他帶著母親到綿山中隱居去了。晉文公知道這件事後派人到處尋找，可始終沒有找到，於是他就把綿山作為介子推的祭田，他說：「用這件事來記著我的過錯，並且以此表彰好人。」

民心安定了，政權穩定了，晉文公成功地邁出了治國的第一步。他的下一個目標就是要實現他稱霸天下的雄心。為此，他採取了一系列措施。

首先，自己與民同苦樂，凡有美味酒肉，他都與朝堂中的大臣們共同享用，酒一釀好，就拿去給人喝，就連殺一頭牛都想著讓都城的百姓得到實惠，一年織成的布匹都分給士兵做衣服；其次，減輕稅賦，減輕刑罰；最後，撫恤孤寡，民眾丟失財產，官府親自派人查處，佈施貧民，救濟饑荒，使百姓安居樂業。

晉文公問狐偃：「我這樣做足以讓百姓為我作戰了嗎？」狐偃回答說：「不行，您所做的這些只不過是幫助百姓維持生計，但是戰爭是要陷人於死地的，人在絕境關心的不是一些無關痛癢的小恩小惠。要想讓他們甘心死戰，關鍵是要做到有功必賞，有過必罰，而且賞罰要不問是不是與您關係親近，是不是地位尊貴，一律按法令辦事，就是要嚴辦自己寵愛的人也在所不惜。」這樣賞罰分明，人們既有了利益的刺激，又有了違命受罰的恐懼，自然會拼命力戰。晉文公決定按這個辦法去做。

有一次，文公傳令到圃陸去狩獵，約定正午趕到，遲到者依軍法行事。一向為文公所寵愛的顛頡卻偏偏遲到了，但為了向百姓明示自己執法有信，文公流著眼淚下令斬了顛頡。這之後百姓都非常害怕地說：「君主對顛頡那麼寵愛重視，他犯了軍法都被毫不留情地依法治罪，何況對我們這些百姓呢？」晉文公的目的達到了，於是，晉文公開始了他爭霸的進程。

晉文公決定首先興兵攻打原國，他只讓軍隊帶三天的糧草，並同軍吏們約定三天攻下原國。打了三天，沒有攻下來，晉文公下令鳴金退兵。有從原國跑出來的人說：「原國準備投降了。」大臣和身邊的侍從們也都紛紛規勸說：「原國城內的糧食就要用完了，人也精疲力竭了，您不妨暫且等一等。」文公說：「信用是國家的根本，我和大家約定三天為期，如果時間到了不撤兵，我就失去了信用。為了得到一座城而失了晉國的信用，這可划不來。」於是他還是撤兵回國了。原國的百姓聽說這件事便說：「竟有這樣重信用的君主，我們還不如歸順他呢。」於是原國人投降了。晉文公就是靠著守約、不食言，建立起了自己的威信，他非常明白取信於民有多麼重要。

終成霸業

晉文公即位的第二年，即西元前六三五年，周王室發生內亂，周襄王的異母弟王子帶勾結狄人篡奪王位，周襄王逃到鄭國避難。雖說這時周王室已衰微，但仍保持著「天下宗主」的地位，各諸侯國都服從他。

有人對周襄王說：「現在諸侯中只有秦伯和晉侯想做霸主，他們手下都有一班得力的大臣，只有他們能發兵護送您回到洛陽去。」於是周襄王派了兩個使者分別去見秦穆公和晉文公。

晉文公自然知道這是一個立功的好機會，他立刻決定發兵打到洛陽去，當得知秦穆公已經率領大軍到了黃河邊上，準備送周天子回國時，他立刻派人去見秦穆公，說：「敝國已經發兵護送天子了，就不必勞駕您了。」於是，秦軍退了回去。晉軍打敗了狄人，殺了王子帶，護送天子回到了京城。周襄王大擺酒席，慰勞晉文公，還賜給晉國溫城、原城、陽樊、茅四城，從此晉國在太行山之南也有了疆土。晉文公不僅在天子面前立了大功，而且還得到了許多實惠。

正當晉國國勢日趨強盛的時候，南方長江流域強大的楚國也正在向中原黃河流域擴展它的勢力，中原各國常受到楚國的侵擾和威脅。晉國要想成就霸業，必須向南擴展疆土，這樣就非得和楚國交鋒不可。

晉文公的機會又來了。西元前六三三年冬，楚成王聯合幾個諸侯國攻打宋國。宋國派人向晉國求救，晉文公召集大臣們商量對策。晉國大夫先軫說：「報答流亡時宋國的贈馬之恩，解救宋國的危難，建立在諸侯中的威望，成就晉國的霸業，就在此一舉了！」狐偃獻策說：「曹國和衛國本來跟咱們有仇，新近又歸附了楚國，咱們只要去征伐他們，楚國一定會分兵去援救，那麼，宋國就可免受威脅了。」文公覺得他們說得有理，決定進攻曹、衛。

晉文公早就知道要想打敗楚國，光靠晉國這些兵力是不夠的。趙衰出了主意：「依照歷來的規矩，大國能有三個軍，現在晉國只有兩個軍，難道晉國還不能算大國嗎？咱們早就該有三個軍了。」於是晉文公擴充軍隊，很快地編成了上中下三個軍，隊伍整齊，士氣高漲。西元前六三二年冬，晉軍攻佔了衛國的五鹿和曹國的都城，捉住了曹國國君曹共公，以前逃難時所受的那口氣總算出了。

這時，宋國又派人向晉國求援。晉文公跟大臣們商量說：「宋國來求援，如果我們袖手旁觀，不予理睬，就會斷絕兩國的交往；如果我們請求楚國退兵，楚國一定不會答應；齊國和秦國又不同意我們跟楚國打仗，怎麼辦呢？」大臣們紛紛出謀獻策，各抒己見，最後決定讓宋國撇開晉國，去賄賂齊國和秦國，請他們出面要求楚國撤兵。晉軍扣留曹共公，把曹、衛的土地分給宋國一部分。楚國捨不得曹、衛二國，肯定不會接受齊、秦的請求，這樣，齊、秦二國既喜歡宋國的賄賂，又惱恨楚國的頑抗，肯定會對楚國開戰。

果然，齊、秦兩國也出兵參戰了。晉文公率領大軍向圍困宋國的楚軍逼近。楚成王看到晉軍來勢兇猛，就告誡前線統帥子玉不要追擊晉國軍隊，並說：「重耳在外跑了十九年，現在已經六十多歲了，他遍嘗各種艱難困苦，經驗相當豐富，咱們跟他打仗，未必能占上風，你還是趁早撤兵回來吧！」

可是子玉剛愎自用，一意孤行。他派大夫宛春去對晉文公說：「楚國對於曹國和衛國，正像晉國對於宋國一樣，如果晉國恢復曹國和衛國，我們就解除對宋國的包圍。」狐偃聽後非常氣憤地說：「子玉真是太無禮了！我主只得一項好處，他做臣子的反而得到兩項好處，應該向楚國進攻，不能失掉這個好機會。」先軫勸狐偃說：「應該答應他，楚國一句話安定了三個國家，而我們一句話就破壞了三個國家的安定，那麼，我們變得無禮，如何跟楚國作戰？不答應楚國的建議，那就是拋棄宋國，要救宋，反而棄宋，怎麼對諸侯各國交待？楚國這麼一做，就對三國有恩，而我們這麼一做，就與三國結怨，又如何與楚國作戰？不如暗地裡恢復曹、衛二國，拆散他們與楚國的同盟關係，拘禁宛春，以激怒子玉。等到決戰以後，再考慮讓不讓曹、衛二國的國君復位。」晉文公再三思考，採納了先軫的建議。於是宛春被扣押，晉國暗中恢復了曹、衛二國，曹、衛二國與楚國斷絕了往來。

子玉果然又氣又惱，氣勢洶洶地向晉軍猛撲過來，晉文公命令晉軍撤退。將士們都想不通，他們說：「國君統率的軍隊卻要躲避一個臣子統率的軍隊，真是一種恥辱！況且楚國軍隊長期在外作戰，已經疲憊不堪，我們為什麼要躲避他們？」狐偃回答說：「軍隊為正義而戰就理直氣壯，為不義而戰就理虧氣短，豈在出兵時間的長短？如果沒有當年楚國的恩惠，就沒有我們的今天，對楚軍退避三舍，正是為了報恩。如果我們不退避三舍，就會背信棄義，造成我軍理虧、楚軍理直的形勢。楚軍一向士氣旺盛，不能說他們疲憊不堪。如果我軍後退，楚軍也後退，那麼我們的目的就達到了，還要求什麼呢？如果楚軍還不肯後退，那就是我們國君後退，而他們臣子還要進犯，這就是他們理虧了。」

於是，晉軍後撤九十里，一直退到城濮。楚軍官兵要求子玉停止追擊，子玉執意不聽，率兵追到城濮。這時，秦、齊、宋三國的兵馬也先後到了。雙方的軍隊都在那兒駐紮下來，好比密密層層的黑雲遮住了整個天空，隨時隨地都能來個狂風暴雨。

晉文公知道子玉的厲害，將士們也都知道楚國沒打過敗仗。大夥兒心裡多少有點害怕，晉文公也猶豫不決。有一晚，晉文公做夢跟楚成王摔跤，楚成王壓在自己的身上，還用口咬自己的腦袋。晉文公認為這是戰敗的徵兆，感到害怕。狐偃說：「這是吉兆呀！您仰面朝天，分明是得到了老天爺的幫助；楚成王壓在您身上，面地背天，是『服罪』的徵兆。」晉文公聽了，膽量陡增，鼓勵將士們準備跟楚軍決戰。

子玉派鬥勃到晉軍挑釁，他用子玉的話說：「我想和您的軍隊比試比試，您可以靠在車軾上參觀，子玉我也陪著您瞧瞧！」晉文公派欒枝回答說：「我們的國君領教了。楚王的恩惠，我們一直不敢忘記，所以才退到這裡。晉軍對子玉都退讓，怎敢對抗呢？既然得不到貴國撤兵的命令，就麻煩您轉告貴國的其他將領，準備好兵車，好好為你們國君做事，明天早上在戰場上見。」

晉國兵車七百乘，擺成陣勢，戰馬全身披掛，威武嚴整。晉文公登上高臺檢閱晉國軍隊，說：「上下一致，紀律嚴明，可以一戰！」於是砍伐許多樹木，用來增添打仗用的兵器。

子玉把陳、蔡二國的軍隊作為右軍，中軍和左軍由楚軍組成，子玉直接指揮中軍，右軍和左軍分別由鬥勃和子西指揮。子玉在將士們面前驕傲地宣稱：「今天一定可以消滅晉軍！」

晉軍下軍副帥用虎皮蒙上戰馬，首先攻打右軍，右軍潰逃。在古代，中軍是主帥，只有中軍才能樹立兩面大旗，狐毛所率領的上軍卻故意設兩面大旗，假裝敗退，以引誘楚軍孤軍深入。欒枝也命令下軍的士卒，拖著樹枝假裝敗逃，子西率領的楚左軍追了過來，在這時候，先軫和郤溱率領中軍和親兵攔腰截擊楚左軍，狐毛、狐偃指揮上軍也回軍從兩邊夾擊，於是楚左軍潰敗。子玉見勢不妙，急忙收住他的中軍，奪路而逃。

戰後，晉文公在踐土給周襄王修了行宮，還把陳國、蔡國和楚國的俘虜獻給周襄王，周襄王聽到晉國打敗楚國的消息，又是高興，又是害怕，高興的是從今以後楚國大概不敢再侵犯中原了；害怕的是晉國太強，以後不好對付。他派大臣王子虎慰勞晉文公，晉文公抓住這個機會，於西元前六三二年和王子虎及齊、魯、宋、衛等七國國君在踐土訂立盟約，盟約上說：「大家全都扶助周王室，不得互相侵害。如有違反盟約，神靈會予以嚴懲，使其喪師敗軍，國命不長，即使傳到玄孫，無論老幼，如有違背此盟，也會遭到神靈的嚴懲。」當時就正式稱晉文公為盟主。同年冬，晉文公又會諸侯於溫，周襄王也被請赴會，周天子賜給文公一輛大禮車，一輛大戰車和配套的服飾儀仗，彤弓一把，彤矢百支，玄弓十把，玄矢千支，美酒一壇，勇士三百，任命晉文公為諸侯之長，命他安撫四方諸侯，監督和懲治危害周王的人。從此晉文公成為諸侯霸主。

第三章

楚莊王　羋旅

西元前六百多年的春秋中期，對於剛剛在歷史舞臺上嶄露頭角的楚國來說，是一個風雲變幻卻進退兩難的時期，從楚國的開國之君楚武王到文王、成王的發展之後，到這時已漸漸地出現停滯之狀，穆王在碌碌無為中維持了十二年，終於在尚還舒適安逸的歷史之車上壽終正寢。但他留給後繼者的卻是一個諸多弊端、內外矛盾重重的局面。穆王之子莊王侶（旅）在重重危機中即位。這時的莊王年齡尚不及二十，他面臨的將是一種什麼樣的狀況？

辨清形勢，大智若愚

莊王即位時，晉國仍很強大，它的國君雖然年幼，但輔政的大臣卻頗有能耐，因而晉君能盟會諸侯，號令小國，原來服從於楚國的小國，這時也臣服於晉國。唯獨有個楚的屬國——蔡國，卻敢於違抗晉靈公的命令，因此在第二年，就遭到晉國的討伐。而楚莊王對此卻無動於衷，蔡侯只好在晉國大軍壓境之下，與晉訂立了城下之盟。氣焰頗盛的晉國這時還正在策劃討伐齊國，齊國只好派人去賄賂晉國，求得暫時的安寧。同時，與晉並列的另一個大國秦國此時也受到晉國策劃的一場計謀的算計，放掉了被晉視為一個極為有用的人才，因此晉國的實力這時已高於楚國。

國內的情況則是，莊王即位的第一年，即爆發了由他的兩位師傅公子燮與子儀（鬥克）發動的叛亂。子儀曾經在戰爭中被秦國俘獲，在秦國被囚禁了八年，後來秦在鄀之役中敗於晉，為了求得與楚國的聯盟，才放他回國。子儀回國後得不到重用，因而鬱鬱不樂，而公子燮則是因為想求得令尹之職未達到目的，而心存芥蒂。

這時，正值令尹子孔和穆王的師傅潘崇再次討伐東邊的小國群舒，公子燮和子儀就趁著這個主弱而將又在外的時機，分掉了子孔和潘崇二人的家產，並在郢都築城，準備抵抗子孔和潘崇的軍隊。同時，又派人去刺殺令尹子孔，結果沒有得逞，反被回師郢都的子孔和潘崇的軍隊殺了個回馬槍。慌亂之中公子燮和子儀只好挾持楚莊王逃到廬這個地方，與析公聯合起來，準備逃到析邑，不想這兩個不得人心的政變者被廬邑的大夫廬戢黎和叔麇誘殺。

這次暴亂雖然短暫，並被及時平息，但對莊王來說，卻是一次不小的考驗和不利的開端，首先它向莊王展示了楚貴族內部的尖銳矛盾，其次表現出莊王即位初威信未立，手中權位的不牢固以及對大臣們不具威懾力的狀況。因此，在這種複雜的內外情勢下，頭腦並不簡單的楚莊王採取的對策是以靜觀動，以惑辨奸，大智若愚。這就是史書中常常談到的莊王即位之初沉湎於聲色犬馬、不問政事的狀況。

莊王沉湎於娛樂中三年，終於使他對楚國的政局和各類人物有了一個基本的瞭解。這時真心為楚國的前途和莊王的權位著想的忠直大臣，不顧莊王「敢諫者死無赦」的禁令，大膽地向莊王進言。大夫伍舉首先請見莊王。伍舉和莊王一番交談後，心中已十分清楚莊王一點也不糊塗。

然而莊王繼續沉醉於鐘鳴鼎食、花團錦簇之中，而且比以前更加放肆，看來是在等待更多的忠直之臣出現了。這時大夫蘇從又來進諫。莊王問道：「你難道不知道我的命令嗎？」蘇從毫無懼色，直言以對說：「能夠讓君王明白，就是殺了我，為臣我也心甘情願。」這時，莊王看到朝廷中還有這麼多耿直之臣為國家著想，他感到時機已經成熟，於是，他不再有顧慮，一反前態，收拾起所有的娛樂遊戲，提拔重用朝廷的忠直之人，同時也擯退了懷有異心而又奸狡的官員，任命伍舉和蘇從擔任國家主要官員。莊王借此機會要一展雄風，讓他的國內外的對手們看一看他的能力。

這一年，楚國正遭受大的災荒，國家糧食缺乏，人民饑餓難耐，因此西部的少數民族小邦乘機作亂。西邊群蠻中的大國庸率領眾多的蠻夷小邦背叛楚國，並且來勢洶洶地糾合到一起進犯楚國；

同時西北邊的麇也率領聚落小邦百濮會集到選地，準備見機對楚國動手。兩面受敵的楚國這時還得考慮北部的中原諸侯可能的進犯，於是，楚北部的關口申、息兩地戒備森嚴，北門不啟。

在眾多的小邦之國的夾攻之下，楚國官員中有人沉不住氣，打算讓楚王遷都，躲避敵人的進犯。大夫蔿賈則反對這個行動，他認為，遷都是絕對不行的，我們能到達的地方，敵人也能到達，唯一的辦法就是討伐庸國。而麇和百濮是見機行事的，如果我們出動強大之師，他們必定馬上退兵。

在這種檢驗莊王膽量和能力的初次事件中，莊王做出了勇者和智者的抉擇，以主動的姿態迎擊敵人。果然，楚國一興師，原本組織鬆散的百濮馬上就潰散而歸。楚師的主要鋒芒直指庸國。從郢都到庸國，一路上打開當地糧倉作為給養，進展迅速，途經廬地，廬大夫戢黎為主帥攻庸。初戰並不順利，楚國大夫子揚窗被庸人捉去，並於三天後逃回營地，帶回重要的軍事情報：庸國軍隊人數眾多，而且是群蠻聚合到一起，非起用王師不足以平定他們。

將帥師叔聽了這個情況，卻另有一套計謀。他認為與庸人相遇以後，姑且讓他們得勝，然後滋長他們的驕氣，乘他們目空一切時，再打敗他們。於是楚人裝作無能為力的樣子，連著七次交戰都失敗而逃。果然，驕狂的庸人認為，楚人不足以戰，因而放鬆戒備，只用了很少一部分兵力去追擊楚師。結果楚人聯合巴人和秦人，並且使群蠻在陣前倒戈，楚莊王乘著戰車親臨戰場，一舉滅掉庸國。這一次的較量，顯示了莊王的智慧和魄力。後人評價說，滅庸一戰使楚國勢力擴大到西北，逼近秦、晉等國，同時滅庸也使楚國內亂得到平定；戰爭中楚國聯合巴國、秦國又使楚國的外部關係得到鞏固，同時秦楚的聯合，使北部中原一致對楚國的形勢被打破。真是一舉數得。

莊王在三年的靜觀動向中認清了方向，辨清了形勢，也找准了自己作為一國之君的位置，確實給人一個始料不及的驚喜，莊王從此開始了自己一生的大業。

重用人才，政治清明

滅庸之戰的短暫喜悅瞬間就成為過去，莊王面臨的仍然是一個亟待振作的國家。

莊王深知要使國家快速發展，雄踞中原，楚國主要缺的是人才。從即位之初，莊王就利用巧妙的方法去發現人才。歷代的君主大都有狩獵的愛好，既為了娛樂，也為了練兵。而莊王狩獵注重的則是從中發現有各種才能的人。莊王說，我可以從刺殺虎豹的過程中，知道誰是有勇氣之人；從搏擊犀兕中，知道誰是孔武有力之人；從狩獵後分配獵物中，知道誰是仁德之人。從狩獵中我可以得到三方面的人才，用這些人就可以使楚國得到安定。

除此之外，莊王還十分留心打聽有才能的人，用各種方法把他們聘請來。他聽說有一位叫北郭的先生很有才能，就派出一位使者，不惜重金去請他出山。得到人才不等於說人才就為你所用，還要有知人善任的本領。

莊王在這方面也頗有心得，最突出的一例是莊王任用孫叔敖為令尹一事。孫叔敖原是楚國貴族蔿賈的後人，後來遷居到期思這個小地方。但孫叔敖有才識，有能力，在期思期間，他帶領當地的人民治理水患，修了期思陂這個古代著名的水利工程，造福了一方人民。同時孫叔敖品德高尚，自奉節儉，不僅受到人民的愛戴，在官員中也流傳著他的佳話。莊王聽說了孫叔敖的才能，打破諸多等級界限，一下子把他從平民提到令尹的位置上，虛心聽取孫叔敖的治國意見，並且把全部的治國重擔都壓在孫叔敖肩上。

果然，孫叔敖沒有讓莊王失望，他在政事和經濟上都給予莊王很大的幫助。首先他對莊王提出，治理國家的前提是要國家安定，而安定的前提則是君臣團結一致。

楚王向孫叔敖請教什麼是治理國家的正確方法，孫叔敖回答說：「治理國家是有一定道理的，但我恐怕大王您不能把它確定下來。」莊王問：「不能確定的原因是在君還是在臣呢？」孫叔敖回答說：「國王往往對士表現出傲慢，說沒有我，你們哪裡能得到富貴；而士對國君則反唇相譏，驕傲地說國家沒有士，哪裡能得到安定富強。在這樣的情況下，國君往往會發展到喪失國家還執迷不悟，而士則會在家寧願饑寒交迫也不願出來為國效力，像這樣君臣之間各以為是，互相不理解，國家的正確方針能夠定下來嗎？」

孫叔敖還列舉夏桀殷紂國家滅亡了都還沒有醒悟的例子，楚莊王深受啟發，表示希望令尹與諸位官員共同制定國家的方針大略，他本人決不會偏愛自己而輕慢士人。楚莊王從孫叔敖那裡得到至為寶貴的治國理論，這實在是他政治生涯中的一件大事。莊王在位期間，君臣上下和合，一致對外，不僅在楚國歷史上，在各諸侯國的歷史上也是不多見的。此外，莊王也十分注重對太子的教育，他精心地為太子選擇老師，為他安排學習的內容，其目的也是為了使君臣和合，以利於楚國的強大。

孫叔敖對莊王的第二大功績是，他注重以法治國，輔佐莊王制訂法律，嚴守法律，這在當時的各國中都是正在興起，而又都未完備的一件新興事物。莊王很敏銳地意識到法治的重要，因此帶頭執法。莊王即位時，楚國原來已定的一些法律條文，如茅門之法，規定群臣諸大夫公子進入宮廷，其馬匹不得踩宮中的草地，否則就要搗毀馬車斬殺禦者。不巧，太子違反了這條禁令，宮中執法官——廷理依法處理了這件事，太子大為惱怒，鬧到莊王面前，要求殺廷理以洩憤。而莊王不僅未滿足太子的要求，反而把他訓了一頓，太子不得不收斂自己的行為，灰溜溜地離開王宮。這件事想來對楚國官員的震懾是很大的，後來孫叔敖在輔佐莊王時，也進行了嚴格的執法。

莊王在國內進行幣制改革，大概起初的用意是為了繁榮經濟，方便市民，然而由於法令不符合市場規律，引起市場混亂，很多交易因此不能進行，商人也因此有改行的。孫叔敖瞭解到這個情況，立即反映到莊王那裡，莊王虛心地接受意見，按照市場規律又恢復了原來的幣制。這表明，莊王和孫叔敖對楚國的法制都是採取嚴肅認真、實事求是的態度的。

孫叔敖對莊王的第三大功勞是重視社會生產，發展經濟，充實國力。

楚莊王是個非常務實的人，從伐庸之戰他就體會到國力強大的重要性，國家處於貧弱狀況時，連蠻夷小邦都會來欺負你，同時莊王也意識到國家的強大是靠人民的發奮努力、勤懇工作來達到的。他常對下屬的官員們講述楚國的先輩們乘坐柴車，穿著破衣服，在山林中艱苦創業的事蹟，並教導他的民眾，只要勤勞努力，就不會有衰竭之時。

他任用孫叔敖為令尹的一個很重要原因，就是孫叔敖在地方上有注重經濟發展生產的政績。孫叔敖為相之後，確實為楚國制定了一套很適合國情的發展方針，在一年四季中，農民們都在田地裡辛勤勞作，秋冬時節他就讓官員把農民組織起來，發展副業生產。這樣一來，人民生活改善了，國家也得到好處，因而人民都很樂意這樣做。在莊王統治時期，楚國雖然出現許多大大小小的戰爭，但國內基本上能做到各行各業不受影響，而且社會安定，民風淳美，政令緩和，官吏中也沒有多少貪官。這雖有前人的溢美之詞，但也反映出一個大致的情況。

重用賢良，賞罰分明，這是使國家政治清明的很重要的經驗。楚莊王在這一點上頭腦一直是清醒的。有一次楚大夫共雍向莊王請求爵祿，莊王很嚴肅地拒絕了。他說：「爵祿是授給有德行之人的，田宅是賞給有功勞之人的，你一無德二無功，我不能給你。」共雍討了個沒趣。莊王即位不久大貴族若敖氏就發動叛亂，對抗王室，後來被王室的軍隊一舉消滅，莊王對若敖氏的成員給予了嚴厲的懲罰，參與叛亂的一律處死，留在城中對這個行動未予制止的親屬也被處以死刑。若敖氏家族有一位叫克黃的人沒有參與叛亂，他在叛亂之後還主動到王室領罪，莊王對他則另作處置。不僅赦免了他，而且讓他官復原職，莊王念及他是前代賢相子文的後裔，讓他繼承令尹子文的香火，以鼓勵後人。莊王在大是大非上的嚴厲和寬大就是這樣涇渭分明。

問鼎周室，稱霸中原

楚國要北進中原，爭霸諸侯，首先遇到的一個障礙是處於中原腹地而又與楚相鄰的鄭國。鄭國在當時雖不算大國，但由於地理位置的重要性，往往成為重要的爭奪和拉攏對象。整個春秋時期，圍繞著鄭國而發生的戰爭不下數十次，但幾乎每次都是醉翁之意不在酒，拉攏或打擊鄭國的真正目的都在於取得一個有利的地位，從而達到爭霸之目的。

莊王即位時，當時的大國齊國內部君臣不和，已達到殺君另立的地步。晉國雖然還算強盛，然而楚莊王上臺後一鳴驚人的勝仗，已使晉國感受到威脅，因此，它要牢牢地控制住鄭國。鄭國在楚的強大面前，開始搖擺不定起來，這激起了晉國的不滿。它懷疑鄭國與楚國有勾結，鄭國為了不得罪晉國，給晉國寫了一封信，一方面表示忠誠，同時也暗示晉國不要逼人太甚。鄭國雖然給晉國寫下了誓言，然而楚國的強大實力卻使鄭國不得不考慮它以前的態度。

兩年後，莊王帶領軍隊討伐背叛楚國而服從晉國的宋國和陳國，雖有晉師出兵相救，楚國還是繳獲了宋國的五百輛戰車。晉國為了防範萬一，借此機會對一向左右搖擺的鄭國，採取了先發制人的方法，帶領陳國、衛國、宋國和曹國的聯軍，大兵壓境，討伐鄭國，意在先佔領鄭這塊寶地。這個舉動迫使鄭國終於倒向楚國，鄭向楚求救，楚國不計前嫌，出兵救鄭，在北林這個地方一舉打敗以晉為首的多國部隊，並囚禁了晉國將領解揚，晉師只能敗退回國。隨後晉人討伐鄭國，報復北林一仗所遭受的恥辱，然而這時晉國國內國君奢侈淫樂，趙宣子當政又不聽其他官員的勸諫，晉國暫時沒有力量和楚國相爭。鄭國這時聽命於楚，第二年奉楚之命伐宋，打敗宋國。於是，來自楚北邊的強大對手已基本上被楚國震懾。因此，楚莊王抓緊時機，大力擴大自己在中原的影響。

莊王八年，楚國首次北上討伐中原國家，楚莊王親自領兵進軍陸渾之戎，在經過洛雒時，莊王在這裡舉行盛大的閱兵式，意在打探周天子的虛實。剛剛即位的周定王派王孫滿接待楚莊王。莊王年輕氣盛，不可一世，似乎沒有把周天子這個至高權威放在眼裡，他出口就問象徵周王室權力和地位的九鼎有多大，有多重，這明顯是在向周天子示威。

王孫滿意味深長地回答說：「在德不在鼎。」莊王繼續咄咄逼人地說道：「你用不著護衛著九鼎，楚國戈矛上的一點銅折下來，就足以鑄成九鼎了。」王孫滿畢竟是周天子的代言人，雖然地位已朝不保夕，然而架子卻還沒有倒，他講了一通周朝九鼎的來歷，無非是炫耀周王朝鼎盛的過去和天命難改的道理。然後以上對下的口氣說道：「周德雖衰，天命未改，鼎之輕重，未可問也。」楚王此番行動的目的已達到，也就不再糾纏於周朝官員的言辭，同時也還不想成為眾矢之的，因此，打道回府了。

這一年夏天，楚國又去鄭國，目的還是把鄭國控制在自己手裡。

莊王自十一年伐鄭稍有收穫，取得成功以後，對於鄭國的控制一直還是與晉處於拉鋸狀態。楚國仍然沒有在與晉的爭鋒中占得優勢，鄭國既與楚結盟，又常常聽從晉國的擺佈，在兩強之間遊移不定，反復無常。於是，穩定了陳國的楚莊王，決定以全力來對付鄭國，給鄭以真正的厲害瞧瞧。

莊王十七年，楚莊王親自領兵包圍了鄭國，十七天以後，城邑被攻破，鄭人開始惶恐不安，用占卜決定是戰還是和。占卜的結果是主戰為吉，鄭國城內的居民聽到這個決定如死期臨近，哭聲一片。莊王把軍隊稍向後移，給鄭人一個喘息之機，讓他們修好城以後，再進行決戰。待鄭人重新準備以後，楚人又一次把鄭國如鐵桶般圍起來，一直圍了十幾天，然後一舉攻破鄭城門。

莊王率兵入城，尚在城中的鄭伯知道自己已成為楚國的階下囚，並且對楚王有深重的罪孽，於是，肉袒牽羊以迎楚師。在大路上，鄭伯對莊王深深地謝罪，並表示不論是把自己放逐到江南，或是海濱，都沒有怨言；鄭國不論是滅亡還是分割給諸侯也聽君王吩咐，如果君王能念及以前的友誼，不滅亡鄭國，讓鄭國像楚國的縣那樣留存，那鄭伯就感激不盡了。鄭伯的話激起周圍眾多楚大臣的反對，而莊王卻說：「像鄭伯這樣能信用其民的君王，恐怕還是很有希望的。」於是退兵三十里，派楚臣進入鄭國與之結盟。

與此同時，晉國的上中下三軍也集結起來，迅速向鄭國進發，結果還只走到黃河邊上就聽說了鄭伯肉袒牽羊與楚媾和之事，這是晉國始料未及的。大概晉國根據以往的經驗，認為楚國只是小打小鬧一陣就會回師，不想這一次卻動真格地把鄭國國君拿住，這才集結軍隊前往救鄭。

這時鄭國看到晉師大軍出動，惡戰在所難免，左右逢源的搖擺本性又一次顯露。鄭大夫皇戌出使到晉軍中，對他們說：「鄭國服從楚國只是為了保護自己的國家，對晉國並沒有二心。」鄭人表明了自己的心跡後，又對晉國說：「楚軍因獲勝而驕傲，而且他們在外久戰，士卒疲乏，又無設防，你們去進攻楚國，我們作為後援，楚軍一定會大敗。」先穀聽了此話，高興地說：「打敗楚國，降服鄭國，就在此一舉了。」

莊王雖已作好交戰的準備，但仍然不希望在此時與晉打一場惡仗，因為楚師體力已不及晉師。楚國的少宰到晉軍中去，對晉人說：「我們軍隊到鄭國來只是為了教導和安定鄭國，哪裡敢得罪晉國呢？諸位請不要在這裡待得太久。」晉國的隨武子也有意議和，只是先穀認為晉隨武子的回答太過謙虛，因此派人更正隨武子，而另外作答，言語中表示出不想回避這次的交鋒。楚國再次向晉求和，並且設定了結盟的日期，但這大概只是莊王的緩兵之計，與此同時楚人卻做好了全面迎戰的準備。

這一次求和之後，楚師主動在陣前發起挑戰，晉人見楚人來勢兇猛，不敢以同樣方法回擊，只好派使者前去求戰，並在晉軍內部作好防禦的準備。第二天，莊王的戰車分為左右兩廣，輪流進擊。莊王自己乘坐左廣的車子親自去追擊晉國的使者趙旃，晉國派車前去迎接他，這時潘黨乘機派戰車四處報信：晉國的軍隊來了。於是，楚師列陣迎戰，孫叔敖也下令楚師：「前進！寧可我們迫近敵人，也不要讓敵人迫近我們，搶在敵人之前去摧毀敵人的鬥志。」於是，楚軍戰車疾馳，士卒飛奔，沖入晉師陣營。晉中軍主帥荀林父一時不知所措，只好宣佈向後退，先渡過河的有賞。這一下，晉師完全瓦解。中軍、下軍爭搶渡船，以致船被未上的士兵拉得無法開航，船上的士兵把拉船舷的人手指砍掉，船中的斷指多得都可以用手一把一把地捧起來。中軍和下軍死傷慘重。潰不成軍，只有晉隨武子率領的上軍且戰且退，得以保全。在敗逃中，晉國的戰車陷進泥裡不能前進。楚國人就教他抽去車前的橫木，把車拉出泥坑。晉國的馬又盤旋不願向前，楚人又教他們拔掉大旗，扔掉車軛，這才逃了出去。被楚人好心放過的晉人，這時卻掉轉過頭來嘲笑楚人：「我們可不像貴國那樣有逃跑的經驗啊。」

黃昏時分，楚軍在邲地駐紮下來，而晉國剩餘的士兵已潰不成軍，連夜渡河逃跑，在河邊吵嚷了一整夜。

邲之戰，以楚師大勝，晉師大敗而告結束。莊王雖然做了一件有功於國的大事，但是，卻反對用敵軍的屍體築京觀以炫耀戰績。莊王只在黃河邊上祭祀河神，修建起先君的神廟，報告了勝利的消息，然後就回國了。

曠日持久的楚晉爭霸在邲之戰後大致有了一個結果。在一段時期內，晉國在中小國中威信大降，失去了支配中小國家的權力，而楚國則聲威大振，國勢日強，不少國家開始背晉從楚，還有小國乘機向晉國報復而攻晉，鄭國的立場也不似以前那樣左右搖擺不定了，似乎穩定了不少。邲之戰後的這一年冬天，楚國開始討伐宋國的附庸蕭國。伐蕭的近因是激起宋國救蕭，進而打擊宋國，以報宋殺楚使者之仇，遠因則是進一步打擊晉在中原的勢力。戰爭中，楚國的兩位將帥不慎被蕭軍俘虜。

莊王說：「只要不殺兩位將帥，楚人可以退兵。」蕭人偏把兩位楚將殺死。莊王大怒，包圍了蕭城，一舉伐滅了蕭國。緊接著，莊王連續三年攻伐宋國，宋人向晉國告急。晉國看到自己的屬國遭楚圍擊，卻不敢來救，只說了「天方授楚，未可與爭」，就不理睬了。宋國被楚師圍困到城中居民交換兒子來吃和折了死人的骨頭當柴燒的地步，宋人只好派使者出城向楚求和。莊王所需要的正是諸侯國的臣服，只要你真心臣服於楚，楚人還是給你們生路的。這是莊王作為傑出政治家的寬宏大度的一面。

伐宋之戰後，莊王的擴張稱霸戰爭大致告一段落，這期間，莊王滅掉西北邊的庸國，滅庸之後又平定了南方的麇、百濮等的叛亂，由此穩定了自己的後方，解決了北上中原爭霸的後顧之憂。隨後躊躇滿志的莊王率兵飲馬黃河，觀兵周疆，問鼎中原，莊王聲威大振，中原諸侯對楚刮目相看。莊王一生中最大的成就是與晉爭奪對中原諸國的號令權，這個目標通過楚晉邲之戰得到完滿實現。由此，中原諸國對楚國唯唯諾諾，唯楚國馬首是瞻，有敢違背楚國旨意者，楚國兵鋒所向，沒有不迅即瓦解的。莊王的霸業不僅達到在楚國空前絕後的地步，而且中原的霸主中，也沒幾個可以和莊王媲美的。

伐宋之戰後，楚國的霸主地位已十分穩固，由於連年的征戰，一向愛惜民力的莊王感到，國力已有些不支，因此，莊王基本上停止了對外用兵，整頓國內，息兵養民，這是莊王的一貫作風。

勤惜民力，威德並用

一個具有宏圖大略的政治家，往往都注重從長遠考慮問題，尤其是在民力的問題上，更要從長計議，這樣才能收到大的長遠的效益。楚莊王從大饑之年討伐庸國時，就注意到這個問題。他懂得戰爭是會消耗很多人力物力的，如果不能保證物資的來源，那麼到了財力耗盡的那一天，也就是滅亡之日了。楚國的歷史上也有重民恤民和以民為邦本的思想傳統，因此，莊王從伐庸之戰後，開始把愛惜民力，窮則致禍的道理經常講給臣下們聽，讓他們在心裡警惕和重視起來。莊王在爭霸戰爭中有一句名言是他始終牢記的，那就是「無德以及遠方，莫如惠恤其民，而善用之」。他臨終時還把這一句話留給兒子的輔佐大夫，希望讓他的兒子牢記於心。

楚莊王時期，幾乎年年用兵，有時長達數月之久，這對民力和農時無疑有很大的影響。莊王對用兵的時間有大致的規定，就是不違農時，雖然在戰爭瞬息萬變之時很難做到，但莊王在可能的情況下也是儘量做到的。

莊王在有德並已及遠方後，仍然能對百姓安撫體恤，這是很難能可貴的。伐宋之戰後，莊王感到國力消耗太大，人民也飽嘗戰亂之苦，因此，他能夠在楚國處於霸主的巔峰時，把戰事停息下來，三年沒有進行征討。

莊王對內惠恤其民，對外則更多的是威德並用，因為春秋以戰爭爭霸為目的，實質上是要號令諸侯，成為像過去周天子那樣的最高主宰者。在當時，靠戰爭為後盾，以德行為手段的爭霸方式已被人們所接受，威與德是並重的，因而凡是能登上霸主地位的諸侯國君，都在德行方面有較多的過人之處，莊王也不例外。

早在處理國內若敖氏家族的叛亂時，莊王就顯示出這種美德，若敖氏家族被滅以後，有一位奉命出使齊國的若敖家族成員鬥克黃，途中聽說此事，返回楚國，到莊王那裡覆命，然後到司法官那裡去投案。莊王對這位若敖氏的子孫示以寬大的胸懷，不僅免死，而且還官復原職，讓他為鬥氏祖先敬貢祭祀。莊王的威德並用手段清晰可見。

鄭國是楚晉相爭的中間地帶，而且鄭多負於楚，莊王在只要可能的時候，都給鄭國以一定的撫慰。莊王問鼎周疆後伐鄭的第二年，就派人到鄭國給鄭靈公送去南方出產的大鱉，祝賀他新即國君之位。不曾想這位國君卻是個小肚雞腸不顧大局的偏狹之人，反被食鱉之事送掉了性命。

伐陳之後，莊王原本只想殺了夏征舒就率師返國，但由於利欲的驅動，順手把陳設為楚縣而統屬起來。楚大夫申叔時從齊國到陳國去，沒有向莊王道賀稱喜，莊王心中頗為不悅，質問申叔時為何不像別人那樣向他祝賀。申叔時直言不諱地回答：「討伐陳國，誅殺殺死國君的人，是王所應當做的事情。現在把它設置為縣，就是貪圖它的財富了。常言說得好，牽牛踐踏別人的田，固然是錯的，但如果奪走別人的牛，那懲罰就過重了。現在國君您用討伐罪過來號召諸侯，卻又以貪圖財富來結束它，恐怕不合適吧？」楚莊王說：「你說得對，我從沒有聽別人說過這些話。」於是，莊王又收回自己的命令，重新封立陳國。

邲之戰前，楚與鄭交戰，鄭國大敗，鄭伯也可憐兮兮地屈膝求和，楚國將帥都希望莊王就此滅掉鄭國，以免日後生亂。而莊王卻從更長遠的角度考慮，認為對鄭這樣一個處在中原腹地又為多方力量所爭的國家，以德服之比武力伐滅更為有利，因此力排眾議，決定只要鄭國服從，什麼附加條件都不帶，讓鄭國光復原地。莊王這種舉措也意在向諸侯展示他的德行，並為日後的擴張戰爭贏得更多的輿論支持。

莊王的一生可謂轟轟烈烈，並善始善終，與他的同輩相比，他無疑是最為出色、最有作為的君王。作為政治家來說，他頭腦清醒，工於心計，卻並不是只為權利而忙碌，而是為了國家的利益和階級的利益，因此他重用人才，為政清明；作為軍事家，他眼光開闊，謀略深遠，他進行征戰的目的並不只是著眼於每一塊土地的得失，而是更注重以德取勢，號令天下，因此他有張有弛，威德並用；作為一位君王，他注重以民為本、本固邦寧，因此他善於調整君臣關係，愛惜民力。在他在位期間，他把楚國的地位推向最巔峰，實現了歷代楚王夢寐以求的心願。當然莊王也並不是十全十美的，作為統治者來說，他年年征戰沒有節制，主觀上想愛惜民力，而客觀上卻是過分地役使人民。在他執政的後期，邲之戰後的伐蕭伐宋之戰，更多的只是想顯示大國的威風，與他的整個爭霸事業，以及他以德威諸侯的主旨不合拍，因而也是他一生中的敗筆。

第四章

秦孝公　嬴渠梁

秦國在戰國初期，無論在經濟上、政治上還是文化上，都比其他六國要落後。鑒於國家貧弱和外部各諸侯強國的壓力，秦國不得不進行一些社會改革。秦簡公七年（西元前四〇八年），秦國實行「初租禾」；秦獻西元年（西元前三八四年），宣佈了「止從死」的法令，廢止了野蠻的奴隸主殺人殉葬制度；秦獻公十年（西元前三七五年），實行「為戶籍相伍」的措施，即後世的「編戶齊民」，制定五家為一伍的戶籍制度，使所有的人都成了國家的「民」；再加上秦獻公七年（西元前三七八年）推行「初行為市」，秦國的封建關係和商品交換有了一定的發展。

秦獻公二十三年（西元前三六二年），秦獻公去世，他的兒子渠梁即位，這就是歷史上有名的任用商鞅變法、富民強國的秦孝公。

以沖天之志，得羽翼之資

秦孝公即位時，雖有其祖簡公、其父獻公的改革，初步建立了封建政權，加強了對人民的控制，削弱了奴隸主貴族的特權，但秦國在諸侯國中仍然受到歧視。當時周室衰弱，諸侯之間進行著激烈的兼併戰爭，與秦並立的有齊、楚、燕、韓、趙、魏六大強國。在淮水、泗水間又有十餘個小國，秦與楚、魏接界。秦國雖然也是大國，但處於偏僻的西方，中原諸侯的盟會也無法參加，因此秦被山東諸國看作夷狄。而且秦自躁公以來，不斷遭到外部勢力的打擊，軍事上屢遭失敗。

到秦惠公之子出世時，群臣乖亂，國力衰弱。又因為魏國重用李悝、吳起等人從事改革，發展生產，很快成為頭等強國，接連打敗秦國，並奪取了秦國面積廣大的河西之地。孝公之父獻公為了收復河西之地，於獻公二年（西元前三八三年）遷都到櫟陽（今陝西臨潼東北），但是壯志未酬，於是，「複穆公之故地，修穆公之政令」的偉業就落在秦孝公肩上。

秦孝公撫昔視今，越發以秦之泱泱大國而不得逞強於中原諸侯各國為奇恥大辱，於是下定決心繼承獻公之志，立志把秦國治理好。在當時改革浪潮的衝擊下，秦孝公連做夢都想著招攬如魏國李悝、吳起那樣的賢才良將，而當時朝中賓客才情平庸，於是他下了一道《求賢令》：「不論本國的臣下或外來的客人，誰能想出奇計，使秦國強盛，我將授予他高官，封賞他肥沃的土地。」一天不負人，秦孝公這種求賢若渴、搜羅人才的急切心情，吸引了一個在衛國不得志的貴族，他就是因得到孝公重用在秦國進行變法而聲名顯赫的商鞅。

商鞅（約西元前三九〇——前三三八年），本是衛國人，從小就喜好刑名之學，非常尊崇李悝的法家學說，立下革新政治的雄心壯志。他先跑到魏國，在魏相公叔痤手下任職。公叔痤知道商鞅有奇才，很器重他，他死前建議魏惠王重用商鞅，否則就殺掉他，以防他跑到別國去輔佐其他國君給魏國造成威脅。魏惠王認為公叔痤的話很荒唐，對此不加理睬。後來商鞅聽到秦孝公下令求賢的消息，就帶著李悝著的《法經》，抱著試試看的心理，前往秦國的都城櫟陽。

孝西元年（西元前三六一年），秦孝公經由寵臣景監的介紹和引薦，懷著極大的熱情接見了來到都城的商鞅。孝公一聽商鞅列舉的是伏羲、神農、堯、舜如何以「帝道」之術治國，便興趣大減，沒聽他說完，就打起瞌睡來了。第二天，孝公埋怨景監說：「你介紹的人迂腐無能，說的全是廢話，我看不出他有什麼才能！」

過了五天，孝公仍抵擋不住賢能才士的誘惑，壓抑著自己的失望之情，第二次接見了商鞅。這一次商鞅又以夏禹、湯武的「王道」治國之術說孝公，孝公仍聽不進去。試想，一個急欲使國殷民富、諸侯臣服的國君，怎麼能聽得進實行起來少說也要幾十年才見效的「帝道」「王道」呢？他需要的是花費時間短而見效快的治國方案，難怪他再一次對商鞅表示失望了。

又過五天，孝公仍心有不甘，便硬著頭皮第三次接待了商鞅。這一次商鞅提出了「霸道」之術。商鞅說：「要打算富，就得鼓勵農業；要打算強，就得獎勵將士；有了重賞，老百姓就能夠拼命；有了重罰，老百姓就不敢犯法。有賞有罰，朝廷才有威信，而要富要強有威信，就必須實行改革。」

孝公覺得商鞅的話很合他心意。於是心有所動，有了用他的意思。

孝公第三次會見商鞅後，經常獨自揣摩商鞅的話，越想越覺得商鞅說得有道理，於是就越心切，好不容易挨過了五天，第四次隆重地接見了商鞅。這一次商鞅闡述了富國強兵之術，提出了變革政治的主張，孝公聽得津津有味，與商鞅「語數日不厭」，任用商鞅變法的決心已定了。

孝公任用商鞅變法前的秦國，舊勢力還相當強大，奴隸制殘餘還嚴重存在。他們懼怕變法會改變舊制度，威脅到自己的利益，就竭力反對，甘龍、杜摯就是其中的代表。

他們振振有詞地說：「賢明的國君理應不改變法律來治理國家，那樣才算是智者。取法古代的法律不算過錯，遵循舊時代的制度才算是正道。」孝公聽了左右為難，顧慮重重。改革勢在必行，而一旦改革又怕反對的人多了弄出亂子。

處在為難之中的孝公再三掂量商鞅說過的話，認為商鞅的話很正確。商鞅說：「只要可以強國，就應該擺脫舊傳統；只要可以利民，就應該去掉舊規矩。古代有古代的制度，今人應從現實出發來制定強國之策，而不應墨守成規。」

機不可失，時不再來，是變法還是不變法？孝公當機立斷，異常嚴肅地對大臣們說：「我任用商鞅變法的決心已定。今後國政由商鞅制定行施，誰違抗他就是違抗我！」

重用商鞅，更張秦政

孝公既任商鞅變法，便遵照《求賢令》所言，拜商鞅為「左庶長」，賜黃金一千兩。商鞅有了尊官沃地，有了孝公的堅決支持，便放心大膽地擬定了變法令，並將變法令一一呈示給孝公過目，孝公每令都點頭稱是。孝公三年（西元前三五九年），孝公下令變法，變更以往舊政。

首先，頒佈法律，制定連坐法。

根據此法，把每五戶人家編為「一伍」，十戶人家編為「一什」。一伍一什互相監督。一家有罪，其餘九家應當告發。如不揭發檢舉，十家連坐，受腰斬處分，檢舉揭發的受到賞賜。每個居民必須領取憑證，沒有憑證的不能來往，不能住店，窩藏有罪的人與投降敵人同罪。降敵罪的懲罰是本人斬首，全家罰為刑徒作苦役。

其次，獎勵軍功，頒行按軍功受賞的二十等爵制。

為了鼓勵秦人勇猛作戰，法令規定國家的爵位按將士在戰場上斬獲敵人首級的多少來計算。殺一個敵人記一分功，官升一級，官爵的提升與斬首級數相稱。爵位從一級到二十級，爵位愈高享受的待遇特權愈優厚。官職和待遇的獲得一律取決於軍功。田宅、車馬、奴婢、衣飾，隨地位元的高低分等級使用。凡宗室沒有軍功就不得列入貴族名單。不論有沒有道理，凡是為私事打架鬥毆、惹是生非的，按情節輕重分別受罰。

為發展生產，孝公還支持商鞅制定重農抑商、獎勵耕織的措施。

凡人民努力於耕種和紡織即「本業」的，而且生產的糧食和布帛又超過一般產量的，就可以免除本人的勞役和賦稅；凡是以精巧技藝如刻、鏤、紋、繡等買賣掙錢，經營手工業和商業之類「末業」的，和因為懶惰，不安心務農而貧窮的，連同他的家室、兒女一概沒入官府為奴婢。此外，還招徠韓、趙、魏三國無地的農民到秦國墾荒，凡是來秦國定居的，就有地有房，三代免除徭役，不用參加戰爭；墾荒的特別優待，十年不交納賦稅從而使他們安心務農，為秦國生產糧食。

為了鼓勵個體發展小農經濟，新法規定，凡一戶有兩個兒子以上的，到了成人年齡必須分家，各自獨立門戶，不能過依賴生活，否則要出雙倍的賦稅，這就使成為戶頭的成年男子不能再在大家庭的掩護下，遊手好閒。

在孝公的大力宣導下，變法在秦國順利推行。隨著變法的深入，秦國農業得到了很大發展，人民殷實富裕，府庫倉廩充實，國勢蒸蒸日上。孝公見變法大成，越發信心百倍，於孝公十二年（西元前三五〇年），將都城自櫟陽遷至咸陽（今陝西咸陽東北），進行更大規模的改革。

這次改革，首當其衝的是推行縣制。孝公聽從商鞅的計策，把秦國所有的鄉村城鎮都合併為縣，全國統一規劃，共設四十一個縣，設令、丞。縣令是一縣之長，縣丞掌管民政，並設縣尉掌管軍事和治安，縣一級的令、丞、尉直接由中央任免。縣級的行政權、兵權就集中於朝廷，中央集權的封建政治體制，就建立起來了。

國家對地方的控制加強之後，接下來就是如何在有限土地的基礎上發展地主經濟。孝公按商鞅的規劃下令廢井田，開闢阡陌封疆為田，承認土地私有。古時田地南北通車的道路叫「阡」，東西通車的道路叫「陌」，「阡陌」就是井田中間與灌溉管道相應的縱橫道路。「封疆」就是封建領主作為劃分疆界和防守用的大片的土堆、荒地、樹林、溝池等。把這些土地開墾起來作為耕種的土地，重新設立田界。誰開墾的荒地歸誰所有，國家不再收回，而且土地可以自由買賣。破壞了井田的「阡陌封疆」，就是進一步破壞了井田制，從此井田制在秦國從法律上被廢除了。

孝公十八年（西元前三四四年），度、量、衡在全國得到了統一。傳世的「商鞅銅方升」就是當時一升的標準量器。統一度量衡便於徵收賦稅和給官吏發放俸祿，同時也有利於商業的發展。

秦國原居於中國西部，地廣人稀。隨著變法的深入，國家雖日臻富足，但對於邊遠地區的控制畢竟有些鞭長莫及，加之秦人長期與戎狄等落後部族雜居，久而久之保留了不少陳舊的習俗。孝公深知落後的習俗對統一中原極為不利，便採納商鞅的建議，在變法法令中規定：禁止同室內息，父子、男女、老幼不得同居一室，這樣就達到了清尚風化的目的，邊遠地區人民移風易俗，除舊佈新，安然和睦相處。

這樣，自孝公三年（西元前三五九年）始，由孝公著力宣導的變法法令在秦國一直推行了十八年，取得了巨大成功，秦國由當初被東方各國看不起的國家一舉成為七雄中最強的國家。而變法法令之所以能一以貫之，暢行無阻，還有另一個原因，就是秦孝公深知賞罰必嚴的道理。

賞罰必信，政令必行

改革是新與舊、落後與進步的一場大搏鬥。在搏鬥的過程中，孝公自始至終都能放手讓商鞅放心大膽地執行法令，從不姑息養奸。商鞅因此掃除了顧慮，雷厲風行地進行變法。

在孝公下令變法之初，為了讓法令取信於民，行之有效，商鞅在國都南門立了一根三丈長的大木，並敬告民眾說：「誰能把這根木杆扛到北門去，就賞給他十兩黃金。」消息傳開，人們覺得很奇怪，大家交頭接耳，議論紛紛，沒有人肯相信這是真的。

隔了一個中午，木杆還是原封不動地矗立在南門口。商鞅見勢，就加了五倍的賞：「如果誰把木杆扛到北門去，就賞給他五十兩黃金。」這麼一來，更沒人敢相信這是真的了。然而有一天，就在人們疑惑不解之時，一個大漢走到木杆前把它扛起來就走。大夥兒將信將疑地跟著這個扛木杆的大漢一直走到北門。出乎意料的是，商鞅果然賞給那個大漢五十兩黃金，並且誇獎他說：「你聽從朝廷的命令，真是個良民。」於是，「南門徙木」這件事不脛而走，聞名於咸陽城，迅速傳遍了全國，人們都知道商鞅言必有信，孝公變法是真心實意，說一不二的了。

孝公第一次任用商鞅變法之後，秦國的奴隸主貴族受到了沉重打擊。按照獎勵軍功的規定，官爵和土地的分離否定了秦國舊有的爵位制，使原來世代佔有土地的舊貴族祖傳的高官厚祿、富貴榮華、世襲特權，像遭到颱風襲擊一樣一下子被刮走了。

那些舊貴族不甘心權力的喪失，瘋狂地進行反抗，大夫甘龍、杜摯就是其中的代表。對於他們的阻撓和破壞，孝公堅定地站在商鞅一邊。普通老百姓如果反對新法的話，根據法令規定，除了受連坐的處罰以外，還有砍頭、腰斬、抽筋、鑿頭頂、下油鍋、車馬分屍等嚴厲的刑罰。當時孝公的太子駟有兩個老師。都是國君的親戚，一個叫公子虔，一個叫公孫賈，他們糾集了上千人反對新法，誹謗商鞅。太子駟也領頭批評起新法來，「法之不行，自上犯之」。

在考驗法治的關鍵時刻，孝公權衡利弊，深明大義，毫不猶豫地把對太子駟的處置權交給了商鞅。「國家的法令必須上下一律，倘對在上的人心慈手軟，在下的人就會對朝廷喪失信任。太子犯法，應與庶民同罪。」孝公對此中道理十分清楚，但由於太子是國君的子嗣，不可以施刑，而他之所以觸犯律法，是同教他的師傅教育不當有關，其師傅罪有應得，於是太子師公孫賈和太子傅公子虔咎由自取，公孫賈被處於黥刑——臉上刺字，公子虔被判處劓刑——割鼻子。太子違法，且不免刑其師傅，更何況別人呢？當時有七百多個舊貴族因破壞變法而被處決，同時，還有一大批舊貴族被流放到邊遠地區終生做苦役。

為了使變法法令得以順利執行，孝公積極採納了商鞅「貴法」的思想。商鞅認為，一個國家如果用法來治理，一定能治理好。國家法令必須「明白易知而必行」，立法要符合國家的實際情況，要不然老百姓就不能遵守。倘若法令不統一，社會就會混亂。法令統一就可以「法不聽君，民不從官」，即官吏依法辦事，不必聽命於君主，老百姓遵法辦事，不必聽從長官意志而唯唯諾諾。接著，孝公又採納商鞅的建議，把法令藏於禁室，派法官專門管理，老百姓可以通過問法官知道法律。一方面，國君可以用法來集中權力，舊貴族則不能任意胡作非為。另一方面，法律又是鎮壓勞動人民的工具，使他們不敢侵犯新興地主階級的權力和財產。

孝公就是這樣「罰不諱強大，賞不私親近」，「法及太子」「黥劓其傅」，他異常堅決地鎮壓了舊貴族的反抗，表現了新興地主階級生機勃勃的鬥爭精神，保證和鞏固了變法成果。

兵伐魏國，收復河西

由於變法的順利進行，秦國國力逐漸強盛起來。孝公東伐魏國，稱霸中原的信心大增，諸侯卑秦的局面也隨著秦魏戰爭的開始而發生了變化。

孝公八年（西元前三五四年），秦攻佔魏國少梁（今陝西韓城南）；孝公十年（西元前三五二年），秦攻入魏的河東，一度佔領了安邑；孝公十一年（西元前三五一年），秦派商鞅圍攻魏城固陽（今陝西米脂）；孝公十二年（西元前三五〇年），秦易都咸陽，修築城防，並向東奪取函谷關。至此，秦已囊括了關中的全部土地，控制著東進、南下的函谷關、武關兩道雄關，成為西方最為強大的國家。而此時，魏國之下仍有十二諸侯附從，聲威顯赫。魏國無疑是秦國東進的首要障礙，秦要向東發展，秦魏之戰不可避免。

魏不並秦，秦即並魏，不甘示弱的魏國面對秦國虎視眈眈之勢，也開始向周邊國家發動戰事，以擴充實力。孝公九年（西元前三五三年），魏進攻趙國，然而出師不利，在桂陵（今山東菏澤東北）遇齊國救兵，大敗而還。桂陵之戰是魏國由盛轉衰的轉捩點，自此魏國頹勢難挽，江河日下。孝公二十年（西元前三四二年），魏又攻打韓國，齊國受商鞅暗中指使，利用魏軍急躁冒進的特點，在溝壑縱橫的馬陵（今山東郯城馬陵山）一帶設下埋伏，魏國大將龐涓喪生。魏軍兵馬橫屍山野，從此一敗塗地。秦國醞釀已久的秦魏之戰終於如箭在弦，勢在必發。

孝公二十二年（西元前三四〇年），秦孝公抱著不打則已，打則必勝的信念，乘魏國馬陵之戰失敗之機，派商鞅率五萬大兵，自咸陽出發東攻魏國，以期一舉敗魏，再順勢東下，征服東方諸國。

秦國大軍到了西河，西河太守接連不斷地派人向魏惠王請求救兵，魏惠王焦急萬分，急忙召集大臣商議對策。魏公子卬對魏惠王說：「我跟商鞅有點交情，讓我帶著兵馬去對付他。如能講和，那是上策，如講和不成，我就先守住城，再派人去韓、趙兩國請兵救我們。」魏惠王別無選擇，只好派公子卬為大將，讓他帶領五萬大軍去救河西。公子卬先把軍隊駐紮在吳城，吳城相當堅固，公子卬以為以吳城堅不可摧之勢可以高枕無憂，便寫了一封請秦國退兵的信，在吳城按兵不動。

秦將商鞅派使者回信說：「我以前在魏國時，跟公子親如兄弟，只不過現在各事其主，但也沒必要自相殘殺，彼此攻打。我想，還是兩邊都和氣退兵，擇吉日到玉泉山訂立盟約，互不侵擾，這樣既保全了我們的交情，兩國百姓又免受戰爭之苦，何樂而不為呢？」

公子卬得信，得意忘形，急忙寫了回信，約好第三天相會秦國使者於玉泉山。到了第三天，公子卬只帶了二三百名士兵，並預備了一些酒食前往玉泉山。公子卬正歡天喜地和秦國使者敬酒行禮、互致通和之意時，忽然間聽見鼓聲咚咚，暫態有山搖地震之感，再細看秦國敬酒的使者，一個個膀大腰圓，似可力舉千鈞，手擒虎豹。公子卬覺得大勢不好，忙詫異地問：「怎麼回事？難道我受了秦國的欺騙不成？」原來，秦國得了公子卬的回信，便設了計謀，把在西河之地的軍營都分散了，暗地裡派兵埋伏在玉泉山下，專等公子卬一行。等公子卬來後出擊，果然公子卬中了圈套。秦人俘獲了公子卬，並順勢一哄而上，攻入吳城，俘虜了大批毫無準備的魏兵，繳獲了數量可觀的戰利品。

正在都城安邑的魏惠王一直都等著公子卬的好消息，卻聽有人來報說公子卬被囚。吳城也落入秦軍手裡，便急得像熱鍋上的螞蟻，不知如何是好，最後只得卑躬屈膝，打發使者去秦國兵營求和。秦將商鞅說：「我當初在魏國時，魏王不能用我，我不得已才去秦國求生路，承蒙孝公厚待，尊我為卿相，衣祿萬鐘，現在要我率兵伐魏，如果不滅魏國，恐怕有負孝公重托。倘要秦國一定退兵，那只有把河西之地割給秦國方可。」魏惠王見魏軍屢屢戰敗，而國庫漸趨空虛，無力再支撐戰事，便狠著心把河西的土地獻給了秦國講和。

如此，河西之地到孝公時終於收復了。孝公終於了卻一樁心事。為了嘉獎商鞅，孝公封商鞅為侯，把商於一帶（今河南淅川西）十五座城都封給了他。

秦魏戰爭之後，魏見都城安邑朝不保夕，便遷都大樑，且魏國精銳兵力也因這次戰爭喪失殆盡，領土日削，國力更趨衰弱，只能聽任秦國的擺佈。秦東出中原的大門從此打開。

政成於內，敵服於外

秦孝公任用商鞅變法取得了顯著的功效，經過屢次戰爭的磨礪，秦國終於可以揚眉吐氣了。孝公十九年（西元前三四三年），周天子封秦孝公為「伯」（即霸主的意思）；第二年，各諸侯國前來祝賀，孝公派公子少官率軍會諸侯於逢澤，朝覲天子，確立了霸主的地位。秦魏戰爭之後，孝公收復故地的目的終於實現了，秦在軍事上完全擺脫了被動挨打的局面，成為「四塞之國」。秦國的疆域東有黃河與函谷關，西至甘肅東部，南到南嶺以北，北有上郡（今陝西北部），地勢險固，宜於守禦又宜於出擊。此時，秦國國大人眾，兵強士勇，民已殷實，國已富強，諸侯親服，所向無敵，為此後秦始皇統一六國奠定了牢固的基礎。

孝公二十四年（西元前三三八年），秦孝公一病不起，因操勞過度最終不治而死，埋葬於都城咸陽。孝公既歿，舉國上下一片哀痛。

孝公死後，太子駟繼承王位，即秦惠文王。這時，蟄居八年閉門不出的公子虔仰仗太子的權勢，伺機進行報復。當時商鞅已官至大良造，且又是列侯，擁有良田美舍，這令公子虔妒火中燒，更何況他銘記著孝公時自己因反對變法被商鞅處以劓刑的恥辱，便夥同舊貴族誣陷商鞅謀反。秦惠文王為群小所圍，經不住多方煽動，以謀反的罪名派軍隊去商於捉拿商鞅。商鞅聞風而逃，然而幾次逃跑都不成功，只得勉強率領部屬和邑兵抵抗前來捉拿他的軍隊，由於寡不敵眾而失敗。孝公時在秦國轟轟烈烈進行變法的賢才良將商鞅，最終以莫須有的「謀反」罪名被「五馬分屍」。

商鞅雖遭車裂之刑而死，但其改革的成果並未喪失，其變法的各項措施除了後來秦莊襄王用大商人呂不韋為相，停止對從事工商業之類活動的限制以外，其餘大都相沿不變，變法所建立起的新興地主階級的政權不斷被鞏固著。

秦孝公渠梁在位二十四年，為振興國家，力用商鞅，大刀闊斧地進行變法。使秦國成為當時首屈一指的強盛國家。雄居西部，傲視西方，國家強盛，諸侯畏懼。秦魏戰爭後，消滅政治經濟落後的山東六國，推行秦制建立封建大帝國的基礎開始奠基，而封建制的建立也強有力地影響著以後中國兩千多年封建社會的發展，秦孝公渠梁不愧是歷史上為人稱頌、不可多得的明君！

丁俊玲　文

第四章
秦孝公　嬴渠梁

第五章

漢武帝 劉徹

說起歷史上的治國君主，能比得上漢武帝的並不多，近代學者夏曾佑說過：「中國之教得孔子而後立，中國之政得秦皇而後行，中國之境得漢武而後定，三者皆中國之所以為中國也。」這是對漢武帝的高度讚揚。

少年得志，君臨天下

漢武帝劉徹，生於漢景帝前元元年（西元前一五六年），父親是漢景帝劉啟，母親為王美人。在漢景帝的十四個兒子中間，劉徹排行居中，一歲時被封為膠東王，依照嫡長子繼承制的原則，劉徹並沒有承襲皇位的資格，只因為姑母劉嫖的鍾愛，才由一名藩王成為皇太子。

劉嫖是漢景帝的姐姐，被立為長公主，嫁堂邑侯陳午，生得一女名阿嬌。劉嫖本想把阿嬌許給皇太子劉榮，可是劉榮的母親栗姬不同意。這兩位貴婦就此結下怨恨。劉嫖又很喜歡劉徹，轉而想把阿嬌許給他，但阿嬌比劉徹大幾歲，漢景帝又不怎麼贊成。

有一天，劉嫖在漢景帝面前，詢問劉徹想不想娶阿嬌？誰知小小的劉徹，竟伶俐地回答說：「如果能娶上阿嬌，我一定會造一座金屋，讓她住在裡面。」一時引起哄堂大笑。漢景帝見劉徹聰明可愛，心裡十分高興，也就同意了這門親事。「金屋藏嬌」的成語說的就是這件事情。

從這時起，劉嫖和王美人結為親家，兩人的交往日益密切。漢景帝前元六年（西元前一五一年），皇后薄氏因未生育被廢黜，漢景帝本想立栗姬為皇后，然而，劉嫖不願如此，趁機向漢景帝說：「栗姬心胸狹窄，一旦當上皇后，那種『人彘』事件，就有可能重演。」同時她不斷誇讚王美人和劉徹。因此，漢景帝就把重立皇后的事情，擱在一邊不提。

王美人得知漢景帝對栗姬不滿，故意讓人督促大臣，讓大臣出面請立栗姬為皇后。漢景帝見大臣插足皇儲大事，不禁大為惱火，當即把這位大臣處死，漢景帝與栗姬母子也就日見疏遠。

漢景帝前元七年（西元前一五〇年）正月，漢景帝廢皇太子劉榮，改封他為臨江王，栗姬因怨恨而死。四月，漢景帝立王美人為皇后，以劉徹為皇太子。劉徹由此受漢景帝的悉心培育，跟名儒衛綰學習儒家經典，並注意磨煉個人的意志，他機智勇敢，體魄剛健，逐漸成為一名能文能武、有膽有識的少年。

漢景帝後元三年（西元前一四一年）正月，劉徹長到十六歲，漢景帝在給他舉行加冠禮後，一病身亡。劉徹當即繼位，尊奉竇太后為太皇太后，王美人為皇太后，阿嬌為皇后。六月，漢武帝任命魏其侯竇嬰為丞相，武安侯田蚡為太尉。竇嬰、田蚡都喜歡儒術，極力推薦名儒趙綰任御史大夫，王臧任郎中令。趙綰奏諸興建明堂，以接受諸侯王的朝會。漢武帝十分關心國家治亂的問題，看來要有一番作為了。

但在這時，漢朝廷政令由竇太皇太后執掌，因為她偏好黃老之術，不喜歡儒家學說，仍沿襲著文景時期的做法。建元二年（西元前一三九年），趙綰上書提議有關國家政務不再向竇太皇太后奏報。竇太皇太后大動肝火，讓人搜集趙綰、王臧貪贓的證據，以此責備漢武帝用人不當。漢武帝只好中止了興建明堂的事情。趙綰、王臧二人被逮捕入獄，旋即自殺；竇嬰、田蚡也被免職回家。漢武帝試圖扭轉朝廷的努力，由此遭到挫折。

也就在這時，漢武帝的私生活發生了不小的變化。劉嫖自恃援立漢武帝有功，無休止地請求賞賜，干預國政，引起漢武帝的不滿。陳皇后驕橫嫉妒，獨攬後宮，卻沒能生育兒女，以致漢武帝對她的寵愛日漸衰退。恰巧漢武帝曾去看望他的姐姐平陽公主，無意中鍾情於歌女衛子夫，平陽公主就把衛子夫送入宮中，衛子夫日益受到漢武帝的寵倖。漢武帝立衛子夫為夫人，並任用她弟弟衛青為太中大夫。此後十年，陳皇后被廢黜，衛夫人代之為皇后。

建元六年（西元前一三五年）五月，竇太皇太后病逝後，漢武帝掌握朝廷大權，重新調整統治集團，開始按照自己的意志，走上文治武功的道路。

強化專制，穩定國家

中國歷史上傳統的專制主義中央集權體制在春秋時期已現端倪，至戰國時代逐漸形成，爾後經秦王朝最後確立，在漢武帝時代得到鞏固和完善。

漢武帝即位初，一方面政治形勢比較穩定，中央對地方的控制有所加強，國家經濟狀況良好，社會秩序基本正常；另一方面，諸侯王國分裂的因素仍舊存在，地方上富商大賈、豪強勢力日漸抬頭，朝廷內皇帝的權力還受到一定的限制，封建統治思想尚待確立。所以，如何強化專制主義中央集權，對於漢武帝來說，依然顯得十分重要，漢武帝為此採取了一系列措施。

在政治方面，首先進一步削弱諸侯王國勢力。西漢前期，漢高祖以同姓王代替異姓王，漢景帝採納「削藩」的手段，都未能理順中央與諸侯王國的關係。元朔二年（西元前一二七年），漢武帝根據中大夫主父偃的建議，頒行「推恩令」，規定諸侯王除由嫡長子繼承王位外，其他王子都在本國內分到封地，作為侯國。於是把大的王國分出幾個小侯國，王國不過十餘城，侯國不過數十里，諸侯王勢力大為削弱。後來，漢武帝又有針對性地制訂「左官律」和「附益法」，嚴格限制諸侯王的活動；還以「酎金」不如法為藉口，免除一百零六位列侯，占當時列侯的一半，通過這些措施，諸侯王問題得到了比較妥善的解決。

其次，建立中朝，削弱相權。漢初以功臣為丞相，丞相權力很大。漢武帝時任用布衣為相，丞相在朝無所援接，不敢違背國君的旨意。同時，漢武帝從賢良文學或上書言事者中間選拔了一批中下層官員，作為自己的高級侍從，另加侍中、給事中、常侍諸銜，讓他們出入省禁，顧問應對，參與朝政，因而形成一個特殊的決策機構，被稱為「中朝」或「內朝」，與以丞相為首的政務機關「外朝」相對應。漢武帝依靠中朝官員，把權力集中起來，中朝官員則依恃國君，淩駕於外朝之上。這樣就大大削弱了相權，鞏固了皇權的神聖地位。

再者，設置刺史部，加強對地方的控制。元封五年（西元前一〇六年），漢武帝下令把全國分為十三個部，每部各設刺史一人，刺史在每年秋天巡行郡國，考評官府的治績，處理現有的冤案，並按「六條問事」的職權，監督和懲辦郡國官員。所謂「六條問事」，除了第一條禁止豪強大族所擁有的田宅超過規定，在鄉間以強淩弱、以眾暴寡外，其餘五條都是針對二千石官員的不法行為規定的懲處辦法。可見，刺史制度的確立，是為了加強對地方的控制。與此相一致，漢武帝還多用酷吏，以苛煩的刑律沉重打擊了一些豪強大族，這對穩定社會秩序也起到很大的功能。

在軍事制度方面，主要是集中兵權，增強中央軍事力量。漢武帝在位期間，不僅嚴格限制將軍的權力，直接部署對外戰爭，而且通過中央壟斷兵器鑄造，統轄全國軍隊，把兵權繫於一身。同時，鑒於當時軍隊主要分散在全國各地，而駐守京師的僅有南、北兩軍這種「內輕外重」的局面，漢武帝陸續增設中壘、屯騎、步兵、越騎、長水、胡騎、射聲，虎賁八校尉，隸屬北軍；增設期門、羽林等幾支軍隊，隸屬南軍，作為京師宿衛工具，從而加強了中央直轄的軍事力量。

在經濟方面，由於私人工商業的膨脹，加上漢武帝連年用兵，大興土木，耗盡了文景時期的經濟積蓄，國家財政嚴重困匱，所以，漢武帝不得不從整頓財政著手，實行一系列經濟改革。

元狩四年（西元前一一九年），漢武帝頒佈「算緡」令，規定商人財產每二千錢納稅一算（一百二十錢）；手工業主財產每四千錢納稅一算；軺車每輛納稅一算。商人軺車加倍；船五丈以上者每只納稅一算；隱瞞不報或自報不實者，沒收全部財產，並罰戍邊一年。元鼎三年（西元前一一四年），漢武帝又頒佈「告緡」令，鼓勵對違法工商業主進行告發，並將沒收財產的一半賞給告發者。經過算緡告緡，官府「得民財物以億計，奴婢以千萬數，田大縣數百頃，小縣百餘頃，宅亦如之。於是商賈中家以上大氐破」（《漢書．食貨志》）。

與此同時，漢武帝採納大商人孔僅和東郭咸陽的建議，把私人經營的冶鐵、煮鹽等產業收歸官府，由國家壟斷經營，在全國設置鹽官三十七處，鐵官四十九處，任命當地的鹽鐵商為鹽官或鐵官，管理煮鹽、鑄造鐵器和出售鹽鐵產品。元封元年（西元前一一〇年），漢武帝又根據大農令桑弘羊的建議，在全國實行均輸、平准措施。均輸法即由大農令在各地設均輸官，把各地輸往京城的物品，從出產地轉運別處出售，再在出售處收購其他物品，這樣輾轉交換，最後把京城所需的物品運達長安。平准法即由大農令在京城設平准官，接受均輸物品，除去皇室貴戚所用外，按長安市面價格，貴則賣之，賤則買之，用以調劑市場。這些措施實行後，「民不益賦，而天下用饒」（《史記・平准書》），漢朝廷增加了財政收入，並有效地抑制了工商業主勢力的發展。

元鼎四年（西元前一一三年），漢武帝下令禁止郡國鑄錢，把各地以往所鑄的錢幣統統銷毀，而由水衡都尉所屬的鐘官、辨銅、伎巧三官負責鑄造五銖錢。鐘官負責鑄造，辨銅審查銅料成色，伎巧主管刻范。這次新鑄的五銖錢，又稱三官錢，鑄造品質較高，盜鑄無利可圖，因而成為唯一合法的貨幣。自此以後六、七百年間，五銖錢幾乎是歷代通用的標準貨幣。這也是專制主義中央集權體制得以強化的經濟保證。

在意識形態領域，由於同儒家並稱的道、法兩家理論在秦代和漢初兩個歷史時期，經過政治實踐的檢驗，雖然都有其合理的一面，但不適應社會發展的新需要，儒家思想自然而然地取代黃老學說的地位，在漢武帝時代成為統治思想。

這時被獨尊的儒術，已不同於先秦儒學，而是在先秦儒學的基礎上，增添了許多新內容，從而形成了一個新的思想體系。有人把它稱為「新儒學」。所謂「新」就是因為已經融匯了道、法、陰陽諸家理論的部分內容。「新儒學」思想體系主要是由董仲舒建構起來的，以「天人感應」、「五德終始」、「德主刑輔」、「三綱五常」和「大一統」說為內容的各種思想的有機結合物。

自從「罷黜百家，獨尊儒術」之後，儒家學說幾乎統治了中國傳統社會兩千年，儘管在各個不同的歷史階段，這種思想體系也經受了這樣或那樣的改造。

勤事邊陲，開拓疆土

中國作為統一的多民族國家，自秦始皇時期開始形成，到西漢中期大體鞏固起來。統一的多民族國家的鞏固，既需要緩和國內的社會矛盾，實現安定團結的政治局面，又必須處理好同周邊少數民族的關係，達到各族之間的和睦共處。如前所述，漢武帝加強專制主義中央集權，改革經濟和財經制度，確立封建統治思想，基本實現了國內的政治安定。與此同時，針對漢初遺留下來的邊疆民族問題，漢武帝也果斷地改變了從前的羈縻政策，主要通過戰爭的方式，把漢王朝推向鼎盛。

漢王朝的邊疆民族問題，相比較而言，主要來自北方的匈奴。漢初對匈奴奉行「和親」政策，但「和親」政策未能使漢王朝得以同匈奴和睦共處，匈奴騎兵憑藉自身的機動能力，還時常南下大寇小掠，給漢王朝北部邊疆造成嚴重的破壞。因此，當有了文景時期的經濟積蓄和日益壯大的軍事力量之後，漢武帝經過全盤的思考，在元光二年（西元前一三三年）實施馬邑之謀，從而拉開了對匈奴戰爭的序幕。

漢武帝對匈奴的戰爭，大體分前後兩個階段：元光二年至元狩四年（西元前一三三——前一一九年）為前一階段，太初元年至征和四年（西元前一〇四——前八十九年）為後一階段。在前一階段裡，漢武帝著力於打擊匈奴的實力，解除匈奴對漢王朝北部邊疆的威脅，相繼進行了三次具有決定性的戰役。

元朔二年（西元前一二七年），漢武帝派車騎將軍衛青率軍從雲中（今內蒙古托克托旗）出發，沿黃河北岸西進，迂回到隴西地區。對河套地區的匈奴部眾發起突然襲擊，匈奴樓煩、白羊王大敗而逃。漢王朝完全收復河套地區，在這裡設下朔方（今內蒙古杭錦）、五原（今內蒙古五原）二郡。逐步辟為反擊匈奴的戰略基地。

元狩二年（西元前一二一年），漢武帝派驃騎將軍霍去病率軍從隴西出發，越過焉支山（在今甘肅山丹縣），深入匈奴境內千餘里，重創匈奴渾邪、休屠王；稍後再從北地（今甘肅固原）出發，經過居延澤（今內蒙古居延海），進抵祁連山，斃俘匈奴三萬多人。匈奴渾邪王迫於形勢，誅殺休屠王，率部眾四萬多人降漢。漢王朝把他們安置在隴西、北地、上郡、朔方、雲中五郡，稱為「五屬國」，並相繼在河西走廊設立武威、酒泉、張掖、敦煌四郡，史稱「河西四郡」。

元狩四年（西元前一一九年），漢武帝調集十萬騎兵，由大將軍衛青、驃騎將軍霍去病率領，分東西兩路征伐匈奴。衛青所部從定襄（今內蒙古和林格爾）出發，越過大漠，北進千餘里，大敗匈奴單于主力，匈奴單于僅率數百人逃走。漢軍追至趙信城（在今蒙古杭愛山）。霍去病所部從代郡（今河北蔚縣）出發，越過大漠，北進兩千餘里，同匈奴左賢王接戰，斃俘七萬多人，在狼居胥山祭天表功，爾後凱旋回朝。匈奴勢力由此衰弱，已經無力捲土重來，此後不斷向西遠遁，而漠南再無王庭。

這裡必須指出，漢武帝對匈奴的戰爭，並不是要徹底消滅匈奴，而是在進行軍事征服的同時，在北部邊疆採取積極防禦的措施。自今甘肅永登，西至敦煌，築起遮罩河西四郡的長城，敦煌以西設置亭燧千餘里，居延澤上修築邊塞數百里，對河套以東原有的長城，也進行了大規模的修繕。於是，「自敦煌至遼東萬一千五百餘里，乘塞列燧，有吏卒數千人」（《漢書·趙充國傳》），形成一條牢固的防禦體系，從而大大增強了漢王朝北部邊疆的防禦能力。

當漢王朝的軍隊北征匈奴的時候，漢武帝立足於封建國家的實際利益，不斷地向周邊地區出兵，致力於開拓疆域。

在南方，由趙佗創建的南越國，是一個內屬於漢朝廷而帶有相對獨立性的地方政權。元鼎年間，南越國統治集團內部分成兩派南越王趙興及王太后摎氏所代表的親漢派和以丞相呂嘉為首的越族反漢派。親漢派堅持「內屬」，將該國的地位等同於漢朝廷分封的諸侯王；反對派則主張割據嶺南，與漢王朝分庭抗禮。兩派之間的鬥爭日趨激烈，結果呂嘉發動政變，殺掉趙興和摎氏，操縱南越政權，開始與漢朝廷為敵。

元鼎五年（西元前一一二年），漢武帝任命路博多為伏波將軍、楊僕為樓船將軍，率軍分路進擊南越。次年春，漢軍攻破番禺（今廣東廣州），擒殺呂嘉等人，滅掉南越國。漢朝廷在南越故地設置九郡，包括南海、郁林、蒼梧、合浦、珠崖、儋耳、交阯、九真、日南，使嶺南地區和內地之間的聯繫進一步加強。

在東南，當時越族分為兩部：一曰東甌，一曰閩越。

建元三年（西元前一三八年），東甌遭受閩越的進攻，向漢朝廷求援，漢武帝發兵前往，閩越被迫退兵而去。為了擺脫閩越的威脅，漢朝廷答應東甌王的請求，令東甌部眾遷居江淮之間，接受當地政府的管治。

建元六年（西元前一三五年），閩越王郢出兵攻打南越，南越向漢朝廷求救，漢武帝派大行王恢，大司農韓安國分別率軍征討，閩越王郢恃險頑抗，被其弟余善及宗族斬殺。漢朝廷封餘善為東越王，與趙繇王醜共同統治閩越。

元鼎六年（西元前一一一年），余善自立為帝，公然反叛朝廷，漢武帝派橫海將軍韓說、樓船將軍楊僕分道前往征討。越繇王居股等人殺餘善降漢。漢武帝比照處理東越的先例，令閩越部眾遷居於江淮之間，與當地漢族人民雜處一起。

在東北，漢初由燕人衛滿創建的朝鮮政權，雖然曾向漢朝廷表示「臣屬」，但也具有相對的獨立性，與漢朝廷一直矛盾重重。元封二年（西元前一〇九年），朝鮮王右渠攻殺遼東部都尉，漢武帝借此徵調全國的罪犯，派樓船將軍楊僕、左將軍荀彘分道進攻朝鮮。右渠率眾抵抗，多次擊敗漢軍，但因朝鮮統治集團內訌，右渠被部下殺死，衛氏朝鮮滅亡。漢武帝以朝鮮故地，加上遼東郡的一部分，設置了真番、臨屯、樂浪、玄菟四郡，從而把朝鮮半島北部納入漢王朝直接統治之下。

在西南，當時生活著許多語言、風俗不同的少數部族，被統稱為「西南夷」，其中較大者有滇、夜郎、邛都、昆明等。這些少數部族互不統屬，處於分散落後的狀態。漢武帝即位之初，就派唐蒙為中郎將，率軍進入夜郎，夜郎王表示歸附，漢朝廷在那裡設置犍為郡（治今四川宜賓）。稍後，漢武帝又派司馬相如出使西南夷，通過強制和招誘相結合的策略，加強了漢朝廷對西南夷的統治。

元鼎六年（西元前一一一年），漢武帝調發巴蜀的罪犯和夜郎的部眾，由馳義侯遺統領，平定西南夷，分別設立武都（治今甘肅成縣）、牂柯（治今貴州貴陽）、越巂（治今四川西昌）、沈黎（治今四川雅安）、文山（治今四川茂汶）五郡。

元封二年（西元前一〇九年），漢武帝又派將軍郭昌徵發巴蜀兵，攻略西南夷未歸附者，滇王被迫投降。漢朝廷在滇國故地設立益州郡（治今雲南晉寧），同時賜予「滇王王印，複長其民」（《史記．西南夷列傳》）。西南地區從此成為漢王朝直接統治的區域。

在西域，即玉門關以西、蔥嶺以東地區，當時分為三十六國，其中在準噶爾盆地有烏孫、蒲類等國，在塔里木盆地北沿有疏勒、龜茲、焉耆、車師等國，在塔里木盆地南沿有樓蘭、於闐、莎車等國。為了配合對匈奴的戰爭，漢武帝在建元三年（西元前一三八年）、元狩四年（西元前一一九年）兩次派張騫出使西域，企圖聯結大月氏、烏孫等國，同他們一起對付匈奴。張騫兩次出使西域，雖然未能達到預期目的，卻開通了內地與西域之間的交往，從此西去的使者相望於道，「諸使外國一輩大者數百，少者百餘人」，「一歲中使多者十餘，少者五六輩，遠者八九歲，近者數歲而反」（《史記．大宛列傳》）；而東來的使者和商販，也往往雲集塞下，活躍在京城長安。這使西域與內地的政治、經濟聯繫日趨密切。

然而，當時西域的一些國家還受匈奴貴族的控制，時常攻殺漢朝廷派往西域的使者。為了同匈奴爭奪對西域的統治權，漢武帝在元封三年（西元前一〇八年）任命趙破奴為將軍，率軍攻破樓蘭、車師兩國，並在酒泉至玉門關之間設立亭障。太初元年（西元前一〇四年），漢武帝任命李廣利為貳師將軍，徵發屬國騎兵六千和各郡國惡少年數萬人，前去征討大宛。李廣利初戰失利，退回敦煌，經過兩年的準備，主要是兵員和物力的補充，再次進攻大宛。大宛貴族被迫誅殺國王毋寡，並獻出大宛良馬數千匹，向李廣利求和。李廣利另立大宛王昧蔡，與其訂立盟約後罷兵。因此，漢王朝在西域的聲威大增，而中西交通線的暢通也得到保證。

從上述可以看出，漢武帝開拓疆域，根據各方的具體情況，在不同條件下採取了不同的方略。南越、朝鮮是具有相對獨立性的地方政權，要消除兩國的割據勢力，非通過軍事手段難以實現。東甌勢單力薄，在外族進攻面前無以自保，請願向內地遷徙，自然可以滿足他們的要求。閩越雖然被武力壓服，而所處地理環境容易形成割據，因此需要通過強制手段，遷移其民，空虛其地。

西南夷的情況很複雜，夜郎、滇等大國既有歸附的可能，也有可能繼續割據稱雄，這就要採取征討和安撫相結合的辦法。而那些較小的部族對於外界知之甚少，在漢朝廷的招誘下，立刻請求「內屬」，當然不需要訴諸武力。

至於西域諸國，同內地相距遙遠，漢武帝在那裡的經略，既與匈奴發生衝突，又與各國有了交往，這就必須戰爭和外交雙管齊下，以確立漢朝廷的威望。

當然，從根本意義上說，漢武帝開拓疆域，並非單憑武力，而是社會經濟不斷發展引起，各地區各民族之間的交往日益加深的必然結果。

漢武帝開拓疆域數十年，漢王朝的聲威「不僅西蕩河源，東澹海漘，北動幽崖，南耀朱垠，而且遠度龍堆，橫絕沙漠，西越蔥嶺，威震中亞」。誠如翦伯贊所說，「漢朝的文明光輝已經把西藏、青海除外之今日的整個中國照得通明，並且通過南山北麓之頸形的狹管，在天山南北射出它的光輝。這種光輝漸漸向中亞擴大它的照射，大約在裏海、黑海之南，便與羅馬共和國的光輝交光連彩，呈現出一種奇異的美景」。

漢之得人，於茲為盛

漢武帝造就的歷史功業，不只是他個人的雄才大略所致，顯然與當世輩出的各類人才相關，而漢武帝怎樣選拔和使用人才，是任人唯賢，還是任人唯親？抑或既能用賢，亦嘗任親，就成為一個比較突出的問題。

與漢武帝同時代的司馬遷，在撰著《史記》時，對當朝皇帝寵信的將相，如公孫弘、衛青和霍去病等人，予以諷刺挖苦；而對與自身遭遇相近的李廣等人，則表示深切的同情。這反映出他對漢武帝用人的不滿。自此以後，歷代學者評價漢武帝用人，就多有譏刺，他們認為漢武帝因裙帶關係，重用衛青、霍去病和李廣利，完全是任人唯親。至今仍有人指出，漢武帝時期政治很不清明，一個突出的表現就是摧殘人才，多殺賢士，甚至有學者說漢武帝把人才作為粉飾所謂「太平盛世」，滿足個人私欲和生活的點綴品，稍不稱意，就羅織罪名，加以殺戮。

其實，在歷史上，真正做到任人唯賢的帝王是沒有的，而比較有作為的帝王，也不能完全任人唯親。那種認為漢武帝任人唯親、摧殘人才的看法，是不符合歷史實際的。

衛青、霍去病固然是由於裙帶關係，躋身於漢王朝統治集團。但漢武帝重用他們，也與他們出眾的才能和顯赫的戰功有關。雖說衛青「以和柔自媚於上」，霍去病「少而侍中，貴不省士」（《漢書．衛青霍去病傳》）。但把他們都視為沒有將略的庸才，也很不妥當。試想如果是腐才能在對匈奴戰爭中出師制勝嗎？衛青、霍去病兩人始終奔走在抗擊匈奴的第一線，或七征匈奴，或六征匈奴，都獲得了重大的勝利。至若李廣征戰一生，未能封侯，那自然是軍功爵制的限制，而不能完全歸咎於漢武帝。又如董仲舒為什麼沒有得到重用？司馬遷為什麼遭受殘酷的刑罰？則都是與當時的政治情形相關聯的。不過從另一方面看，董仲舒雖然官位僅至江都相，但到他的晚年，朝廷每有大事，還經常派使者臨榻相詢；司馬遷儘管身被宮刑，卻能在中書令的職任上，經歷十多年時間，最後寫成《史記》這部千古不朽的名著。這些也說明漢武帝是重視他們的才能的。

漢武帝在位五十四年間，是中國歷史上少有的一個人才盛世。那時人才輩出，群星燦爛。「儒雅則公孫弘、董仲舒、兒寬，篤行則石建、石慶，質直則汲黯、卜式，推賢則韓安國、鄭當時，定令則趙禹、張湯。文章則司馬遷、相如，滑稽則東方朔、枚皋，應對則嚴助、朱買臣，歷數則唐都、洛下閎，協律則李延年，運籌則桑弘羊，奉使則張騫、蘇武，將率則衛青、霍去病，受遺則霍光、金日磾，其餘不可勝紀」（《漢書．公孫弘卜式兒寬傳》）。

很難想像，如果漢武帝任人唯親、摧殘人才，這樣一個人才盛世將何以生成？實際上，造就這樣一個人才盛世，固然有其社會歷史的客觀原因，但是，漢武帝本人注重選拔人才，善於使用人才，也是其必不可少的重要條件。這主要表現在以下幾個方面：

一、興辦官學，積極培養人才。早在建元五年（西元前一三六年），漢武帝根據董仲舒的建議，開始設立《五經》博士，即把儒家的《詩》《書》《禮》《易》《春秋》五部典籍，作為經典頒佈於天下，召集一批名儒，進行專門的研究。元朔五年（西元前一二四年），漢武帝又採納公孫弘的意見，詔令郡國推舉十六歲以上的男子五十人至京師，作為博士弟子，隨各家博士學習儒經。這就開創了中國最早的高等教育。太學是全國的最高學府，而在各郡國同樣設立官學。興辦官學的目的，在於有計劃、有組織地培養和造就封建國家所需要的統治人才，據說從此以後，上至自三公九卿，下到一般官吏，有學問的人越來越多了。

二、廣開仕途，大力選拔人才。漢武帝為了選拔人才，確立了察舉制度。建元元年（西元前一四〇年），漢武帝詔令丞相、御史大夫、列侯、郡太守、諸侯舉薦賢良方正、直言極諫之士。元光元年（西元前一三四年），漢武帝首次命令各郡國推舉當地居家行孝、舉止清廉的人來朝廷任職，這是察舉制度的開端。元朔元年（西元前一二八年），有關部門奏報：「凡是不舉薦孝子的，均屬不遵守詔令，應當按『不敬』之罪論處；凡是不察舉廉吏的，均屬不勝任職務，應當罷免官職。」漢武帝批准了這個檔，這就保證了察舉制度的實行。除此之外，漢武帝選拔人才，還有「徵召」、「公車上書」、「郎選」等措施。正因為最高統治者廣開仕途，許多有用人才跨進了統治階級的大門。特別是元封五年（西元前一〇六年），鑒於朝中名臣越來越少，漢武帝頒佈詔書說：「大凡不同尋常的功業，必須等不同尋常的人才去完成。所以，有的馬雖然暴烈不馴，卻能賓士千里；有的人雖然世俗不容，卻能建立功業。無論容易翻車的馬，還是放蕩不羈的人，都只看如何駕馭而已。各州郡考察本地吏民將有特殊才能，可以勝任將相之職，或者出使遙遠國度的人才，保薦給朝廷。」這更集中地表露了漢武帝的人才思想。

三、不計出身和資歷，破格提拔人才。漢武帝剛即位，就著重選取富有文學才智的人，予以破格重用。天下士人向朝廷上書，議論國家事務的得失，自我標榜和自我推銷的人數以千計，漢武帝從中選取傑出的人才。莊助第一個受到漢武帝的青睞，而朱買臣、吾丘壽王、司馬相如、東方朔、枚皋、終軍等人，陸續成為漢武帝的左右親信。漢武帝常讓他們跟外朝大臣辯論政治，雙方相互駁難，外朝大臣總是無法對答。據《漢書》記載，東方朔在奏書中稱自己「年十三學書，十五學擊劍，十六學《詩》《書》，十九學孫吳兵法，誦四十四萬言。年二十二，長九尺三寸，目若懸珠，齒若編貝，勇若孟賁，捷若慶忌，廉若鮑叔，信若尾生。若此可以為天子大臣矣。」這在一般人看來，真有點狂妄自大，不近情理。可是，漢武帝卻不介意，當即召見東方朔，賜他「待詔公車」，而後委任他為常侍郎、太中大夫等職。再如，金日本是匈奴休屠王的兒子，被罰為官府奴隸而養馬。漢武帝偶然在一次歡宴之餘，帶著妃嬪宮女去看馬，見金日身材高大，容貌莊嚴，所養的馬又肥又壯，就召他詢問一番，不勝讚賞，旋即讓他沐浴更衣，出任馬監職務，爾後他步步高升，從侍中、駙馬都尉一直做到光祿大夫。一些貴戚對此深為不滿，但漢武帝並不介意，反而更加信任他，出門時由他陪坐在車上，回宮後仍讓他隨侍左右。這些體現出漢武帝用人的氣度。

四、注重獎懲，長於統馭人才。一方面，漢武帝對有功之臣，大都厚給賞賜。據粗略統計，當時封侯者八十九人(不包括王子侯)，其中僅以軍功封侯者六十八人，就占受封人數的四分之三強。另一方面，漢武帝性情嚴厲，即使是極為寵信的大臣，偶爾犯點錯誤，或者有欺瞞行為，總是嚴懲不貸，以致內史汲黯抱怨不已。漢武帝笑著解釋說：「什麼時候沒有人才，只怕是不能識別罷了。倘若能識別人才，就不必怕沒有人才。所謂人才，好像有用的器具，有才幹而不能充分發揮，就等於沒有人才，不殺這種人留作什麼？」這是一種典型的「人才為工具」的觀點，不過，漢武帝統馭人才，有時也比較靈活，對一些才能突出的人，當他們觸犯刑律時，往往給予贖罪的機會，如李廣、張騫等人曾因兵敗按律當斬，都被贖為庶人。

五、因材授職，善於使用人才。漢武帝使用人才，能夠注意每個人的實際能力，給他們安排合適的職務，以便他們盡可能發揮自己的長處。東郭咸陽本為齊地的大鹽商，孔僅出身於南陽著名的冶鐵世家，漢武帝選用他們作大農丞，主管鹽鐵專營事務。桑弘羊是洛陽商人子弟，生性精於心算，十三歲就入朝廷為侍中。漢武帝讓他和東郭咸陽、孔僅一起商討開闢財源的措施，連細枝末節都能分析到。另如趙禹、張湯長於有關刑獄事務，漢武帝就讓他們負責制訂國家法律條例；唐都、洛下閎精通天文律曆知識，漢武帝就讓他們主持修訂《太初曆》。諸如此類，可以說因材授職是漢武帝用人的一個特點。

所有這些表明，漢武帝選賢拔能，知人善任，在用人方面是值得肯定的。

晚年知過，改弦易轍

大凡有一盛必有一衰。當漢武帝創下文治武功之後，一些嚴重的挫折接踵而來，以致整個漢王朝面臨危機。

漢武帝統治末期，因為戰事連綿和刑罰嚴酷，社會矛盾日益尖銳，農民起義此起彼伏。僅天漢（西元前一〇〇——前九七年）年間，「南陽有梅免、百政，楚有段中、杜少，齊有徐勃，燕趙之間有堅盧、范主之屬，大群至數千人，擅自號，攻城邑，取庫兵，釋死罪，縛辱郡守、都尉，殺二千石，為檄告縣趨具食，小群以百數，掠鹵鄉里者，不可勝數」（《漢書．成宣傳》）。漢武帝開始只派禦史中丞、丞相長史負責督促鎮壓，未能平息；繼而派光祿大夫手持皇帝符節，調集軍隊進行圍剿，抓獲了一些起義首領，而被打散逃亡的人，往往重新聚集在一起，佔據山川險要之處，繼續抗拒官府。於是，漢武帝命人制定《沉命法》，規定：「凡有盜賊團夥興起，地方官不能及時發現，或者發現後未能全部擒獲。自二千石以下至小吏，主管其事者一律處死。」從此以後，地方官吏害怕朝廷治罪，即使當地發生騷亂，也不敢向上報告；各郡長官擔心受到牽連，也讓下屬不要報告。所以，各地反抗朝廷者越來越多，庶幾形成燎原之勢。

征和二年（西元前九一年），漢朝廷內部發生影響極大的巫蠱之禍。正月，丞相公孫賀遭人誣告，說他借巫術詛咒漢武帝。漢武帝下令嚴加查辦，竟將公孫賀滿門抄斬。公孫賀夫人是衛皇后的姐姐。閏四月，衛皇后所生諸邑公主、陽石公主及故大將軍衛青之子長平侯衛伉，都受巫蠱案牽連而被處死。七月，漢武帝派按道侯韓說、使者江充繼續追查巫蠱案，韓說、江充肆無忌憚，一直搜到衛皇后和太子劉據的寢宮，使宮內連放床的地方都沒有。初九，劉據派門客捕殺韓說、江充兩人，並假傳符節糾集京師的軍隊。漢武帝誤信「太子造反」的傳言，命丞相劉屈氂徵調三輔地區的軍隊，迅速平息叛亂。雙方在長安激戰數日，死亡數萬人，鮮血像水一樣滿街流淌。十七日，劉據兵敗逃出長安，衛皇后被迫自殺。八月初八，劉據逃到湖（今河南閿鄉），遭當地官府包圍，估計難以再逃脫，就自縊而死了。

征和三年（西元前九〇年），漢武帝派貳師將軍李廣利和御史大夫商丘成、重合侯馬通一同出擊匈奴。李廣利離開長安時，跟丞相劉屈氂商議擁立昌邑王劉髆為太子。劉髆為李廣利之妹李夫人所生，李廣利之女又是劉屈氂的兒媳。恰在這時，有人向朝廷告發：「丞相夫人詛咒皇上，又與貳師將軍一起祈禱神靈，要擁立昌邑王為皇帝。」漢武帝下令嚴加查辦，將劉屈氂夫婦當街處斬，並逮捕李廣利一家。李廣利初與匈奴交戰得勝，向北追至范夫人城（今蒙古烏蘭巴托南），當聽到京城的消息後，仍希望能深入匈奴腹地為朝廷立功，使漢武帝回心轉意，因而他率軍北進，與匈奴左賢王交戰。匈奴單于探知漢軍疲憊不堪，又領五萬騎兵趕來參戰。李廣利遭遇猛烈的攻擊，因漢軍潰敗而投降匈奴。這是漢武帝對匈奴戰爭中最慘重的一次失敗。

接二連三發生的事件，對漢武帝來說，都是一次次不小的打擊，好在漢武帝只是痛心和憤怒，而沒有沮喪不振，他在古稀即至之年，經過深刻的反思，終於認識到自己的過失，並用實際行動加以匡正。

當巫蠱案一年過後，漢武帝深知劉據是因為江充逼迫，惶恐不安，才起兵誅殺江充，實在沒有別的用意。正好郎官田千秋緊急上書，為劉據鳴冤說：「兒子擅自動用父親的軍隊，其罪不過予以鞭笞，天子的兒子誤殺人，又有什麼罪呢！我夢見一位白髮老人，教我上這道奏章。」漢武帝讀罷，馬上召見田千秋說：「我們父子間的事情，外人一般很難插言，只有你知道其中不實之處，這是高祖的神靈派你來指點我，你應當做我的輔弼大臣。」於是任命田千秋為大鴻臚，並下令把江充滿門抄斬。漢武帝憐憫劉據無辜遇害，專門修建一座思子宮，還在湖縣建立一座歸來望思之台。天下人聽說這件事，都感到很悲傷。

征和四年（西元前八九年）正月，漢武帝最後一次東巡。他來到東萊海邊，想親自入海訪求仙山，隨侍群臣紛紛勸阻，又遇狂風驟起，海水洶湧澎湃，漢武帝在海邊等候十多天，終因無法開船，只好返回長安。途中巡遊泰山，祭祀天地。漢武帝接見群臣，很感慨地說：「我自即位以來，做過許多荒唐的事情，使天下人愁苦不堪，如今後悔莫及，今後凡是傷害百姓，浪費財力的事情，一律廢止。」田千秋趁機建議：「許多術士都在談論神仙，卻沒有什麼明顯的功效，請把他們全部斥退。」漢武帝表示贊同，當即遣散所有術士。在這之後，他每當談起方術問題，就對群臣嘆息說：「過去因為我愚惑，才受到術士的欺騙。天下哪有什麼神仙，全是胡說八道！節制飲食，服用藥物，也不過少生點病罷了。」這可算他對後半生迷信方術的大徹大悟。

六月，漢武帝提升田千秋為丞相，封為富民侯，以表示他決心休養生息。在此之前，搜粟都尉桑弘羊奏請派兵到輪台（今新疆輪台東南）屯田，漢武帝為此頒佈詔書，檢討他以往的所作所為，明確指出：「當今的急務，在於嚴禁各級官吏對百姓苛刻暴虐，廢除擅自增派賦稅的法令，鼓勵百姓全力務農，恢復為國家養馬者免其徭役賦稅的制度，用以補充戰馬損失的缺額，不使邊疆防禦力量削弱而已。」這就是有名的《輪台罪己詔》。一般認為，漢武帝晚年追悔改過，轉變治國方略的做法，應當予以肯定。僅就這一點來說，他要比秦始皇、唐太宗高明得多，而別的帝王就更難相比了。

也就在這時，漢武帝重新考慮皇儲問題。鉤弋夫人所生的皇子劉弗陵，雖然只有七歲，卻長得很健壯，又懂得許多事情，漢武帝對他極為疼愛，想立他為太子，可又覺得他年齡太小，鉤弋夫人又太年輕，因而猶豫不決。漢武帝想選一位大臣輔佐劉弗陵，通過仔細觀察，只有奉車都尉霍光為人忠厚，堪當此任。於是，漢武帝讓黃門官繪出一幅周公背成王接受諸侯朝會的圖畫，賜給霍光。沒過多久，漢武帝藉故斥責鉤弋夫人，下令把她投入掖庭獄中，鉤弋夫人憂鬱而死。稍後，漢武帝向人解釋說：「自古以來，有擾亂國家之事出現，都是因為國君年幼而其母青春正盛。女主一旦獨居，總會驕橫無度。做出淫亂的事情，而別人又無法制止。你難道沒聽說呂氏專權嗎？所以，不能不先把她除掉。」由此可見，漢武帝為了皇位過渡，還真用心良苦！

後元二年（西元前八七年）二月，漢武帝身患重病，霍光臨榻問道：「萬一陛下不幸仙逝，應當由誰繼承皇位？」漢武帝說：「你難道不明白那幅畫的含意？立我最小的兒子，由你充當周公的角色！」十二日，漢武帝正式下詔，立劉弗陵為太子。十三日，漢武帝任命霍光為大司馬大將軍，金日為車騎將軍，上官桀為左將軍，讓他們共同接受遺詔，輔佐幼主，又任命桑弘羊為御史大夫，一同在漢武帝榻前叩拜受職。十四日，漢武帝在五柞宮病逝。三月二十二日，漢朝廷舉行隆重的葬禮，把漢武帝安葬在茂陵。一個鼎盛的時代結束了。

縱觀漢武帝的一生，應該有怎樣的評價？在他身後百餘年間，可以說是一派頌揚之聲。漢宣帝初即位，下詔讚揚其曾祖說：「孝武皇帝躬履仁義，選明將，討不服，匈奴遠遁；平氐、羌、昆明、南越，百蠻鄉風，款塞來享；建太學，修郊祀，定正朔，協音律，封泰山，塞宣房；符瑞應，寶鼎出，白麟獲。功德茂盛，不能盡宣……」（《漢書·宣帝紀》）這種歌功頌德式的評價，只能算作一種宣傳。

班固撰修《漢書》，稱頌「孝武初立，卓然罷黜百家，表章六經。興太學，修郊祀，改正朔，定歷數，協音律，作詩樂，建封禪，禮百神，紹周後，號令文章，煥焉可述」（《漢書·武帝紀》）至於對內強化專制，對外用兵四夷，班固在這裡隻字不提，寓意深刻，而在另一些紀傳中則說：「孝武奢侈余弊師旅之後，海內虛耗，戶口減半」（《漢書·昭帝紀》），而「外攘四夷，內改法度，民用彫敝，奸軌不禁」（《漢書．循吏傳》）。這表明班固對漢武帝的評價是一分為二的。

從此以後，傳統史家評論漢武帝，則大多帶有責備之意。譬如荀悅說：「孝武皇帝奢侈無限，窮兵極武，百姓空竭，萬民疲弊。當此之時，天下騷動。海內無聊，而孝文之業衰矣。」（《漢記》卷一三）這是以漢文帝的恭儉為標準，來批評漢武帝的多欲好事，濫用民力。又如司馬光說：「孝武窮奢極欲，繁刑重斂；內侈宮室，外事四夷；信惑神怪，巡遊無度，使百姓疲敝，起為盜賊，其所以異於秦始皇者無幾矣。」（《資治通鑒》卷二二）這是用秦始皇作比較，對漢武帝的過失予以批評。

我們用現代的眼光來看，無論是對西漢盛世的形成，還是對整個傳統社會的發展，漢武帝都有著突出的貢獻。如果拿他的缺點和過失同他的優點和功勞相比，顯然是優點多於缺點，功勞大於過失的。正如大家通常所說，歷代帝王有「一代君王」，有「百代君王」，要說漢武帝，應在「百代君王」之列。

趙國華　文

第五章

漢武帝　劉徹

第六章

北魏孝文帝　元宏

北魏是中國南北朝時期最長的一個朝代，自西元三八六年建國，到西元五三四年分裂為東魏、西魏，前後共達一四九年。魏孝文帝，即拓跋巨集、元巨集，西元四七一——四九九年在位，是北魏第六位帝王，也是北魏最有作為的一位帝王，被譽為「北魏中期傑出的改革家」。他的一生，有著不平凡的經歷和對歷史卓越的貢獻。

幼年稱帝，學有所成

孝文帝出生時姿態端莊，深得其父獻文帝喜歡，不久，獻文帝宣佈大赦天下，改年號為皇興，皇興三年（西元四六九年）六月，立其為皇太子。按當時北魏的規定，后妃所生的男孩一旦被立為太子，生母便要被賜死，李皇后也不例外。李皇后死後，拓跋宏就由他的祖母馮太后撫養。

馮太后是北魏文成帝拓跋濬的皇后，漢人刺史馮朗的女兒。她接受過儒家文化的薰陶，知書達理，明曉政務，遇事能決斷，是中國歷史上傑出的封建女政治家。和平六年（西元四六五年），二十五歲的文成帝去世，十二歲的獻文帝即位。丞相乙渾乘機專權，誅殺異己，並陰謀發動叛亂。在危急時刻，馮太后與大臣拓跋丕等密謀誅殺了乙渾，控制住朝政，臨朝稱制。到拓跋宏出生後，她不再臨朝，讓位給獻文帝。馮太后有很強的政治才幹，但獨斷專行。隨著獻文帝一天天長大，他們兩人之間的矛盾就越來越深。到後來，矛盾激化到馮太后逼迫獻文帝讓出帝位，五歲的拓跋宏被抱上了皇帝寶座。而尊獻文帝為太上皇、馮太后為太皇太后。

獻文帝雖然禪了位，但他與馮太后的矛盾依然存在，獻文帝作為太上皇，仍有一定的權力，「國之大事成以問」，他沒有完全去過清靜的生活，所以兩人的矛盾繼續激化。承明元年（西元四七六年）六月辛未（西曆七月二十日），馮太后終於用毒酒鴆殺獻文帝，獻文帝死後，馮太后第二次臨朝稱制，直到她去世，前後十五年。

孝文帝出生後，生母被賜死。直到馮太后死，孝文帝還不知道生母是誰，他從小在馮太后的撫養教育下長大，深受馮太后的教誨和影響。這一點，對孝文帝后來一生的事業影響很大。馮太后從小受她姑母的漢化教養，是一個「性聰達」「粗學書計」的人，在她周圍，有一批很有文化修養的漢族士大夫，如李沖、高允等。這些都使孝文帝從小受漢文化的薰陶。孝文帝自幼愛好讀書，手不釋卷，天分也很高，「五經之義，覽之便講，學不師受，探其精奧。史傳百家，無不該涉」（《魏書．高祖紀》）。故而，孝文帝雖然是鮮卑拓跋部人，但他所受的教育卻已是漢族傳統教育了。

馮太后在生活各方面對孝文帝影響都很大。她生活儉樸，「性儉素，不好華飾」，吃飯的菜肴比過去減少了十分之八；她還一再表示，將來喪事從儉，孝文帝也是提倡儉樸，常常穿著洗滌過的衣服，馬鞍則用鐵木製作。在馮太后的教育、影響下，孝文帝自幼對「忠」、「孝」等封建道德，都能身體力行，且有一種特殊的愛好。這些，就成為他以後推行漢化政策的思想基礎。

由於馮太后的教育和影響，拓跋宏從少年時候起就愛好讀書，廣泛涉獵經史百家著作，從中學習漢族封建統治者的治國經驗，還練就了一身武藝，擅長作文，又善騎射。從太和十年起，二十歲的拓跋宏就在馮太后的指導下，開始處理政事，治理國家。這樣，孝文帝就成為一個既有漢化教養，又是一個繼承鮮卑族重視武功騎射的人才，為他以後的文治武功打下堅實的基礎。

班行俸祿，始推均田

北魏的改革，實際上經歷了馮太后、獻文帝、孝文帝三代人。孝文帝五歲即帝位，馮太后臨朝稱制期間進行了一系列的改革。這些改革都是以孝文帝的名義下詔頒行的，其中最為重要的是班行俸祿和實行均田制。

北魏前期，百官沒有俸祿，軍事將領和官吏的收入主要靠擄掠和賞賜；維持軍事官僚機構的費用也主要依靠征戰中的掠奪。隨著北方的統一，戰爭逐漸減少，掠奪就轉化為搜刮、貪污等手段。官吏貪污盜竊，直接影響了國家的財政收入，鮮卑貴族追求生活享受，使原來剽悍善戰的風氣也逐漸喪失。

另外，官吏貪殘、壓迫人民，加劇了社會階級矛盾。時間一長，北魏官吏貪得無厭的掠奪、搜刮造成了嚴重的後果，威脅到北魏政權的穩固。獻文帝在位時，班行俸祿、整頓吏治的主張便已提出，但由於當時內外多事，「班祿酬廉」還未來得及實行。太和八年（西元四八四年），孝文帝下詔實行俸祿制。實行俸祿制以後，每戶要增收帛三匹、穀二斛九斗，作為官吏的俸祿。官吏還可供給役使的「吏」和「幹」。俸祿每三個月發一次，以每年十月開始。官吏俸祿的多少與當地戶口的多寡、租調多少成正比。班行俸祿實際上是一項漢化措施，它使北魏吏治大為改善，階級矛盾有所緩和，加強了中央集權，加速了北魏社會的封建化。

俸祿制推行後，北魏政府大張旗鼓地懲治貪污、整頓吏治。在實行俸祿制前，北魏規定對官吏貪贓的處罰為「枉法十匹，義贓二百匹大辟」。班祿後，新法規定，官吏貪贓枉法一匹以上即行處死，對胥吏貪污的處罰加重。孝文帝懲治貪官十分堅決，即使是親戚也不講情面。秦、益二州刺史李洪之，是獻文帝的親舅，算是外戚顯貴。但他向來不廉潔，多次貪污。班祿後不久，孝文帝命將李洪之押到平城，親自在太華殿上，聚集群官，數羅其罪並處以死刑。「班祿」這一年秋天，孝文帝派使者到各地去巡視，糾告不法的地方官。結果因貪贓而處死的達四十多人。班祿制的推行，使北魏長期積累的貪污之弊，得到暫時的緩解，各級吏治也相應有所整肅。

這以後，孝文帝大力整頓和澄清吏治，嚴懲貪污。他在授予宗室子弟官職時，總要教訓一番。他認為當官應注意三點：一、以身作則；二、不要驕傲；三、不要奢侈。孝文帝注意總結如何改善吏治，他曾召集王公大臣討論如何區別官吏的「忠」、「佞」。在實際工作中，孝文帝除了加強對官吏的考核，特別注意表揚選拔和懲辦。首先，孝文帝對廉潔奉公的官吏加以獎勵。定州刺史趙黑克己清儉，有人向他賄賂，他說「高官祿厚，足以自給，賣官營私，本非情願」。孝文帝知道後，賜給帛五百匹，穀一千五百石。孝文帝不僅獎勵清廉有為的官吏，而且對推薦好官有功者，也予以嘉獎。

另外，孝文帝對於弄虛作假、誣告別人的官吏則加以懲處。並州刺史王襲，知道孝文帝要到來，讓百姓在大路邊上立碑歌頌他的政績，「虛相稱美」。孝文帝查實後，當面責備他，並給以降職的處分。對於以誣告來遂其私人欲望者，則加以嚴懲。第三，孝文帝對貪官污吏加以嚴厲懲辦。

太和十二年（西元四八八年），梁州刺史、臨淮王提因「貪縱」被削職為民，發配北方邊鎮。太和十四年，孝文帝叔伯父、長安鎮大將京兆王太興，因「黷貨」被免除官爵。

在推行俸祿制一年後，北魏又推行了經濟上的一項重要改革——均田制。均田制是中國歷史上一項重要的土地制度，經歷了北魏、北齊、北周、隋、唐約三百年，並影響到日本、朝鮮，但它的開始卻是在北魏孝文帝時代。

拓跋宏即位時，北魏由於連年征戰或饑荒，人口減半，大批田地荒蕪，豪強地主趁機大量兼併土地，自耕農負擔沉重的賦役，大批破產，成為流民，或依附於豪強地主。國家控制的人口和土地銳減，財政收入也大幅度下降。為了迅速改變這種經濟凋敝的情況，北魏政府曾於太和元年（西元四七七年）下令實行「計口授田」，但這種辦法仍未能解決問題。

到了太和九年十月，孝文帝正式下詔推行均田制。均田實際上是將無主的土地和荒地重新丈量，劃定地界，按規定授給農民。具體辦法是規定男子十五歲以上受露田（無主荒地，不准種桑、榆、棗等果樹）四十畝，身死或六十歲以後歸還給政府，不准買賣；另給桑田二十畝，不宜種桑的地方則給麻田十畝，作為世業田，可以買賣或傳給子孫。婦女二十畝，桑田或麻田是男子的一半。奴婢受田同農民，耕牛一頭受田三十畝，限四牛。農民對露田只有使田權，沒有所有權。地多人少的地方，農民可盡力開墾，但不准遷徙；地少人多的地方聽任外遷，但必須保證負擔賦稅和勞役。均田制還規定了菜地、官田等的受田辦法。在均田制建立的同時，北魏政府還實行了賦稅制度的改革。新的租調制較舊的賦稅制度在數額上減輕了負擔，且不再按戶等交納，而按授田對象一夫一婦或奴婢、耕牛來一計算。除正稅以外，不再另交一匹二丈的調外運輸費。

均田制並沒有從根本上觸動豪強大族的大土地所有制，但作了一些限制；對廣大勞苦農民來說，把一些無主荒地分配給無地或少地的農民，使他們有一小塊屬於自己的土地，這對恢復和發展生產、安定社會秩序還是有利的。對於整個國家來說，均田制從豪強大族手中爭取到了大量勞動人手，從而抑制了豪強大族。

為了適應新的均田制，並加強基層行政管理，北魏還改革了地方基層組織，將宗主督護制改變為三長制。三長制的具體內容是五家立一鄰長，五鄰立一里長，五里立一黨長，負責檢查戶口，徵發徭役和兵役。三長制的建立，是政治制度方面的一項重大改革。它廢除了宗主督護制，削弱和打破了幾百年來盤踞在地方的宗族勢力，把在豪族統治下的依附農民收歸國家直接統治。由於校正了戶籍，按每戶實有人丁、奴婢、耕牛授田征賦，均田制也落到了實處。

班行俸祿、整頓吏治、推行均田、建立三長制是一個整體，它們互相配套，穩定了國家政局，保證了國家對民戶的控制，保證了租調收入，改善了北魏的財政經濟。

遷都洛陽，實行漢化

太和十四年九月癸卯（西元四九〇年十月十七日），馮太后去世後，孝文帝完全掌握朝政，為了加快改革的步伐，他認為當務之急，是必須把都城遷到洛陽。平城作為都城已經有近一百年，在北魏前期還比較適合，但經過近百年，到孝文帝時代，北方威脅已經解除，孝文帝的戰略目標是南伐齊朝，統一中國，隨著統治區域的擴大，必須加強對中原地區的控制，加上平城自然條件惡劣，交通不便，經濟條件差，以平城作為北魏都城已經不再適合了。

孝文帝決心遷都洛陽，同時他也知道存在極大的阻力。鮮卑貴族和平民在北方平城已有家業，誰也不願意遷動，鮮卑人以騎射勇武見長，到了南方「文治」之地，就意味著他們失去特長和地位。加上洛陽氣候、水土、風俗都與平城不同，鮮卑人不易適應。因此，鮮卑貴族和平民必然要反對遷都。為了更好地完成遷都，孝文帝演出了一場「外市討伐，意在謀遷」的好戲。

太和十九年六月，孝文帝下令造河橋，準備行軍南伐。接著命令李沖典武選，挑選才勇之士，又中外戒嚴，髮露布至齊境，聲稱南伐。七月，孝文帝去馮太后陵墓永固陵告辭。接著命太尉拓跋丕與廣陵王羽留守平城，之後，親率三十萬步兵從平城出發南下，九月到了洛陽，這時他離開平城已經一個多月了。

鮮卑貴族跟隨孝文帝拓跋宏從平城長途跋涉到了洛陽，人已十分疲乏，再加上當時洛陽秋雨連綿，道路泥濘，更是叫苦不迭。他們更擔心的是遠征江南，可能重蹈當年苻堅淝水之戰的覆轍，因此紛紛向孝文帝請求罷兵。拓跋宏全不理會，身著戎裝，騎著馬，手執馬鞭，下令三軍繼續向南進發。這時鮮卑貴族和群臣都非常疲勞，看看陰霾的天空，更感到南方潮濕氣候的難受；一想到打仗，這些養尊處優的貴族更是膽戰心驚。他們一個個跪在孝文帝的馬前，請求不要向南進發。

孝文帝看到時機已成熟，就嚴肅地說：「長驅之謀，廟算已定，大軍將進，諸君更欲何云？」此時，按預先策劃好的，由李沖出來進諫，請求不要再南進，孝文帝怒斥李沖，策馬復將出。於是，大司馬、安定王休，兼左僕射、任城王澄等一起哭泣進諫。孝文帝見此情景，就趁機對大家說：「今者興動不小，動而無成，何以示後？苟欲班師，無以垂之千載。」遂表示要遷都洛陽，以好對時人及後人有一個說法。孝文帝讓貴族及群臣選擇，同意遷都往左，不欲遷都者往右。結果站到右邊的只有安定王休等極少數人。這樣，孝文帝很巧妙地解決遷都的巨大阻力，定下了遷都大計。

在整個遷都過程中，體現出孝文帝的遠見卓識和謀略。遷都洛陽有著重大的意義。它首先保證了漢化政策的順利推行，離開了鮮卑貴族聚居、守舊勢力強大的平城，推行漢化政策就可能順利得多。其二，加速了鮮卑人的漢化和各族人民的融合。遷都洛陽的鮮卑人數總在五十萬人左右，它對鮮卑人的漢化和民族融合起了很大功能。其三，有利於社會經濟的發展，遷都後，北魏的社會經濟發展很快就是例證。

孝文帝遷都洛陽以後，在政治、社會習俗、文化各方面實行了一系列的漢化改革。改革是緩和北魏前期尖銳複雜的民族矛盾和階級矛盾的必然要求，漢化政策也是北魏自身經濟發展的必然要求。孝文帝的漢化政策是在其以前諸帝漢化改革的基礎上實現的。

孝文帝的漢化改革包括改舊從新和革除鮮卑舊俗兩個方面。廢除鮮卑舊俗突出表現在取消西郊祭天儀式。西郊祭天一般是每年四月舉行一次，儀式很隆重，要動用大量的人力、物力，而且進行巫術等迷信儀式。

太和十八年（西元四九四年）三月，孝文帝罷西郊祭天。至此，保留了近百年的鮮卑古老西郊祭天的舊俗終於退出了歷史舞臺。孝文帝在革除鮮卑舊俗的同時，在語言、服裝、姓氏、籍貫等方面實行漢化政策，促使鮮卑拓跋部的漢化。在語言方面禁鮮卑語，改用漢語。

太和十九年（西元四九五年）六月，孝文帝下詔：「不得以北俗之語言於朝廷，若有違者，免所居官。」當時改用的漢語，是以洛陽漢語為標準。孝文帝認為禁鮮卑語要先從三十歲以下青年做起，先從朝廷開始做起。孝文帝禁鮮卑語的目的是使「風化可新」。語言是人類重要的交際工具，共同的語言是民族共同體的最重要特徵之一。

一個民族改變了自己的語言，那麼這個民族的重要特徵也就逐漸消失了。孝文帝禁鮮卑語收到了成效，加速了北魏社會的漢化。

在服裝方面，拓跋部早先由於遊牧生活，產生了適合其流動生活的服裝和髮式，即「編發左衽」。服飾是一定時期物質生產與思想文化的綜合反映，也是民族文化的外部特徵，表現出民族文化特點上的共同心理狀態。孝文帝為使鮮卑人漢化，決心改變服飾。他先於太和十年（西元四八六年）正月改官服，又於太和十八年（西元四九四年）十二月下詔「革衣服之制」，改變一般鮮卑人的服裝。服裝改革有利於減少民族隔閡，是從形式到內質的一種漢化。

孝文帝為了實現漢化，下詔改鮮卑姓為漢姓。太和二十年（西元四九六年）正月，「詔改姓為元氏」，自己也稱元宏。除了將拓跋氏改為「元」氏外，對從代北來的功臣舊族中的複姓都加以更改。如把「紇骨氏」改為「胡氏」，「普氏」改為「周氏」等等。孝文帝不僅把鮮卑複姓改為單姓，也把一些鮮卑名改為漢名。改漢名與改鮮卑語是聯繫在一起的，都是為了加速鮮卑人的漢化，它能從姓氏上抹去民族差異，以改變鮮卑族的民族心理狀態。

改姓對加強胡漢統治階級的聯合有重大的意義，漢族人，尤其是門閥士族，都重視自己的籍貫，稱為「郡望」，所以改籍貫也成為孝文帝漢化改革的一項內容。北魏早年建都平城，平城為代郡治所，因而鮮卑拓跋部人原來籍貫一般都是代北，自稱為代人。孝文帝為加速其漢化，規定南遷的鮮卑人都改為以洛陽為籍貫；又規定他們死後葬在洛陽，不得歸葬代北。孝文帝除了從語言、服裝、姓氏、籍貫上進行漢化改革，還在思想上進行漢化，這體現在他利用五德終始說，把北魏王朝說成是直接繼承漢朝的正統王朝。孝文帝承晉為水德，改太祖之奉尊，為繼承華夏文化從宗法上找到了根據，這樣北魏王朝就成了正統王朝。

孝文帝的漢化政策大大加速了民族的融合。到隋唐以後，鮮卑族基本上與漢族融合，在歷史上消失了。孝文帝作為鮮卑拓跋部的最高統治者能主動接受漢族先進文化，並為推動漢化這個歷史進步趨勢作出了貢獻。孝文帝時期是北朝文化發展的一個重要年代，這與他的漢化政策是分不開的。

改革官制，修訂律令

孝文帝在一系列漢化改革中，對北魏前期胡漢混合的官制也進行了改革。北魏前期，由於拓跋部剛剛進入中原，因而反映在官制上既有漢制，又有鮮卑制，處於兩種不同制度的混雜、交織狀態。孝文帝改革官制從太和十五年至十九年，達四年之久。孝文帝對官制的改革有如下幾點：一、基本取消內行宮系統，改由宦官和女官擔任內職；二、尚書省分為六部、三十六曹。六部即吏部、殿中、儀曹、七兵、都官、度支。三十六曹改由郎中主曹務。孝文帝尚書制度為北齊所繼承，成為後來隋唐尚書制度的主要淵源；三、加大門下省職權。過去的內官職被門下省吸收。門下省成為實際的宰相；四、確立禦史這個新官制，使禦史從內朝移到外朝。禦史許可權日益擴大和加強；五、軍制上改變統領禁軍官銜。北魏初年統領殿內禁軍的是都統長，其外的禁軍由幢將率領。此後，隨著都統長的廢除，其所統職權由殿中尚書接替。孝文帝改革後，統領禁軍的是領軍將軍；六、官分清濁。適合士族做的官叫清官，適合庶族做的官叫濁官。孝文帝改革官制與士族門閥制度緊密相連，他的官制也有清濁之分。

改革虛封制，採用食邑制，是孝文帝改革官制的又一主要內容。

中國自古代西周便有分封制，賜爵和食邑相脫離，封爵後沒有衣食租稅特權的分封被稱為虛封。北魏建國後，也實行虛封制。其目的主要是鼓勵部下勇敢作戰，建立功勳。這是種榮譽，表示政治上的地位。也是賞賜戰利品牲畜、奴婢等的依據。但是，由於賜爵較濫，受封者有做官、免除課役、減免罪行等方面的優待，這對加強中央集權是不利的。

孝文帝親政後，經過深思熟慮。採取了新的措施，把虛封改為實封，推行了食邑制度。首先他規定太祖拓跋珪以前諸帝子孫及異族出身者，依次降爵，並取消了軍號的世襲制。然後施行「食邑戶數制」。由虛封改為實封，王公貴族受封後有食邑，對於封戶的租賦，國家和君主按一定比例瓜分。受封的對象主要是帝室諸王、勳臣子孫、當世功臣、親信和降附者。孝文帝的封爵，是建立在郡縣制基礎上的封爵食邑制，封君除了衣食租稅，沒有多少政治、經濟特權。

加強對官吏的考核是孝文帝改革官制、加強吏治的重要環節。孝文帝十分重視對官吏的考核，也使官吏考核更加制度化。太和十五年（西元四九一年）孝文帝大定官品、「考諸牧守」，太和十八年（西元四九四年），又再考百官。孝文帝對官吏的考核還有一些改革，他將「三年一考，三考後升降」改為「三年一考，考後即行升降」，且五品以上的官員親自考核。對過去的三等九級改為上下二等各為三級，中等只有一級的七品之制。

孝文帝對官吏的考績十分認真。親自在朝堂上公開論其善惡，加以黜陟。其考績內容包括德行優劣、才能高低、政績大小。正因為孝文帝對官吏能進行認真、嚴格、公正的考績，所以取得了較好的效果，賢能善治的人得到提拔，政績差的人受到降免，從而激發了官吏們的積極性。孝文帝考績官吏與整頓吏治相結合，使他所處的時代政治上相對地比較清明，這也成為他不斷推進改革的保證。

孝文帝對法制也進行了改定。在此前，北魏法律很不完備，帶有很大的原始性和落後性。到孝文帝時，「高祖馭字，留心刑法」。孝文帝對法制建設十分重視，他不僅親自參加討論、修改律令。而且親臨刑獄，聽冤訟，決疑獄。他重視探討法的理論，曾和眾大臣討論「什麼是法，什麼是刑」等問題。並認為執法應當公正，不怕權勢，不徇私情。

孝文帝時對律令的修訂共有兩次。在律令的修訂中，孝文帝廢除了「門房之誅」和族誅的酷刑，除謀反、大逆、干紀、外奔這四種罪行以外，其他的罪行不再實行門房之誅，以後又再一次減等以至廢除。最後還廢除了對逃亡罪犯的株連。

除了廢除門房之誅，孝文帝在廢除苛酷刑罰上做了不少工作。北魏前期，由於拓跋部還帶有不少奴隸制殘餘，因而刑罰苛酷。孝文帝時，反對用大枷逼供，認為「廷尉所司」必須要用心平性正、不避貴勢，根據客觀事實辦案的人來擔任；另外，廢除車裂、腰斬等酷刑，廢裸體受死刑。而採用恕死徙邊、遣囚赴農等措施使消極因素化為積極因素。在廢除酷刑方面，孝文帝還給罪犯以衣、棺，對有「孝心」的罪犯往往減輕處罰。在減輕刑罰的同時，孝文帝對一些違法枉法濫用酷刑的官吏加以懲辦。

孝文帝在法制改革中反映出強調實事求是，把執法和經濟相結合，法治與道德教育相結合，反對單純用刑罰來統治等思想，其改革法制的根本目的雖然是為了維護自己的階級利益和確保其統治的長治久安，但從歷史的角度看，他在法制上的一些改革措施還是有進步意義的。

崇儒尚佛，講究門閥

孝文帝從小接受儒家教育，愛好儒家經典。他即位後，在前代帝王推崇儒學的基礎上，出於漢化改革、鞏固統治的需要，更加推崇和宣揚儒學。孝文帝推崇儒學主要體現在崇尚經術，尊崇孔子。重視禮教，恢復雅樂，實行漢化教育等方面。

拓跋部入居中原以後，成了北方廣大地區的征服者和統治者。為了鞏固其政權，他們需要利用漢族的統治經驗，也要利用作為漢族封建統治階級正統思想的經學。孝文帝曾到皇宗學「親問博士經義」，還曾「親講喪服於清徽堂」。遷都時，親臨洛陽太學，觀石經。即使在巡察、行軍途中，他還常與大臣討論經典。他還為皇子皇孫聘請老師，傳授經書。在作為皇帝的孝文帝的宣導下，朝廷上一些大臣也多通經術，且被禮遇重用。地方上讀經學藝的氣氛也很濃重。孝文帝崇尚經術，大大超過了從道武帝以來他的前代的幾個皇帝。在少數民族統治者中，像他這樣愛好儒家經典的，實屬少見。作為儒家學派的創始人——孔子，自然也被孝文帝十分尊崇。延興二年（西元四七二年）下詔說「尼父稟達聖之姿，體生知之量。窮理盡性。道光四海。……自今以來，有祭孔子廟，制用酒脯而已，不聽婦女雜，以祈非望之福。」詔書強調對孔子的祭祀應該「犧牲粢盛，務盡豐潔。臨事致敬，令肅如也」（《魏書．高祖紀》）。太和十三年，又立孔子廟於京師。孝文帝追諡孔子聖號，親至孔廟祭祀，立孔子廟，封孔子後裔等，對孔子的尊崇大大超過了以前歷代的北魏皇帝。

禮是儒家思想的核心。北魏初年，接十六國之後，中原禮樂破壞情況十分嚴重。孝文帝十分重視禮樂的功能，在推重封建禮制方面做了許多工作。一、重喪禮，其親自於朝堂上為大臣們講居喪時的衣服制度。在喪禮上，他又不一味從古，主張古今結合，有所變通；二、重冠禮；三、在婚姻方面採用漢族的同姓不婚的習俗，又提出男女之間應以禮相會；四、養老之禮。孝文帝仿漢族古代的養老之禮，太和十年，以尉元為三老，遊明根為五更，並於明堂行大禮拜三老、五更，聽三老、五更的教誨。此外，恢復以敬老為中心的鄉飲酒禮。在封建社會禮和樂是聯繫在一起的。北魏在孝文帝以前，音樂的發展尚屬草創階段。樂聲不純，頗雜以西涼之樂。從孝文帝始，北魏音樂復興。太和十六年（西元四九二年）孝文帝下詔，命懂音樂的中書監高閭與太樂「詳采古今，以備茲典」，考定音律，「理定雅樂」（《魏書．孫惠蔚傳》）。

孝文帝在崇儒尊孔、恢復禮樂的同時，在教育方面也全力推行漢族的儒學教育。北魏的學校教育全面發展是在孝文帝時期。孝文帝虛心學習漢族傳統文化，重視教育，且收到一定成效。由於學校的普遍建立，儒家思想越來越深入社會各階層，儒生也增加了，他們源源不斷地補充到官吏隊伍，推進了孝文帝的漢化和改革事業。

孝文帝在推崇儒學的同時，也崇尚佛教。北魏前期的道武帝、太武帝、獻文帝都崇信佛教。使佛教在北魏有了一定的發展。受以上諸帝的影響，孝文帝也尚佛。北魏佛教在孝文帝時有了新的發展。

孝文帝尚佛有很多體現。

承明元年(西元四七六年),他在永寧寺設「太法供」,度良家男女為僧尼共百餘人,施給僧服,為之剃髮。這一年又下詔建立建明寺。

太和元年(西元四七七年)二月,到永寧寺設齋。三月又到永寧寺設會,施給僧侶衣服、寶器。又在方山建立思遠寺,命僧顯為思遠寺主。

太和四年(西元四八〇年),為了報答馮太后恩德,罷鷹師曹,以其地為報德寺。

孝文帝提倡研究佛義,在遷都洛陽前,還召集沙門講佛經,他對佛教的教派比較熟悉。孝文帝對有名望的僧人十分尊崇,他敬信西域沙門佛陀,替他在嵩山立少林寺,「公給衣供」。除了建佛寺,孝文帝還興建石窟。著名的雲岡石窟第二期工程及龍門石窟就是在孝文帝的授意下開鑿的。

北朝佛教從孝文帝時候起,開始得到了重大發展。這是因為統治階級單用儒家思想作為統治工具還不夠,需要用佛教來配合補充。儒家思想,一般是宣揚忠孝仁義、生死有命等,對受壓迫人民來說,是消極的解釋,而佛教宣揚因果報應、生死輪回等,能給人一種幻想。在精神上起到麻醉的功能。

孝文帝不僅尊崇儒學,在北魏建立了以儒學定於一尊、經學成為家學和大土地所有制的發展為前提而形成的門閥制度。門閥制度是經歷西漢、東漢、曹魏,而至西晉時形成的特權制度。中原的門閥經過長期發展,早已根深蒂固,門第和閥閱是漢士族自矜的資本。而鮮卑貴族由於其特殊的歷史,早先並沒有這一套制度,他們雖然掌握了實權,但在觀念上卻無法和以門第自誇的漢人門第士族相比。

為了調解拓跋貴族和漢士族的關係，加強雙方的聯合，太和十九年（西元四九五年）孝文帝制定姓族，建立門閥制度。鮮卑人的門閥等第，區分為姓和族，姓比族高。鮮卑門閥貴族有八姓，即穆、陸、賀、劉、樓、於、嵇、尉。在八姓之上，還有宗室十姓，等等。孝文帝所建立的門閥制度與南朝不同，南朝確定士族地位的主要是「婚」和「宦」。孝文帝定門閥士族雖然也重視「一婚一宦」，但決定姓族的主要是當代官爵和魏晉士籍；而以當代官爵為主。有些次等士族或本非士族者，只要在北魏官爵顯赫，仍可列入士族。如李沖，其祖先是寒門，而李沖一家在北魏是「當世盛門」。河東薛氏也是如此。

孝文帝在建立門閥制度的同時，為了使鮮卑貴族與漢士族更緊密地結合起來，婚姻嚴格講究門第，使皇室鮮卑貴族與漢族門閥士族聯姻。首先他自己納北方漢士族崔、盧、鄭、王、李的女兒為嬪妃。其次，他還為他的五個皇弟聘漢世家大族女兒為妃，令太子恂娶漢大族女。此外，還把鮮卑王室貴族女兒嫁給漢族世家大族。同時，門閥制度和用人路線是聯繫在一起的。魏晉南北朝盛行門閥制度，其選士辦法主要是九品中正制。這在北魏也不例外。

孝文帝時，中央設州中正、郡中正，往往由有名望的人擔任。州郡中正制主要是掌選本州本郡人才供中央使用。但九品中正制主要是保證門閥貴族的特權。保證士庶清濁的區分，並不等於全部的選舉制度。各項具體選士辦法和人仕道路主要仍是承襲兩漢以來的徵召、辟舉、察舉。在門閥制度下，用人路線主要是講門第。中正官決定被舉被召士人的主要條件在於門第。因而形成「上品無寒門，下品無勢族」。孝文帝很重視門第，維護門閥制度，但為了改革的需要，他又注重才能，認為門第低的人，如有特殊才能，也可擢用，但又認為這樣的人是極少數。

孝文帝建立的門閥制度，促進了鮮卑貴族和漢士族之間的聯合，對於拓跋族各方面的進步都起了促進功能，也有利於北魏政權的鞏固。但門閥制度也加速了統治階級的腐朽和衰頹。門閥貴族的特權造成他們的腐朽和墮落。加上突出了士庶之間的矛盾，以及統治階級內部士庶矛盾加劇，成為北魏政權內部的不穩定因素。

打擊守舊，守境伐齊

孝文帝在改革過程中自始至終存在著與守舊勢力的鬥爭。北魏鮮卑貴族中守舊勢力很大。這些鮮卑貴族與舊的奴隸制和畜牧經濟相聯繫，反對漢化、反對改革、反對加強中央集權。孝文帝即位以後，實行一系列改革，他們更十分不滿。最先是反對均田制和三長制。因為這些加強中央集權的措施，影響了他們的利益。孝文帝主持朝政以後，遷都洛陽，全面推行漢化政策，更是影響了他們的地位。改變了他們原有的生活方式。隨著改革的一步步深入，鬥爭也就愈加激烈。

孝文帝打擊守舊有兩件重要的事情，一是「大義滅親」，處死太子恂。太子恂系孝文林皇后在太和七年所生。太和十七年七月立皇太子。太和十九年，太師馮熙、司徒馮誕（馮太后之兄、侄）

死於平城，孝文帝命太子恂去平城弔喪。太子恂到平城後，平城的鮮卑貴族守舊派企圖擁立太子恂謀反。拓跋丕（元丕）的兒子元隆與元超「密謀留恂，因舉兵斷關，規據陘北」，這一次叛亂未遂。過了一年，終於發生了太子恂的陰謀叛亂。

太和二十年八月，孝文帝出巡嵩山，讓太子恂留守洛陽。太子恂在金墉城西掖門內與左右密謀，想趁此機會輕騎奔回平城，他首先殺了為人正直、支持改革的自己的老師高道悅。消息一傳出，負責保衛都城的領軍將軍元儼嚴守門衛以防事變。次日一早，尚書陸上秀立即飛馳到孝文帝處，報告了事情的經過。不久，孝文帝回到洛陽，立即逮捕太子恂，親自審問，嚴加拷打。十月，廢除太子恂，將之關在河陽無鼻城，派二衛兵看守，只供給粗茶淡飯，衣服僅能禦寒。

太和二十一年四月，孝文帝出巡平城。到了長安，禦史中尉李彪密報，稱太子恂重新與左右密謀叛逆。孝文帝聽信了李彪的話，用毒酒處死了太子恂。孝文帝迅速果斷地廢掉元恂，後又將之處死。其目的是打擊鮮卑貴族守舊派，表明他堅持改革的決心和與守舊勢力作鬥爭的決心。

第二件事情是平定穆泰、陸叡的叛亂。平城的鮮卑貴族守舊勢力企圖擁立太子恂的計謀沒有成功。太和二十年（西元四九六年），太子恂被孝文帝關了起來，這時平城的鮮卑貴族深恐太子恂供出事情真相，於是又迫不及待地發動一次以穆泰、陸叡為首的新的叛亂。穆、陸兩人串連了鎮北大將軍樂陵王元思譽、安樂侯元隆、撫冥鎮將魯郡侯元業、驍騎將軍元超、陽平侯賀頭、射聲校尉元樂平、代郡太守元珍等人，共推舉朔州刺史陽平王元頤為主。陰謀在平城建立一個與洛陽相對抗的政權。但叛黨不知陽平王元頤是支持孝文帝改革的。他表面上答應穆泰等人的要求，將他們穩住，暗中卻向孝文帝告密。孝文帝得悉後，將正在患病的任城王澄招來，讓其去平定之。任城王澄趁穆泰帶領人馬赴陽平王元頤處，直赴平城。對穆泰的黨徒「宣旨曉喻」，示以禍福。這些黨徒見此情景，驚駭萬分，無計可施，紛紛脫離穆泰求降。穆泰自忖形勢不利，於是搶先率眾數萬人進攻李煥住地，企圖一舉殺死李煥。但李煥堅守，穆泰久攻不克，向城西逃跑，被人擒獲。孝文帝對叛黨作出嚴肅處理，將穆泰及其親黨處死。凡有牽連，均予以處罰。

孝文帝在與守舊勢力的鬥爭中，充分表現出這位年輕皇帝政治上的堅定性與頑強的毅力。守舊派的失敗，有利於孝文帝改革事業的順利進行。

孝文帝是一個有作為的皇帝，打擊守舊，推行改革不僅適應了歷史發展的趨勢，而且也穩固了統治。在發展社會經濟方面，也促進了北魏社會的封建化的完成和農業、手工業等社會生產力的發展。《洛陽伽藍記．法雲寺》載：「百姓殷阜，年登俗樂，鰥寡不聞犬豕之食，煢獨不見牛馬之衣。……於時國家殷富，庫藏盈溢，錢絹露積於廊者。不可較數。」這些話大體上能反映出孝文帝改革後北魏社會經濟的發展狀況。

中國自秦漢以來就有龐大的官府手工業作坊。作坊中的勞動者主要有三類人：刑徒、奴隸、工匠。工匠具有自由民身份，是主要的。魏晉以後，由於自然經濟增長、工商業的衰落，官府對百工控制嚴格，百工地位日益下降，人身自由減少。北魏建國以後，繼承了由官府控制手工業者的制度。手工業者統稱為伎作戶。孝文帝即位後，手工業者的地位開始有所改善。延興二年（西元四七二年）四月孝文帝下詔：「工商雜伎，盡悉赴農。」工匠們有了相對自由。又於太和元年下詔禁止一部分手工業者進入「清流」，但允許在服役機構內升任官職。這條詔書給予伎作戶以做官的機會。孝文帝放寬對手工業者控制的政策，使他們擺脫了奴隸、半奴隸式的地位，有了相對的自由，有利於社會的封建化，同時促進了北魏各種手工業的發展。

孝文帝大力發展商業。北魏建國以後，在相當長的時期內民間商業不夠發達。「魏初至於太和，錢貨無所周流。」但在孝文帝改革以後，北方社會比較安定，隨著農業和手工業的發展，商業也開始發展。孝文帝在班行俸祿的詔書中說：「始班俸祿，罷諸商人，以簡民事。」不准官吏和商人勾結，官商受到了抑制，民間商業就更發展起來。孝文帝時，黃河以東地區不少人棄農經商。當時的商品，一部分是供給統治階級消費的高級奢侈品，大部分是糧食、食鹽、織物、農具、鐵器等日用必需品。還有城郊農民所生產的瓜果、蔬菜。洛陽是當時北方商業的中心，城內外出現了許多市場。如宣陽門外的慕化里和慕義里，集中了國內緊俏難得的貨物。還有永橋市、自立巷市等等。為了管理市場，在市內設鐘鼓，擊之以開市閉市，鐘聲可遠聞達五十里。市設有市令，專管貿易和收稅。長期以來的實物交易，正在逐漸為貨幣所代替。商業繁榮的城市除了洛陽外，還有鄴、長安、上黨等地。

孝文帝時對外貿易也發展起來。南北貿易增加了，與西域各族的貿易往來更得到進一步發展。以漢族為主體的高昌與北魏的關係尤為密切。朝鮮半島的高麗、百濟、新羅以及日本、中亞等更遠的國家和地區，都同北魏有貿易往來。商業的發展，促進了社會經濟的發展和民族的融合。

孝文帝治理國家還包括其處理同周邊各族的關係和境內各族的關係。北方柔然是曾一度強大而又具侵略性的民族，在孝文帝以前，北魏同柔然之間有過大規模的戰爭，延興二年，太上皇拓跋弘還親自北討。後來柔然勢力減弱，遂向北魏提出通婚求和。孝文帝對柔然的態度是只要柔然臣服，儘量和好。東北邊境的高句麗、庫莫奚、勿吉、地豆於、契丹等少數民族在孝文帝時都是「貢使不絕」。

孝文帝的民族政策的本質仍然是民族壓迫和歧視，但孝文帝時，較多地採用「誘導懷附」、「羈縻」的政策。他注意對民族地區官吏的選擇，較多地採用其原有首領，封以官爵，讓他們自己選擇部下。他把軍鎮改為州，意味著減少軍事統治。他也注意改變少數民族的落後習俗。這些，都說明當時民族關係相對來說比較和好。孝文帝時代的民族關係有所改善，也有利於社會進步。

孝文帝早就有了統一中國的雄心，南遷洛陽，意在圖南齊。

太和三年（西元四七九年），南朝劉宋政權落到蕭道成的手裡，建立了齊王朝。孝文帝見齊朝新建立，就在這一年的冬天便開始進攻南朝。然而幾次被齊軍擊敗，雙方遂轉為和好，也有一段遣使互通往來的佳話。

太和十七年（西元四九三年），孝文帝遷都以後，其南伐的步伐加快了。自太和十八年七月起，孝文帝先後發起三次南伐蕭齊的戰爭。第一次無功而返，第二次伐齊取得了南陽、新野等沔北不少郡縣。但損失也不少。二伐蕭齊的戰爭剛剛結束，孝文帝的兩個重要謀臣李沖、李彪一死一罷官，使其失去了得力的左右手。由於連年遠征勞累，又因為宮中及國內出了許多問題使孝文帝心煩意亂，他終於病倒了。儘管如此，他在病情稍為好轉時又舉兵南伐。太和二十二年三月在馬圈大破齊陳顯達軍。三月二十四日，孝文帝的病越來越重，大軍北返。四月二十六日，孝文帝逝世於谷塘原（今河南鄧州東南）之行宮，年僅三十三歲。葬於洛陽邙山長陵。

北魏孝文帝元宏是北魏最有作為的帝王。他五歲即位，三十三歲病逝，在位近二十九年，在其祖母馮太后的策劃和支持下，銳意改革，加速「漢化」，促進北魏經濟的恢復和發展，使北魏最終完成向封建制的轉化，對中華歷史的發展有一定的進步功能。特別是他的遷都和漢化政策，尤其推動了鮮卑民族的進步，加強了民族間的交流和融合。孝文帝改革，其歷史功績是主要的，應該得到高度的評價。但也有失誤之處，如遷都後就頻頻南伐，主客觀條件都不成熟，最後造成很大損失；其全面實行漢化政策主要在以洛陽為中心的黃河流域地區，而忽略了代北邊境地區；另外，在軍事上缺乏有力的改革辦法；門閥制度的消極功能影響深遠等。

李端陽　文

第六章

魏孝文帝　元宏

第七章

唐太宗　李世民

唐太宗李世民進行了流血政變，靠著玄武門事變登上了皇位，但也開創了貞觀之治這樣的一代盛世。他任用賢良，廣納建議，雖然身為帝王，卻對魏徵等臣子的提醒虛心納諫，一步步時踐他的治國理想。

輝煌的軍事戰績

西元六一一年，腐爛的隋王朝搖搖欲墜，荒淫無道的隋煬帝仍在大興土木，強徵民夫，醉生夢死地到各地巡幸遊玩。

此時，走投無路的百姓已四處結夥聚眾。隨著山東人王薄首舉義旗，隋末農民大起義揭開了序幕。四方百姓紛紛揭竿而起，反隋鬥爭如火如荼。

這一年李世民十二歲。他正跟隨著父親李淵四處調動，看到了當時動盪的社會狀況，接觸了許多社會現實。李世民的父親李淵是隋朝的大官，起義爆發時，他被派去鎮壓農民軍。但李淵是個有頭腦的人，他看到隋朝的暴虐統治，激起全國人民的憤怒，因此，斷定隋朝統治是不能長久的。因此，他一方面在執行皇帝的命令，另一方面也開始謹慎地作起兵反隋的準備工作。為了壯大自己的力量，他用合法的名義招募士卒，擴大隊伍，他對起義的農民軍往往採用軟硬兼施的手段，吸收農民軍加入他的隊伍中來。同時，他還派自己的兒子到處搜羅人才。李世民就在這個時候開始走上歷史舞臺。

李世民雖然年輕，但喜歡結交朋友，因而對國家大事、社會局勢都頗為瞭解，並有自己的見解。他看到了隋王朝氣數將盡，日暮途窮的命運，因此，私下裡早有安定天下的大志，正好受父命之托，他廣泛地結交朋友，「傾身待士，散財結客」。當時的晉陽令劉文靜見到李世民時，對他的豪爽待人，重義疏財的舉止十分青睞，他對好友裴寂說：「這位少年不是一般人可比的，他的豁達豪爽之姿可以與漢高祖媲美，神氣和威武之態可與曹操相類，別看他年齡這麼小，將來可是個濟世之才呢！」劉文靜有意與李世民接近，李世民也深感此人是個可與之談論天下大事的人物。

這一年，劉文靜因與起義首領李密有姻戚關係，而遭受牽連，因此被關進文牢房。李世民冒著危險來到獄中探望。在獄中，兩位忘年之交促膝密淡。劉文靜認為李世民有匡時濟世之才，可堪大任，於是對李世民說出了自己長久以來憋在心中的話：「皇上巡遊江淮，各地起義蜂擁，當此之際，如果有一位真正的能人出現，奪取天下就像翻手掌一樣容易。」接著劉文靜向李世民和盤托出自己的心願，他說：「我做縣令多年，瞭解當地的豪傑勇士，可以號令數萬人，你父親所帶的兵丁有幾萬人，這時發出號令，有誰會不聽呢？用我們這些力量，乘京城空虛而入關中，向天下發號施令，不超過半年，就可以成就帝業。」李世民聽了劉文靜的活，深以為然。笑著回答說：「您的話正說到我心裡了。」

李世民於是和其父李淵談了自己的想法，他說：「當今皇帝無道，百姓困厄，晉陽城外盡成戰場，您若在這個時候還守著隋朝官員的小節，在下有起義者，在上有朝廷嚴刑，兩邊都不會有好結果，危險就在您的身邊啊！您不如順應民心，起義兵還可以轉禍為福。這是上天賜給您的大好時機啊！」李淵沒料到剛剛十八歲的兒子已經如此有頭腦、有膽量，不由也對他說出自己在心中考慮已久的想法：「你的話很有道理，從今天開始，破家亡軀，化家為國都聽你的。」

遭到農民起義打擊的隋朝政權更加腐朽，農民起義軍把隋煬帝圍困在江都一隅，朝不保夕。這時候又經過一年準備的李淵父子覺得起義的時機已經成熟，於是開始動手了。

這一天是西元六一七年的五月甲子日。前天夜晚李世民率領士卒已經埋伏於晉陽宮城的外面，清晨李淵與隋煬帝派來的密使王威、高君雅照常坐堂辦公，這時一個預先準備好的人上堂來指控王、高二人勾結突厥人謀反。李淵聽了勃然大怒，命手下把二人抓起來，隨即斬殺，開始了正式起義的行動。

晉陽發難以後李淵與其子李世民等及其決策集團決定，及時向關中進發，直取長安。其目的很清楚——要挾制隋朝，號令天下。為此，李淵設立了大將軍府，以他的三個兒子各領三軍。除留幼子元吉守晉陽外，建成和世民率左右兩路大軍向關中進發。在進入長安的途中，李淵的軍隊遭到駐紮在霍邑的隋朝虎牙郎將宋老生的拼死抵抗，當時陰雨連綿，李軍又糧食將盡，還有流言說突厥人要襲擊太原，李淵與部下商議決定暫時返回太原，李世民這時卻堅決反對，然而李淵卻聽不進李世民的意見，還是準備班師回返。

晚上李世民又來到李淵帳中，這時李淵已經睡下了，李世民就在帳外大聲痛哭，驚醒了李淵，他只好召李世民進帳問明原因，李世民這時流著眼淚說道：「現在的情況是向前作戰就可以戰勝敵人，向後退就會離散士兵，士兵們在戰前就潰散，而敵兵卻還在後面威脅著我們，那我們還有什麼活路呢？這樣的情況叫我怎麼能不傷心呢？」一席話說得李淵打消了退兵的主意。李世民的主張使李氏軍隊避免了一個大失誤，不久軍隊攻下霍邑，打開了進入關中的唯一防線，為進入關中開闢了通道。

十月，李氏的二十萬大軍圍困了長安，李世民建議迅速拿下長安，以防日久生變。於是，他親率一路大軍屯兵全城坊，從西北方面發起進攻，李建成從東南方進攻；十一月，長安城終於在李淵父子的強大兵力下被攻破。李淵父子豪邁地進入長安城，入主皇宮。由於李淵打的是尊隋的旗號，所以暫尊煬帝為太上皇。一年後，隋煬帝在江都被起義軍處死，李淵在太極殿宣佈即皇帝位，改國號為唐，立建成為太子，世民為秦王，這一年是西元六一八年。

進入長安，並不意味著李氏父子的完全成功。全國還處在一片混亂之中，各支起義武裝的勢力還很強大，李唐政權能否穩固還是一個未知數。要保住李氏政權的穩固根基，首先必須削平各支起義武裝，這率軍出征的任務就落在李世民的肩上了。因為此時李淵已入主長安，他需要坐鎮這塊地方，建成作為長子，也必須留在父親身邊輔佐，而讓李世民出征還有一個重要原因，那就是在前番的事變和戰爭中，都顯示出他有政治頭腦，懂軍事並且會帶兵打仗。作為李淵最親近的人，他理所當然地要為其父的天下盡心竭力。

西元六一七年十二月，李淵父子才進入長安一個月，就受到來自全城郡富豪薛舉率領的十萬大軍攻打長安附近地區——扶風的考驗。薛舉之師嚴重威脅著長安城內的李淵勢力。李世民受其父之命，領兵與薛舉在扶風交戰，凜冽的寒風中，李氏軍隊在元帥李世民的帶領下，英勇奮戰，把薛家軍打得狼狽大敗，望風而逃，李世民率軍乘勝追擊，直到隴坻而還，這一戰對李淵勢力在長安的穩固至為重要，他把家門口的一顆地雷給拔掉了。

然而薛舉不甘心，第二年，他勾結北方的突厥勢力企圖重新謀取京師，因而入據涇州，七月李薛再次在涇州交戰，由於李世民患病，部將們沒有執行他的戰術，因而這一次以失敗告終。這一仗之後不久，薛舉病死，李世民抓住機會，與薛軍展開決戰，大敗薛舉之子，薛師宣佈投降。李世民兩次打敗薛師都是採用的閉門拒戰，待薛師糧盡兵疲時，再與之決戰，出其不意地打敗他們。打敗薛舉的戰爭為關中以西地區的穩定掃平了障礙，但這只是李氏政權統一全國戰爭中的一小部分，還有異常艱巨的任務在等待著年輕的李世民。

就在李世民與薛氏父子浴血奮戰時，守在晉陽的世民之弟元吉卻逃回了長安，原來據守在代郡之北的劉武周軍抓住晉陽守軍不多，主將經驗不足的弱點，揮軍大舉進攻，元吉抵擋不住，星夜攜妻妾逃離太原，晉陽陷落。李淵為此驚訝恐懼不已。

李世民此時與薛氏父子的鏖戰結束不到一年，他又揮師出征山西，討伐劉武周。隆冬季節，李世民率軍艱苦行軍來到柏壁，他面對的是正處在戰勝狀態中的強悍對手。而他自己的軍隊則是遠道而來，疲乏至極，於是李世民繼續採取構築工事，堅壁不出的方針，待敵人前來反覆挑戰，堅決不理睬；同時他還採取切斷敵軍糧道的辦法，使其兵疲糧盡。雙方相持了五個月，劉武周的軍隊糧食將盡，士卒疲憊不堪，不得不後撤。這時李世民率軍出營勇猛追擊，將士一晝夜急行軍二百多里，交戰數十個回合，李世民身先士卒，馬不停蹄，人不下鞍，兩天沒吃上飯，三天睡覺不解甲。當天晚上，將士們正擁甲而臥在地上休息，有人找到一隻羊，送到李世民面前，已經兩天沒吃飯的李世民，這時卻提議把這只羊分給全體將士共吃，三軍將士頓時饑餓疲勞一掃而光，奮勇追敵。

經過將士們的窮追不捨，李世民率軍在介休城與劉武周的猛將宋金剛決戰。宋金剛率兵二萬，欲拼死一戰，李世民部署部將南北夾擊敵人，自己又帶領三千精銳騎兵繞到敵陣背後，三面圍攻，使宋金剛大敗而逃，劉武周軍一部分歸附李唐軍隊，一部分隨劉武周向北投奔突厥，晉陽收復了。

這一次與劉武周的交戰對李世民的戰術、毅力和魄力都是一個很大的考驗，事實證明李世民是一位有頭腦、有決斷，不怕吃苦、能征善戰的優秀指揮家。對劉武周的戰爭為李唐政權在北邊的統治打下了一個穩固的基礎。

劉武周的勢力被消滅後，阻攔李唐王朝統一全國的主要力量就剩下王世充和竇建德了。就在李世民全力對付劉武周軍隊時，隋煬帝在江都被殺，原來隋朝的官員王世充在洛陽宣佈稱帝，改國號為鄭；竇建德佔據河北，也已稱帝，國號為夏，這對李唐政權形成了一個很大的威脅。於是李世民在平定劉武周之亂後，稍事休整，於兩個月後出關東征。李世民在深入分析了當時的形勢和兩大勢力的情況後，決定一反過去的戰法，採用以強兵攻堅，圍城打援的戰術，並截斷糧道，使王世充陷入孤立無援、被動挨打的困境。

洛陽作為隋朝的東都，防禦設施極為堅固，而且城內的物資儲備也極為豐富，李世民的軍隊從當年的七月攻破洛陽週邊後，八月就與王世充的軍隊擺開對壘陣勢。一直以重兵圍困洛陽，並控制東都週邊的大多數軍事據點，一直到第二年的二月。

洛陽被四面包圍，李唐軍隊日夜攻城不止，士卒們都疲憊不堪，但洛陽還是固若金湯，絲毫沒有攻破的跡象。這時連李世民手下的大將劉弘基也開始懷疑這種曠日持久的攻城會不會徒勞無益，抑或會遭到前番自己對手的那種下場，因此萌生了班師回朝之意，士卒們也疲而思歸。這時李世民卻堅決地否定了半途而廢的主張，他在這最困難的時候，也看到了敵方的弱點。他認為：「東邊的諸侯已經在李唐勢力的威懾下，望風臣服，洛陽已成為一座孤城，勢必不能長久保持。我們的成功已近在咫尺，現在是最不能放棄的時候。」他以堅定的信念堅持繼續圍攻，表現出一位成熟的軍事指揮家的膽識。

就在李世民長時間圍攻洛陽而無撤兵之意時，洛陽城內的王世充早已陷入幾近不能堅持的困境，糧道被切斷，與外界的聯繫被卡斷，唯一可以援救王世充的竇建德部又正在坐山觀虎鬥。在這種情況下，王世充只好再次派使者請求竇建德出兵。眼看洛陽城被攻破，失去屏障的竇建德部將面臨唇亡齒寒的危險，出於自身利益的考慮，竇建德決定在此時出兵，率軍南下，援救洛陽。

這突如其來的局勢變化，對李世民來說是大為不利的。李世民經過深思熟慮，決定採用部將提出的圍洛打援的戰術，留齊王元吉及輔將等一部分人馬繼續圍困東都，李世民則親自率領精銳騎兵數千，急奔虎牢，搶在竇建德之前，擋住西進的大軍。只要擋住了洛陽的援軍，洛陽則不攻自破。

五月，李世民的軍隊與竇部在虎牢關的汜水展開大決戰。李世民仍然採用按兵不動的戰術，讓竇建德的軍隊鼓譟而進，直到中午士卒疲餓，鬥志渙散的時候，李世民令自己的精銳騎兵向敵軍猛地沖去，同時唐軍的主力，也東渡汜水，直沖入敵陣，竇建德軍一下被沖散，大部潰敗，竇建德本人也受傷被俘。

竇建德的潰敗對王世充造成致命的打擊，王世充內部多數將領主張投降，本想突圍南逃的王世充也只好出城向唐軍投降。

李世民擊敗竇建德後，由於懲處嚴厲，激起了起義軍的不滿和抵抗。於是，其餘部擁立劉黑闥起兵反唐。劉黑闥的義軍幾乎恢復竇建德的所有故地，李世民為了捍衛李氏家族的新興政權，再一次挑起了出兵征討的重任。他與弟弟李元吉一道，出兵東討。李世民仍然採用安營紮寨、堅守不出的戰術，另派精兵切斷對方糧道，迫使對手於糧盡之時作殊死決戰，然後出而攻之，大敗劉黑闥。

平定劉黑闥的戰爭是李唐王朝平息國內戰爭，捍衛李氏政權的最後一仗。從西元六一八年征討薛舉到西元六二三年平定劉黑闥，歷時五年有餘，李唐王朝終於完成統一。李世民在統一戰爭中，作為主帥，其戰略戰術運用的得心應手，充分表現出他傑出的軍事膽略和軍事才能，為李唐政權的建立和鞏固立下了顯赫的功勞。

玄武門兵變登基

統一戰爭的勝利完成，李世民的功勞無與倫比，同時威望日益上升，曾經在晉陽起兵中與李世民立下同等戰功的李建成，作為駐守王宮的太子，其功勞就大為遜色了。

唐高祖武德元年，李世民討平薛舉父子勝利後，高祖李淵派李密去迎接李世民回京。李密是個有傲骨且立有戰功的隋朝高級官員，後歸順唐，平常自以為智謀高、功勞大，連見到李淵都有驕傲之色，但當他看到李世民時，驚嘆道：「真是一代英主啊！沒有他，怎麼能平定禍亂呢？」一隨著戰爭的節節勝利，李世民的聲威日益高漲，直到完成統一戰爭後回到長安，他與太子李建成的矛盾就開始日益顯露出來。作為太子，面對立有顯赫戰功的弟弟，他不能不擔心其弟會威脅到自己的地位，因此，擔心和怨恨的心情無法避免。作為李世民，他對李唐政權的功勞和至高的地位——擔任尚書令（宰相的職務），還掌握著大量的軍隊，也使他無法不覬覦太子之位。這種嫡長子繼承制的傳統與事實上對國家最有功勞，並擁有最強實力的兩者，產生了難以調和的矛盾。

太子建成的心理不平衡狀態促使他在統一戰爭的後期，主動請求去消滅劉黑闥的第二次起兵，以增加他的政治資本。李世民在回到長安後，更是廣泛網羅人才，其中有軍事顧問，也有文人名士，龐大的人才隊伍實際上成為秦王李世民手下的一個智囊團，由於戰爭的結束，東宮太子逐漸開始佔據優勢，因此對秦王的傾軋日益加重。秦府的地位逐漸處於劣勢，雙方各自為皇位繼承權爭鬥，已經到了劍拔弩張的地步。就在這時東宮的太子建成開始行動了，武德九年（西元六二六年）六月一日這一天的晚上，秦王接到太子建成的邀請，到他府上去赴宴。李世民喝下了建成遞過來的酒後，突然感到心口劇烈絞痛，還大口地吐血，一連吐了好幾升，隨同李世民來的淮安王一看情況不對，急忙把他扶回西宮住處搶救，才免於一死。

鴆殺秦王的目的未達到，建成和元吉又準備在元吉出征抵抗突厥侵襲時，再次刺殺秦王李世民，幸好太子手下的一位官員密告李世民，才使李世民堅定了與太子決裂，並實行政變的決心。六月三日，李世民向高祖報告了太子與元吉的陰謀，高祖答應第二天查清楚。可是李世民根本就不打算等待高祖查問的結果，六月四日的清晨，秦王李世民帶領秦府將領埋伏於宮城的北門玄武門之內，等待建成和元吉入朝。當他們進入玄武門內的臨湖殿時，發現氣氛與往常有些異樣，頓時勒住馬打算往回走。就在這時李世民大喊著沖出來，元吉趕忙張弓射殺李世民，但三次都沒有射中，而李世民一箭就將建成射死。這時尉遲敬德率領著七十餘精兵趕到，射殺了元吉。建成和元吉手下的將士趕來猛攻玄武門，但玄武門的守將已被李世民收買，奮勇抵抗。就在寡難敵眾之時，尉遲敬德提著建成和元吉的頭顱，展示給東宮和齊府的將士們看，將士們意識到大勢已去，再戰也無益，於是，紛紛潰散而去。

政變後，李世民又殺死了建成和元吉的全部子孫，迫使李淵不得不面對現實，立李世民為太子。兩個月後，李淵被迫退位，李世民登上了皇位，史稱唐太宗，第二年改年號為貞觀。李世民靠著戰爭所造就的才能，為自己開闢了一條通向最高權力的道路，又憑藉身邊的眾多人才，使自己達到了最終的目標。

貞觀之治與開明君王

李世民二十九歲登上皇位，然而這個年齡的他早已是一位成熟的軍事家，有清醒頭腦的政治家了。

李世民靠著政變上臺，原來屬於東宮和齊王府的官員和僚屬以及一些尚不能接受這個事實的官員，對此還心懷忌恨，反叛抵觸之意難以消除。

作為一位有頭腦的政治家，唐太宗身邊有許多的有識明智之士，他們勸太宗此時以安定局勢為主，切忌殺人過多，再次引起反叛。於是太宗對東宮的僚屬採取了寬大的政策，一方面是赦免了二人的黨羽，另一方面還起用東宮集團的重要謀臣，魏徵、王珪、韋挺等人就是這時候被唐太宗擢用的。這種懷柔和安撫的政策很快平息了殘存的反叛力量，緩和了統治集團內部的矛盾，為他的下一步政策的實施創造了一個安定團結的環境。

接下來唐太宗要做的事就是調整高層的領導班子，因為過去高祖在位時的舊班子已不適應變化了的形勢，機構臃腫，人浮於事，而且有些人已經不適合在太宗手下繼續擔任職務。同時太宗還需要把自己信得過的秦王府舊屬安插到自己身邊，還有一部分東宮中確有才華的舊屬也是太宗十分注意的。房玄齡、杜如晦作為秦府的高參，多年來在太宗身邊，是太宗的得力助手，這兩個人被選進來擔任左右僕射。房玄齡長於出謀劃策，而杜如晦則善於在關鍵時刻作出決斷，二人配合默契。太宗還任命精通兵法的李靖為兵部尚書，魏徵則作為秘書監，參與朝政。

說起太宗起用魏徵還有一番趣談。魏徵曾是東宮太子李建成的高級智囊團中的一員，作為僚屬他看出了建成與世民之間遲早要發生一次衝突，因此經常勸說建成儘早除掉秦王這個對手，但建成沒能及時地處理。後來建成被殺，魏徵被帶到太宗跟前。唐太宗問他：「你為什麼經常在我們兄弟之間挑撥呢？」左右的人聽到這話都為魏徵捏了一把汗，而魏徵卻從容自如地答道：「我很後悔沒能說服太子及早聽從我的意見，不然，就不會遭到今天這番禍害。」太宗聽完後，毫不生氣，並且深深佩服魏徵的膽量和直言，從此對他另眼相看，並把他和王矽、韋挺三個人作為諫議大夫留在朝中議事，命令他及時對朝廷大事發表意見，規諫皇上。

對於高祖時期朝中與太宗長期意見不合的裴寂，太宗則想辦法把他貶謫到地方，還有些思想僵化、不思進取的官員，則罷免官職。

經過兩、三年的調整改革後，機構設置更為合理，人員也更加精幹，官員人數由高祖時的兩千五百多人縮減為六百四十人，堪稱古今機構改革的優秀典範。

在進行了中央政權的調整後，唐太宗對地方吏治也進行了整頓。在反隋戰爭期間，由於要獎勵將士軍功。高祖李淵把州縣分割成許多小塊，用以賞賜，因此也增加了許多官吏，太宗為了精簡機構，革除弊政，把全國按地理形勢分為十道，合併了許多州縣，減少了官吏。還派朝廷中的官員任觀風俗使，分別到各處查詢，考察地方官的政績，以決定對他們的賞罰和升降。

在進行機構改革的同時，唐太宗也在考慮治理國家的重任。從隋朝的國內經濟凋敝，人民生活困苦中走過來的國家，又經歷了唐初四、五年的戰亂。因此，國內的經濟亟待恢復，社會亟待安定，人民也亟待安撫，總之社會百廢待舉。同時隋朝滅亡的教訓對太宗的印象真是太深了，以至於太宗對滿目瘡痍的國家發出了「今大亂之後，其難治乎」的感嘆。對於唐初的治理，李唐政權心中委實無底。

於是在武德九年，唐太宗初即位時，就注意聽取各方面的意見。有人曾建議太宗要大權在握，實行嚴刑峻法，然後徐圖天下大治。但這種意見顯然是不能適應當時情況的，因此，唐太宗不同意這種作法。這時候魏徵提出了偃武修文的方針，主張對人民進行教化，然後天下方能大治。

魏徵舉了個例子說：「一個人在危急困厄的情況下就會想到死亡，擔心死亡來臨，就會想辦法去改變這種狀況，這時候他對別人的意見是最容易聽進去的。大亂之後人心思治，容易接受教化。就像饑餓的人想吃東西一樣。這時候明智的人給他們指點方向，上下一條心，用不到一個月，就可以達到教化的目的了。」魏徵的理論深得唐太宗的贊許，於是採納了他的意見，在全國範圍內用儘快的速度整頓。

武德九年正月，唐太宗針對國內仍有少量起義的狀況，提出了統治集團安人治國的四項措施：一是去奢省費，這與隋煬帝大肆享樂揮霍形成鮮明對比；二是輕徭薄賦，這是針對隋朝徭役賦稅苛繁而提出來的；三是選用廉吏。這一條對統治政權的穩固是大有功能的，官吏廉潔，政治清明，國家自然就安定；四是使民衣食有餘。這對人民來說是最現實的措施，人民生活富足了，還有誰會去造反呢？這四條對於維護社會的安定，對治理大亂後的國家確實是非常及時的。

貞觀元年，唐太宗開始對官員們進行厲行節儉的教育，他列舉古代帝王的例子說：「古代的帝王如果要興建土木，必須順應民情事理量材而用，大禹開鑿九州之山，疏通九江之水，徵用了許多民力。而人民卻沒有怨言，原因就在於這些事都是和人民的利益有關的。而秦始皇修建宮室，人民怨聲一片，就在於他是為一己的利益，而沒考慮人民的利益。我本來想修建一座宮室。材料都已經齊備了，可一想到秦始皇的例子，我就決定不做了。古人說，不要去注意那些能讓自己產生欲望的事情。一看見這樣的事，心裡就會動搖，進而就會盡可能達到目的。到那時，危亡的日子也就為時不遠了，所以我要告誡大家，自王公以下各位臣僚，住宅、車輛、服飾、婚嫁、喪葬等一應費用，凡不符合規定要求的，要立即禁。」這之後，唐太宗也盡可能地減除一些奢侈的費用。

貞觀二年，有公卿向他建議，按照禮制的規定，在盛夏之日，天子可以住在高臺水榭之上，因此請示是否修一座台榭以供避暑。唐太宗認為，修建台榭花費太大，這不是為人父母的天子所應該做的事。有關方面請求了好幾遍，最終唐太宗也沒允許。皇宮中歷來住有許多妃嬪和侍選的女子，有時可達上萬人，這些婦女除少數能受到寵愛外，大多數都是幽居一生，不僅殘害人性，同時也增加宮中的費用。唐太宗即位後，建議裁減宮女，放她們回家，自擇良偶，組建家庭，也可以減少宮中開支。

貞觀二年，宮中共放出三、五千個宮女。在唐太宗自身的模範功能帶動下，貞觀前期朝廷的官員大多戒奢崇簡，衣無錦繡，風俗儉樸。其中擔任戶部尚書的戴胄，生前一直住著一所舊房子，死後連祭祀的地方也沒有。唐代名臣魏徵住的房子連一間像樣的客廳都沒有。魏徵病重時，太宗親自去看他，覺得魏徵死後連供人們弔唁的地方也沒有，經太宗提議，才給魏徵家修了一間大點的廳堂。在唐太宗的宣導和親自表率下，貞觀初期官吏廉潔儉約的作風給為政之風帶來很大的影響，這為唐太宗一系列政策的實行作出了人員素質上的保證。官吏們廉潔奉公，國家就能大治。

針對隋朝過度役使民力，釀成國內人民的反抗這個教訓，唐太宗主張在國內輕徭薄賦，一方面讓久經戰亂的人民得到充分休息，另一方面也有利於農業生產的發展，早在高祖李淵統治時期，就曾提出「新附之民，特蠲徭賦，欲其休息，更無煩擾，使獲安靜，自修產業」。但在當時，這個方針暫時還無法落實。到太宗即位後，即開始實行高祖所制定的租庸調法。這種賦稅法比隋朝放寬了服役者的年齡，嚴格了服庸時間的計算方法，顯然唐朝不再像隋朝那樣亂征濫用。即位這一年，太宗還下令免除關內和蒲、芮、虞、泰、陝、鼎六個州兩年的租稅，全國其他地方則免除一年。此外，凡有哪一地區遇災荒或進行慰勞賞賜，也都給以減免租稅的待遇，這樣的記錄在貞觀年間共有十二次。唐太宗實行輕徭薄賦的方針，意在發展生產，改善人民生活。

貞觀二年，唐太宗對朝廷的官員們講述以農為本的思想，意在引起官員們對農業的注意。他說：「不論做什麼事都要立足於根本，國家以人民為本，人民以衣食為本，而要獲得衣食，就必須以不誤農時為本。」諫議大夫王珪接下去說道：「古時的秦皇漢武，對外窮極兵戈，對內崇偽宮室，人力耗盡，禍難即起，他們難道不想使人民安定嗎？原因在於他們失去了安定人民的根本。隋朝滅亡的教訓離我們還不遠，陛下親自經受這種災難，開始還不容易重蹈覆轍，只怕時間久了就會淡忘了。」太宗聽後，深以為然，表示要始終克制自己的私欲，記住根本。

貞觀二年，京師遭受大旱，蝗蟲滿天飛舞，莊稼眼看顆粒無存，唐太宗帶領隨行官員來到御苑中察看災情。看到滿天滿地的蝗蟲，不禁拎起幾隻來，對著這小蟲子說道：「人用來活命的穀子，竟然被你吃掉了，真是危害百姓。如果你覺得百姓有錯誤，責任不在他們，都是我的不是。如果你有靈性的話，就請吃我一個人的心吧，不要去危害百姓了。」說完，他把手裡的蝗蟲放到口裡，左右的人連忙攔住他說：「吃下去恐怕會生病。」太宗說：「我就是想把災難移到我自己身上，還怕什麼生病呢？」於是太宗吃下了這只蝗蟲。隨後奇怪的事情發生了，從此以後，京師再也沒有遭到過蝗蟲之災。太宗為了農業的發展，竟然作出這麼大膽的事，也可謂有至誠之心了。

為了促使農業生產的發展，鼓勵農民耕作，唐太宗還恢復了從周代興起，後又廢棄了幾百年之久的籍田禮，也就是舉行一種由天子親自下田耕作的儀式，意在為全國人民作出重農耕的榜樣。貞觀三年正月的一天，春寒正濃，在舉行籍田禮的地方，早早地就擠滿了圍觀的人群，盛況空前。人們為一睹天子親自下田耕作的情景而興奮不已。唐太宗健步來到田壟上，先祭祀先農，然後親自手握農具，在廣闊的田原上揮鋤耕田。唐太宗的這個舉動無疑對提倡農業生產，重視農耕起到了好的功能。

為了發展生產，唐太宗還注意發展人口。貞觀元年，唐太宗就頒佈勸勉民間嫁娶詔。詔書規定：民間男二十歲，女十五歲以上還沒有結婚的，州縣官員有責任幫助他們結婚成家，因家窮而無力成婚的，本村的富戶和親戚有責任資助他們完婚。並把民間婚姻是否及時，戶口是否增多，作為考核地方官政績的標準之一。

此外，唐太宗為了保證農業生產的進行，對治水機構進行了整頓，設置專門官員管水利，又頒佈專門的水利和水運相關的法律。各地興修水利效果顯著，保障了農業的發展。

由於農業的大大發展，糧食開始豐足，糧價從唐初期的一斗米值一匹絹，到貞觀四、五年的一斗米只賣四、五錢，後來又跌至兩、三錢，從中可見糧食產量的富足。

隋朝滅亡留給唐太宗諸多的教訓，其中一條十分重要的就是隋煬帝的嚴法酷刑，激起了人民的反抗，最終導致隋亡。太宗即位後，與群臣一道討論立法的基本原則和法律的執行等問題。有的大臣主張要以嚴刑威懾天下，而魏徵卻不同意這種作法。他主張以王政來代替暴政，認為要以寬仁治天下，太宗很高興地同意了他的主張。太宗在與大臣們談論法律時，對他們明確要求「用法務在寬簡」。貞觀三年，太宗又下詔說：「泣辜慎罰，前王所重。」這就是指要謹慎地執法。根據這些原則，太宗時期制訂了《貞觀律》，它比隋律減輕了一些，後來又作了注，成為《唐律疏議》，這是中國封建社會最完備的法典之一。

唐太宗還十分注意執法隊伍的品德。他認為，人死了以後就無法復生，因此，他向朝臣們詢問，怎樣執法才能做到公平呢？諫議大夫王珪進言道：「只要選擇公道正直善良的人作執法官，再對那些司法公正的人給予增加俸祿和獎賞，那麼奸偽之人自然就沒有了。」太宗採納了王珪的意見，在全國下詔令執行。然後，太宗又進一步完善了慎刑的作法，規定凡是死罪，一律要中書、門下四品以上官員和尚書九卿們討論後才能執行，這樣就可以避免濫殺無辜了。這項詔令下達後，果然從貞觀元年至四年，全國只判了二十九人的死刑。

同時，唐太宗還規定，死刑要三次上報中央批准才能執行。後來由於太宗錯殺了一位官員，深自悔恨，又規定死刑要在京城五次上奏，地方上三次上奏才能執行，這樣就基本上可以避免冤殺案的發生，在這種寬鬆的法律條文下，又有公正嚴格的執法官執法，貞觀初期，凡有犯法者，一律逃不出法網。人民知道執法無私，因而即使在判處過程中有輕重的差別，也服而無怨。

唐太宗善於用人和納諫，是貞觀之治取得成功的重要原因。還在太宗跟隨其父謀劃晉陽兵變時，他就已經感到人才的重要，為了舉兵大事的成功，他結交了不少有見識、有能力的朋友，後來在完成國內統一戰爭後，在秦王府中他又廣交高人韻士為他出謀劃策與太子爭鋒，最終取得了成功。因此唐太宗從實踐中深深體會到為政之要，唯在得人，用非其才，必難政治。因此，在即位之初，他就對手下的官員們提出要求，不要整天埋首於日常瑣事，要廣開耳目，求賢訪哲，選拔和推薦人才。他自己就帶頭這麼做，魏徵原是東宮太子的人，而且曾為太子出謀劃策除掉李世民，唐太宗即位後，瞭解到此人有經國之才，性情又耿直，不會遇事無原則地屈從，因而不計較魏徵曾是敵手，又當面頂撞過他，把他提拔到朝廷中參預政事，給予重用。

宰相封德彝很長時間都沒有向太宗推薦一個人，太宗責問他是何原因，他卻回答說，沒有發現奇才異能。太宗聽了十分生氣地說道：「前代的明君用人就好像用一件器物，都是從當時選擇人才，而不是從別的時代借用人才。況且哪一個時代沒有人才呢？只怕你自己沒有去尋找吧。」一席話說得封德彝慚愧地退下了殿。

尉遲敬德原是劉武周手下的一員大將，劉武周敗後他與另一將領尋相向李世民投降，不久尋相叛變，官員們在捉拿尋相時，把尉遲敬德也捉起來了。李世民分析情況後說：「如果敬德有心要叛變的話，難道他會落在尋相之後嗎？」他命人釋放了敬德，又好言安慰，後來敬德十分感動，在歷次戰爭中，英勇作戰，屢建功勳。

李世民做皇帝後，有人勸他把過去秦王府的舊屬全部委以官職，唐太宗拒絕了。他說：「我以天下為家，而不能只把眼光放在舊部上，何況用人只能唯才是任，而不能以新舊為標準。」這是唐太宗作為一個政治家所具有的好的品德。

唐太宗選擇人才不僅注意能力，更注重德行。他對魏徵這樣說過：「用一個正直善良的人，那麼正直善良的人都會跟著來，誤用一個品行不好的人，別的壞人也會爭相跟進來。」這正是太宗嚴格選拔官員的原因。唐太宗曾下詔規定，縣令由五品以上的京官推薦，州刺史由他自己親自選任。地方官員每年要進京來彙報一次工作，由吏部負責考評，根據政績來論定品級，決定升降。

作為一代明君，唐太宗政績中最耀眼的地方，就是他能虛懷納諫。從諫如流。這不僅在封建時代的君王身上是難能可貴的品質，就是在現代社會，它也仍然是熠熠閃光的美德。

唐太宗在即位不久，就認真總結歷代王朝治亂興亡的經驗教訓，尤其是傾覆的王朝，他認為一條重要的教訓就是鉗人之口，護己之短，從而使政治昏暗，導致內亂。因此，貞觀初期，太宗就與魏徵等人討論怎樣做皇帝才能使其明智，怎樣做又會使其昏暗的問題。

魏徵曾對太宗說了這麼一段至理名言，即「兼聽則明，偏信則暗」。從此太宗對這段話銘記在心，盡力去實行，並在實踐中總結自己這方面的教訓，時刻提醒自己的不足。有一次他對臣僚們談道：「朕從小就喜歡玩弄弓箭，自認為對弓箭已十分熟悉瞭解。有一次朕將一批好的弓拿給工匠看，結果他們說，這並不是用好的材料做出來的。朕問那位工匠如何知道此弓不是好弓，那位工匠一口氣說了好幾條好弓箭的特徵和有關弓箭的知識，朕這時才醒悟到，自己用弓多年，卻還未達到精通的地步，何況朕得天下才幾日，治國的經驗更是不能與對弓箭的瞭解相比。」於是太宗從此下令，命在京的五品以上官員每日晝夜輪流在宮中值班，以便太宗隨時諮詢政事和更多地瞭解百姓的疾苦、政教的得失。

貞觀三年，他又誠懇地對官員們說：「君臣原本是共同治理社會的喪亂，共同承受國家的安危的，因此，如果君子自以為是，為臣的也不去糾正他，想讓國家不遭受危難，是不可能的。隋煬帝就是因為不讓人說話，不知道自己的過失，才導致隋滅亡的。」他希望大臣們能鯁言直諫，在貞觀之年的很長一段時間，他都能做到和顏悅色地聽別人說話。哪怕有時違背他的意思的意見，或者據理力爭，他也不加以怒責。他用這樣的態度來鼓勵大臣大膽地進諫，對政事充分地發表意見。

但是封建時代這樣的皇帝畢竟太少，更多的都只是表面上裝一裝求諫的樣子，實際上仍然是獨斷專行，因此，封建時代的官員上諫也大多是形式上的。唐太宗時期的官員們也大多如此，真正對政事大膽發表意見的人並不很多。為此，唐太宗決定以律法的形式要求大臣們必須遇事提出自己的看法。早在他剛被立為太子時，就下令百官每人都要提出治理國家的意見與建議。即位後，他再次要求百官上奏諫議，一時間，上書奏疏如雪片般飛到太宗手上。

貞觀元年，他下詔書規定：中書、門下以及三品以上官員入閣議論政事，諫官都有權利隨同，議論中有不合適或失誤之處，諫官可以提出自己的意見。此外唐太宗還規定：負責起草有關軍國大事等文件的中書舍人，要談出自己的看法。詔旨寫成後，中書侍郎、中書令也都要審查。審查完畢後不能草草簽名了事，還要提出自己的意見，然後再送門下省審定。同樣，門下省也要提出自己的意見，有不合適的地方提倡據理力爭。反對「順旨」辦事。這些規定對於限制權臣過分專權和君主獨裁是十分有效的措施，同時也是一個明智的君王治理好國家的有效方法。

唐太宗的求諫言論和措施並不只是形式，在實踐中，他堪稱古代求諫納諫的模範。封建社會的一般君王對於那些語氣柔和、言辭委婉的不痛不癢的意見都能做出採納的姿態，而對那些態度堅決、據理力爭而又不留情面的意見就很難接受了，而唐太宗在這方面卻有著人所不及之處。

還是在太宗剛剛即位的高祖武德九年，太宗下詔在全國徵兵，按限制，徵兵年齡應為二十一歲，而唐太宗卻同意了大臣封德彝提出的提前至十八歲，魏徵不同意擅自改動唐制，於是詔書被壓了下來，太宗過問了三、四次，魏徵都不肯簽發。太宗非常氣憤地責問他為什麼如此固執地對抗，魏徵回答：「把男子都徵發了，那田地讓誰來耕種，國家又從哪裡得到收入呢？陛下常說要以誠信治天下，但您從即位以來，短短幾個月裡，已經幾次失信於民了，這難道可以說是以誠信治天下嗎？」太宗聽了魏徵的話，不覺為之一驚，深感魏徵提得及時，於是接受魏徵的意見，把徵兵年齡重新定為二十一歲，並且獎賞了魏徵。

魏徵的敢於直諫有時也讓太宗心裡過不去，甚至私下裡大發怨氣，然而事過之後，太宗仍舊照常聽取他的意見。貞觀六年，有一次下朝後，太宗怒氣衝衝地回到後宮。大罵魏徵：「這個鄉巴佬，總有一天我會把他給殺了！」在一旁的長孫皇后聽到這話，趕忙上前詢問太宗何以如此動怒。太宗憤憤地說：「這個魏徵，每次上朝總和我過不去，讓我下不了台。」長孫皇后聽了這話，一言不發地走進內室，換了一套整整齊齊的正式禮服出來，對唐太宗祝賀道：「我聽說君王開明臣子才敢直言，現在魏徵這樣敢說話，證明陛下一定是一位明君。我在這裡向陛下道賀了。」經過長孫皇后一番深明事理的巧妙勸說，太宗平息了怒氣，從此更加器重魏徵，但也因此更加害怕他，遇事不敢太放縱自己。

太宗的虛心納諫、鼓勵納諫，使貞觀年間許多官員都敢於對政事或詔書提出不同看法。貞觀四年，唐太宗很想把隋煬帝時留下的乾元殿修葺一下，以作巡幸時使用。大臣張玄素為此上書極言此事不可進行，並指出如果做了這件事，恐怕費時費力將超過隋煬帝。太宗看到這封奏摺，心中頗不樂意，就問張玄素：「你認為我這樣做不如隋煬帝，那我同夏桀、商紂比又怎麼樣呢？」張玄素聽了這話絲毫也不懼怕。更進一步強硬地說：「陛下如果一定要修復這座宮殿，那就是與他們同歸於亂了。」太宗在張玄素的強硬態度下，並未以勢壓人，而是虛心地接受了他的意見，取消了這項修復工程，並感慨地說：「眾人之惟惟，不如一士之諤諤。」最後還賞賜給他一百匹絹，以獎勵他的直諫精神。作為一位權力至高無上的君王，在關係到自己切身利益的事情上，能夠放棄自己的主張，接受相反的意見，這是十分不容易的。魏徵後來對張玄素的行為也表示了讚賞和敬佩，他說：「張公具有回天之力。」其實，如果沒有太宗的虛心納諫，這種事情皇帝是完全可以輕而易舉辦到的。

貞觀時期，在唐太宗宣導的這種良好風氣的引導下，各種治國的良策紛紛產生，官場的風氣也為之一新，使得唐初的政治清明，國泰民安，達到了封建社會繁榮的頂峰。

以開明求團結的民族政策

在唐朝初期國內取得大治的同時，唐太宗對周邊少數民族的政策也收到了很大成效。唐朝統一中原後，邊疆地區卻戰火未熄，仍然硝煙彌漫。尤其是東突厥對唐朝的進犯，使唐太宗難以安眠。為了穩定國內環境，穩固新興的李唐政權，太宗決定首先用武力打擊東突厥的倡狂氣焰。

貞觀三年，面對東突厥的大力進犯，唐太宗決定以深諳兵法的兵部尚書李靖為統帥，率領十餘萬大軍，分兵四路對東突厥出擊。第二年，在李靖所率軍隊的打擊下，東突厥遭受慘重失敗，騎兵損失一萬多人。人口被唐軍俘去十餘萬，東突厥首領頡利可汗被生俘。至此，驕橫不可一世的東突厥被唐朝瓦解，解除了唐朝北部邊境的巨大威脅。隨後，唐太宗一鼓作氣，接連出兵打敗吐谷渾、吐蕃，平定高昌。擊破焉耆、龜茲等地區，使唐朝西邊的少數民族逐步放棄武力進犯唐朝的政策，和唐朝開始友好相處。

唐太宗作為一位有遠見有寬廣胸懷的政治家，他沒有對邊疆的少數民族一味敵對和排斥。武力平定只是一種手段，最終還是要與少數民族和平相處。因此，他對這些地區實行了比較開明的安撫政策。在一些少數民族地區設立了州縣制度，以當地的上層人物或首領為統治官員，並保留他們原有的生活方式和風俗習慣，讓他們實行自治。對那些願意遷入內地生活的少數民族，為他們敞開大門，有些有能力的還讓他們到朝廷做官。強大的唐王朝還有意與邊疆少數民族結為姻戚關係，廣泛地攏絡各族首領，充分地表現出唐太宗的開明和豁達。唐太宗時期有幾次和少數民族的和親，其中最著名的、影響最大的則是唐朝與吐蕃的和親。

吐蕃是藏族的前身，貞觀年間吐蕃的首領名叫松贊干布，這是個性格驍勇，而又英武有謀略之人。他仰慕唐朝的文化，決心要娶一位唐朝的公主回去，為吐蕃的發展作貢獻。於是貞觀八年他派遣使者來到了唐朝，向唐太宗進貢表示敬意。貞觀十年提出請求娶唐朝的公主為妻。貞觀十四年，唐太宗答應了他的請求，決定把宗室女文成公主嫁給他。為了傳播唐朝先進的文化，促進少數民族的發展，唐太宗借此機會，為文成公主置備了豐盛的嫁妝，包括數百卷漢族的經典書籍，各類精美的手工藝術品，大量的植物蔬菜種子以及絲綢、日常用具，還有醫書等等，為吐蕃帶去了豐富的漢文化，對吐蕃的政治、經濟、文化的發展起了很大的促進功能，並起到了加強吐蕃與唐朝友好聯繫的功能，文成公主也成為漢藏之間友好的使者和象徵。

唐太宗民族政策在當時收到了很好的效果，邊疆各族政權首領要求唐太宗允許他們稱唐皇為天可汗，漢族與少數民族之間的關係在這一時期達到空前的友好，同時，民族關係的密切，也促進了各族社會經濟的發展，加強了民族間的融合。

與民族政策相統一的外交政策，這時也獲得巨大的成功，由於唐朝文化的高度發達，唐太宗的開明友好，許多國家仰慕唐朝文化，紛紛來唐朝學習交流。唐太宗常常會見各國的使臣和學者，並為他們的學習與交流提供方便，中國的許多先進文化和技術就是這個時候傳到亞洲和西方各國的。

唐太宗在中國封建社會的歷史上是為數不多的幾位開明和有政治遠見的君王之一。他為唐代的繁榮，也為中國封建社會的繁榮作出了不可磨滅的貢獻，這是有目共睹的。但到了晚年，他的這種作風已基本上成為一種形式。他開始驕傲，志得意滿，聽不進逆耳之言，並且往往言行不一，只喜歡聽歌功頌德的話，淪落為與一般帝王無異的好大喜功、故步自封的封建君主了。這對於封建時代的君王來說，哪怕是再明智，大概也是難以避免的歸宿吧。

顧久幸　文

第七章
唐太宗　李世民

第八章

武周聖神皇帝　武則天

武則天是中國歷史上唯一一位女皇帝。在那個女性地位低落的年代，她展現了高深的智慧與不凡的野心，從才人一步步躍升成一代女皇。她知人善任，勸農桑，薄賦徭，卻也因害怕被奪權而剷除異己，並且擁有男寵，在後世評價中毀譽參半。

從才人到皇后

武則天（西元六二一——七〇五年）是唐朝前期著名政治家、女皇帝。幼名媚娘，入宮後，賜名武媚，天授元年（西元六九〇年）稱帝時，自名「曌」。後世稱她武則天，是因為她曾經被尊為則天大聖皇帝和則天順聖皇后的緣故。

武則天原籍並州文水（今山西文水），其父武士彠（西元五七七年——六三五年）為當地富有的木材商人，隋煬帝時，武士彠謀得鷹揚府隊正之職，成為一名下級軍官。當時，農民起義在各地蓬勃發展。大業十二年（西元六一六年），隋煬帝逃往江都（今江蘇揚州）時，任命出身甘隴貴族的李淵為太原留守和「撫慰」山西、河東的大使，又安插郡丞王威等為副將，以監視李淵。武士彠鑒於李淵正集結各方勢力反隋，他一面暗通王威，一面公開投靠李淵。當李淵來到文水時，武士彠便盛情接待，並向他進獻兵書和符瑞，勸他起兵，因而為李淵信任，授予行軍司鎧之職。

唐朝建立後，武士彠以功授光祿大夫、工部尚書，進位應國公。但他在榮登高位之後，便休棄出身低微，且已生有元慶、元爽二子的結髮妻子相里氏，繼娶隋朝觀王楊雄的侄女楊氏為妻，以為躋身士族之階。這位楊氏夫人所生的二女兒媚娘，就是歷史上大名鼎鼎的女皇帝武則天。

貞觀十一年（西元六三七年），媚娘十四歲時，「太宗聞其美容姿，召入宮」，賜名武媚，封為才人。但是不知為什麼，她沒有得到太宗的寵倖。

從這年夏天起，武媚開始進入為宮女們開辦的學校——內文學館，學習儒學、書法和朝廷奏摺格式、律令以及宮中典禮儀式等，從而極大地豐富了她的知識、鍛煉了她的行政才幹。同時，武媚還注意鍛煉身體，騎馬、打馬球和蕩鞦韆，她樣樣參加。有一次，她侍奉唐太宗觀看馴馬。宦官們正在調教一匹從西域進貢來的烈馬獅子驄，這匹馬性情暴烈，不斷地咬傷和摔傷騎在牠背上的宦官。唐太宗便問隨身的宮女們：「妳們有什麼辦法，可以馴服這匹馬？」由於問得很突然，沒有一個人敢回答。這時，為緊張氣氛所激動的武媚，竟興奮地回答道：「我以為要馴服這匹馬，必須具備三種東西：鐵鞭、鐵錘和匕首。先拿鐵鞭打牠，若不服從，再用鐵錘猛擊牠的頭，如仍不服從，就只好拿匕首割斷牠的咽喉！」

這話一出，在場的人都驚呆了，唐太宗以冷冷的聲調說了句：「確是一個勇敢的解決困難之法。」隨即撥轉馬頭回宮去了，顯示了對武媚的厭惡之情。此後，武媚也以自己說話不當，險遭殺身之禍而懊悔。可是，她在騎馬、蕩鞦韆等活動中結識的晉王李治，卻對她今後的生活產生了意想不到的影響。

唐太宗有兒子十三人，長子恒山王李承乾、四皇子魏王李泰和九皇子晉王李治，為長孫皇后所生。李承乾於貞觀元年（西元六二七年）立為太子，李泰自恃太宗寵愛，亦覬覦太子之位。結果是李承乾因李泰揭發他企圖弒君謀反，被廢為庶人，流放到了黔州（今四川彭水）。接著，李泰也因誣陷、威脅李治，被降為順陽郡王，流放於均州（今湖北鄖縣）。而年僅十五的李治，卻在元老重臣、國舅長孫無忌的支持下，意外地立為太子。

李治素以仁弱著稱，性喜讀書，從小受到父皇的寵愛，唐太宗稱他為「雉奴」。他十二歲行加元服禮後，雖然備有妃妾，卻居住在宮城之內。侍奉父皇時，對於侍立在父皇身邊的武媚產生了愛慕之情。而這時的武媚，因太宗的疏離，正處在極度的苦悶之中。由於李治的出現，兩人頻繁接觸，她不僅重新萌發了生活的欲望，而且還和李治雙雙墜入了愛河。

貞觀二十一年（西元六四七年），唐太宗患重病，且病情一天天加重，武媚的心情又一次緊張起來。她知道按照規定凡是侍奉過先帝的宮女，在先帝駕崩之後，都必須出家為尼。性格倔強的武媚，是不甘心在青燈古佛旁度過一生的。她考慮再三，覺得唯一的希望，就是在皇上未晏駕之前，將太子李治緊緊抓住。於是，她利用在唐太宗病榻前護理的機會，與李治私訂終身，並取得李治以「天子的誓言」保證：「只需忍耐一時，待萬事次第解決，一定善處，決不將汝拋棄。」到這時，武媚才把一顆懸著的心放了下來。

貞觀二十三年（西元六四九年）五月二十四日，唐太宗病逝，太子李治奉遺詔即皇帝位，是為高宗，由元老重臣長孫無忌和褚遂良輔政。凡侍奉過先帝的宮女，一律送往感業寺為尼，武媚自然逃不過這一關，只是在暗中以十分著急的心情，等待著新皇帝前來搭救她。

高宗即位之初，在長孫無忌等元老重臣的輔佐下，社會安定。永徽二年（西元六五一年）五月二十四日，是唐太宗逝世兩周年的日子。這天，高宗親臨感業寺祭奠，又暗中與武媚幽會。當他得知武媚已懷孕，便求助王皇后，由她將武媚秘密接回宮中蓄髮，仍封為才人。永徽三年（西元六五二年），武媚生下皇子李弘之後，即進位昭儀。

永徽五年（西元六五四年）二月的一天清晨，王皇后親臨武昭儀的寢宮。由於武昭儀不在宮內，她只看了看武昭儀新生的小公主，便回宮去了。不久，武昭儀回到寢宮，便驚呼小公主已在寢宮內死去。高宗得報，便認定是「皇后殺我女」！後雖查無實據，王皇后從此便被幽閉於寢宮之中。可是，當高宗提出廢王皇后時，卻立即遭到長孫無忌等眾大臣的反對。

永徽六年（西元六五五年）六月，受到高宗專寵的武昭儀，發佈了她親自撰寫的《女訓》，作為後宮進行「內訓」之用，同時，高宗得到密報，王皇后和她的母親柳氏在宮中行「蠱道」。高宗於是下詔對皇后的寢宮進行搜查，居然在皇后的床榻下面，發現一個桐木人，上書「武媚」二字，木偶的胸與腹部都釘上了釘子。高宗勃然大怒，王皇后及其母柳氏均遭幽禁。

王皇后失寵和遭幽禁，武昭儀尚不滿足，她竭力催促高宗廢黜王皇后，卻又被眾大臣阻攔。

這年九月的一天，稱病多日的李勣上朝了，高宗在內廷召見他，詢問廢皇后之事。李勣從容回答說：「此陛下家內私事，何必更問外人！」李勣當然知道廢黜皇后是國家大事，但他對長孫無忌等門閥貴族的專權十分不滿，正要借此機會打擊他們。由於李勣在當時是四朝元老、出將入相的重臣，他的意見在當時有一言九鼎之重。高宗得到他的支持後，於十月十三日發佈詔書，將王皇后和蕭淑妃廢為庶人，立武昭儀為皇后，並於十一月一日舉行皇后冊立大典。

在隆重的冊封典禮上，武則天打破先例，在肅義門樓上接受文武百官和外國使節的朝賀。從此，武則天正式走上了政治舞臺，成為與皇帝並駕齊驅的皇后。數日後，武則天得知高宗在她受封為皇后時，曾密探後宮別院，答應將王皇后和蕭淑妃放出去。於是，武則天下令將廢為庶人的王皇后和蕭淑妃各責打二百笞杖，在她們死後，還下令將王皇后之姓改為「蟒氏」、蕭淑妃之姓改為「梟氏」，以示羞辱。

天后垂簾

武則天立為皇后，要鞏固自己的地位，還有許多事情需要她做出迅速和妥善的處理。

首先，廢立太子。太子歷來被視為國之根本。武則天成為「母儀天下」的皇后時，她當然不能容忍已廢王皇后所收養的劉妃之子李忠仍是皇太子。必須將他廢掉，她想改立自己的兒子為皇太子。於是，她授意禮部尚書許敬宗上奏高宗：「如今皇后子即正嫡子，已年長，若庶子仍在太子位，將來必為國亂之因。」事實上，太子李忠在這之前，已經向父皇提出退太子位的請求。所以許敬宗的奏請得到了滿朝文武的贊同。永徽七年（西元六五六年）正月六日，高宗正式頒佈廢皇太子李忠，新立代王李弘為皇太子的詔令。這時李忠已有十四歲，改封為梁王，出任梁州刺史。而新太子李弘，是為武則天的長子，年僅五歲。為表示舉國同慶，高宗還下令全國大酺三日，並改元為顯慶。

第二，削除敵對勢力。武則天重返後宮以後，為奪取後宮的權力，她開始著手培植親信。如宦途受阻的許敬宗和上書高宗請廢王皇后、立武昭儀為皇后的李義府，就先後被招致武則天的麾下，從而逐漸形成了以許敬宗為首，包括中書侍郎李義府、禦史中丞袁公瑜等新晉官僚組成的一股擁戴武則天、排斥異己的政治勢力。

在武則天的眼中，長孫無忌等元老是她圖謀後宮權力的最大障礙。因此，武則天把他們作為堅決打擊的目標。首先打擊的物件是王皇后的舅父柳奭，他在王皇后被幽閉之後，被迫自請辭去中書令之職，左遷吏部尚書，後又貶為萊州刺史，顯慶二年（西元六五七年），武則天將謀反罪強加於他，使之身首異處；永徽六年（西元六五五年）九月，反對立武昭儀為皇后的褚遂良被貶為潭州都督，又遷桂州都督，顯慶二年（西元六五七年）又以謀反的罪名，貶至愛州（今越南清化），次年，憂鬱而死；中書令來濟也因此貶為台州（今浙江臨海）刺史，侍中韓瑗則被貶為振州（今海南三亞）刺史，還規定他們終身不得回朝。明哲保身，不敢公開反對立武則天為皇后的尚書左僕射於志甯，顯慶四年（西元六五九年），他已經七十二歲了，也被削去官職，放逐於其私邸，後又貶為榮州（今四川榮縣）刺史。至此，以長孫無忌為首的反武則天的陣營中，就只剩下長孫無忌一個人了。

顯慶四年（西元六五九年）四月，洛陽令李奉節誣告太子洗馬韋季方和監察禦史李巢等人結為朋黨。高宗命許敬宗等審理此案，許敬宗用酷刑逼迫韋季方招供與長孫無忌結黨謀反。韋季方以自殺相抗爭，許敬宗反誣長孫無忌與韋季方秘密結黨謀反，於是，長孫無忌被削去太尉之職和趙國公爵位，流放至黔州（今四川彭水），旋被迫自縊而死。結果，長孫氏與柳奭族共有十三人被斬殺或遭流放。

武則天在大力削除政敵的鬥爭中，重點是打擊握有政權的關隴士族。與此同時，為了提高自己的權勢以及大力扶植擁護她的庶族官僚，她通過許敬宗奏請高宗，於顯慶四年（西元六五九年）下詔修改唐太宗時編撰的《氏族志》，而成為《姓氏錄》。武則天還親自為《姓氏錄》的修撰制定規則：「皇朝得五品官者，皆升士流」，後族武氏定為一等。舊士族的勢力經過這番打擊後迅速衰落，而庶族地主從此卻可以躋身於士族之中，這就為武則天日後進行的改革鋪平了道路。

高宗從顯慶五年（西元六六〇年）六月起，舊病復發，頭疼難忍，雙目眩暈，而不能視，只好讓武則天協助處理朝政。由於武則天精明機智，早年侍奉唐太宗時，就留心學習治國之道，又入內文學館習儒學，通文史，熟悉朝廷典章制度，具有行政管理能力。後來，在逐漸清除貞觀老臣的鬥爭中，她就參與朝政。現在高宗難以視朝的情況下，百官奏事，就多委託她辦理。到十月間，高宗的病情更加惡化，武則天就代高宗上朝，坐在珠簾之後處理政務。她表現出來的智慧和幹練，受到朝中大臣們的稱讚。

龍朔二年（西元六六二年），高宗接受武則天的建議，改換朝廷官銜和官職的名稱。如門下省改稱東台，中書省稱西台，尚書省為中台；侍中稱左相，中書令為右相，左僕射稱左匡政，右僕射稱右匡政，六部尚書稱太常伯，侍郎稱小常伯等等。這種改動給政事帶來很多混亂，武則天堅持要這樣做是為了顯示皇后代替皇帝處理政事的印象。與此同時，武則天還對後宮進行改革，將妃嬪名稱全部更改，又將以貴妃為首的四妃，以昭儀為首的九嬪，以及美人、才人等全部廢除。新的編制名稱和人數是：贊德二人，宣儀四人，承閨五人，承旨五人，衛仙六人，供奉八人，侍櫛二十人，侍巾三十人，共八十人。實際上，「贊德」以下的宮人已不再是名實相符的妃妾，只是侍奉皇帝的女僕了，皇帝只能同皇后過一夫一妻制的生活。至於改制的理由，武則天的解釋是讓皇帝不耽於女色，聖體能早日康復。高宗對此敢怒而不敢言，無可奈何。

隨著皇后勢力的日益擴張，帝后之間的矛盾也迅速加劇。作為反擊，高宗決定首先翦除武則天的黨羽。龍朔三年（西元六六三年），高宗看到右金吾倉曹參軍楊行穎指控右相李義府受賄賣官，密謀反叛的奏狀時，即傳旨司刑太常伯進行嚴查。李義府人稱「李貓」，本是個無惡不作、貪得無厭的傢伙，他賣官鬻爵，收受賄賂，許多人被他弄得家破人亡。而他是武則天的親信之一，高宗決定重懲李義府，藉以打擊武則天的氣焰。在嚴刑拷問之後，削去他的官職，判處其終身流放巂州（今四川越西）。

麟德元年（西元六六四年）十二月，長安蓬萊宮的宦官盛傳宮中出現王皇后和蕭淑妃的幽靈。武則天召見道士郭行真，到寢宮設壇驅鬼。高宗接到宦官王伏勝的密報，非常氣憤，認為「這定是想咒殺朕」，但他又沒有勇氣去面責武則天，於是，密召西台侍郎、加授同東西台三品、已是宰相的上官儀，命他起草廢黜皇后的詔書。

可是，與此同時，武則天也得到了高宗正要頒佈廢後詔令的消息。於是，迅速趕到高宗的面前，將墨蹟未乾的詔書撕毀，並面責高宗：「近來龍體欠佳，為了國家和皇上，我廢寢忘食，輔佐大政，皇上卻這般無情！」秉性懦弱的高宗被詰問得無話可說，便推說是受了上官儀的唆使。武則天聞言大怒，下令將上官儀投入大牢，又指使許敬宗等人誣陷上官儀、王伏勝和廢太子李忠策劃「大逆之謀」。結果，上官儀慘死獄中，上官儀之子上官庭芝和王伏勝被殺，上官一家籍沒為奴。當時，上官儀的孫女婉兒尚在繈褓之中，也由其母鄭氏帶入宮中，作為官婢，收在掖庭宮裡。至於那位可憐的廢太子李忠，在黔州過著幽禁的日子，自知必死，接到「賜死」的聖旨後，便平靜地自縊而亡，結束了悲慘的一生。

經過這番較量，武則天的聲威得以提高。高宗由於焦慮不安，風眩病發作。武則天從此便在輔佐身體不佳的天子的名義下，在紫宸殿設下翠簾，與高宗共同聽政。實際上，事無巨細，都由武則天裁決。至此，天下吏民就稱他們為「二聖」。

武則天為了提高自己的威信，同高宗提出一同去泰山封禪的主意。高宗同意後，乾封元年（西元六六六年）十月二十八日，千乘萬騎的天子鹵簿浩浩蕩蕩地自東都洛陽出發，十二月底，高宗和武則天到達泰山山麓。整個大典是武則天安排的，新年伊始，高宗來到泰山南麓祭祀天帝，元月二日，又來到泰山之巔，登上登封台祭天。三日，高宗在社首山的降禪方壇祭祀地神後，皇后武則天也率領公主及各親王的命婦，登壇進行禮拜，這在歷史上是從來沒有過的事情。

封禪大典後，朝政完全掌握在武則天的手裡，高宗成了徒有虛名的皇帝，上朝時，僅同武則天一起聽政而已。

上元元年（西元六七四年）是武則天忙碌的一年。這年二月，她為太子李弘完婚。在李弘的請求下，一直被禁閉的蕭淑妃的兩個女兒義陽公主和宣城公主被獲釋出嫁。八月十五日，高宗頒聖旨昭告全國：「今後，皇帝改稱天皇，皇后改稱天后。」十一月，武則天頒佈政治改革《十二條》，內容包括「勸農桑，薄賦徭」、「給複三輔地」、「息兵，以道德化天下」、「省功費，減力役」、「禁浮巧」、「杜讒口」、「廣言路」等。

但是，武則天必須面對反對她干預朝政的強大力量。首先她的兩個兒子都與她作對。太子李弘對武則天削弱門閥貴族勢力，重用提拔「北門學士」的改革吏制的措施表示強烈的不滿，不與母親合作。他在一次與父、母共同進餐後，突然痙攣暴死。二兒子李賢繼立太子後，篤信「天后毒死太子」的傳言，拒不與武則天見面，並夥同心腹詮釋《後漢書》獻給父皇，暗喻母后、外戚專權，後又在東宮私藏武器，被高宗下詔以謀反罪廢為庶人。

武則天頂住反對力量的壓力，繼續進行她的政治革新，發現並提拔了一批難得的人才。如儀鳳元年（西元六七六年），僅為從六品的大理寺丞狄仁傑，由於他執法嚴明，對高宗也敢於犯顏直諫，為武則天所賞識，被提拔為侍御史。才女上官婉兒，十四年來一直在掖庭宮裡做宮婢，但她在母親鄭氏的培育下，琴棋書畫都有很高的造詣，寫的詩有「上官體」遺風。武則天聽說後，於儀鳳二年（西元六七七年）召見上官婉兒，當面測試後，便讓她離開掖庭宮，來到自己身邊，陪同她處理日常事務。還有一個太學生魏元忠，儀鳳三年（西元六七八年），他上書朝廷，要求改變用人「重門第，而不重視真才」的狀況，破格提拔有真才實學的人才。武則天很讚賞魏元忠的勇氣和才華，授予他秘書省正字之職，後又升任監察禦史和殿中侍御史。

永隆二年（西元六八一年）十月，高宗在去嵩山封禪途中犯病，十二月返回洛陽，十二日，高宗的病情惡化，他掙扎著登上則天門——洛陽宮正門的門樓上，宣讀了特赦天下兇犯的詔書。當天傍晚，高宗把侍中裴炎找來，宣讀遺詔「用心輔佐太子，軍國大事，委天后裁決」後，便去世了，終年五十六歲。

根據高宗遺詔，太子李顯於二十九日即位，尊武則天為皇太后。

武周女皇

中宗李顯即位後，原為太子妃的韋氏，照例也被冊立為皇后。韋氏是個權勢欲十分強的女人，她不滿足於當一個主持後宮的皇后，希望像皇太后武則天那樣執掌國政。為此，她籌畫首先要讓自己的父親韋玄貞到朝中執政。韋玄貞原為普州（今四川安嶽）參軍，中宗即位後，已升任豫州刺史。韋氏不滿足，於是，在中宗即位不到一月的時間裡，逼著中宗答應她的要求，敕封韋玄貞為侍中。中書令裴炎得知此事，以為不可。中宗便大怒，氣衝衝地說：「朕是天子，朕若願意，可以把天下全都交給韋玄貞，當個侍中算得了什麼？」

武則天得到裴炎的密報，大為驚異，當下與裴炎等商定，立即廢掉中宗，阻止韋氏篡權。

嗣聖元年（西元六八四年）二月六日，皇太后突然決定，當天的朝日在乾元殿舉行。按照慣例，朝日都是在偏殿舉行，正殿是大朝的地方，是天子即位、立皇后、立太子以及新年朝見等大禮舉行的地方。當文武百官奉召來到乾元殿時，只見由程務挺率領的御林軍，已在殿前排列，氣氛異常。不久，皇太后和中宗一起走了出來，中書令裴炎和中書侍郎劉禕之奉命宣讀太后懿旨：「本日廢太子為廬陵王。」中宗感到震驚，一時說不出話來，接著，他向武則天大喊：「朕何罪之有？」武則天冷冷地說：「你不是要把天下都給韋玄貞嗎？能說這不是大罪？」說罷一揮手，裴炎等隨即上前將中宗架了出去，交由程務挺監禁於宮中別所。這樣，中宗的四十四天皇帝生活，便匆匆地結束了。

第二天，皇太后宣佈改立豫王李旦為皇帝，是為睿宗。接著。又以睿宗名義，發佈詔敕，將廢帝中宗的長子、太子重昭貶為庶人，韋玄貞流放嶺南欽州（今屬廣西）。武則天為了防止前廢太子李賢趁機復立，命金吾衛將軍丘神績以探望李賢的名義去到巴州（今四川奉節），李賢在丘神績的逼迫下，憤而自縊身亡。

武則天經過這番緊急處置，一場危及唐王朝的政治風波，很快地平定了。可是，半年之後，九月二十九日，從揚州傳來了發生叛亂的消息。為首的是名將徐勣之孫、承襲英國公的徐敬業及其弟徐敬猷和原禦史魏思溫、監察禦史薛仲舉以及駱賓王等。他們宣佈要討伐武則天，十天之內，便招募到十萬人馬，駱賓王替徐敬業起草了一篇討伐武則天的檄文。據說，當這篇措辭犀利的文字傳到洛陽時，武則天讀過後，竟然大加讚賞說：「多麼優美的詞句，文句之工堪稱稀世之作。這樣優秀的人才，竟落魄不遇，僅在邊遠地方做個小官，是宰相的過錯。」

武則天對這次叛亂迅速作出反應，於十月六日命令左玉鈐衛大將軍李孝逸為揚州道行軍大總管，統兵三十萬前去征討。同時，又在朝廷內部肅清那些要武則天放棄權力、還政於睿宗的大臣，處死裴炎、程務挺等人。其實，他們多是被誣告而死的。

在揚州起兵的徐敬業，雖向鄰近的州縣發出檄文，響應的卻寥寥無幾。在唐軍的打擊下，堅持到十二月初便全軍覆沒。徐敬業、徐敬猷兄弟都被他們的部下殺死，一場歷時僅四十多天的「匡復義舉」，就這樣以失敗而告終。

光宅二年（西元六八五年）正月，武則天為慶賀平定徐敬業集團叛亂，改元為垂拱元年，大赦天下。三月間，又頒佈《垂拱格》，即官吏行為規範。還下制令，允許內外九品以上各級官員和百姓賢能，都可以到朝廷來自薦為官，這是武則天選拔天下英才而採取的一項重大革新措施。

垂拱二年（西元六八六年）三月，武則天以便於親自體察民情為由，鼓勵全天下官民人等，都可以投書議政。揭發文武百官的不軌行為。為此，在朝堂外設立一種名叫「銅匭」的小箱子。內分四格，上各有口，奏疏一經投入，便不能取出來，東面的口叫「延恩」，接受獻賦頌、求仕進方面內容的奏疏；南面的口叫「招諫」，接受議論朝政得失方面的密奏；西面的口叫「伸冤」，接受有冤屈人的投訴；北面的口叫「通玄」，接受有關談論天象、災變和密計方面的奏報。

為此，武則天頒佈制詔，鼓勵天下官民人等，都可以上京告密。還規定各級官府上京告密的人，應讓他們享受五品官的待遇，驛站應給食宿和驛馬。各地官府均不得向告密人打聽投訴的內容。武則天則從眾多的告密者當中，選出一批效忠於她、身處下層、又憎恨李氏宗室和門閥貴族的人，如索元禮、來俊臣、周興等酷吏，放手讓他們任意羅致罪名，殘酷迫害那已是驚弓之鳥一般的王室成員。

垂拱三年（西元六八七年）二月，武則天下令將乾元殿拆除，改建為供朝會、科舉選上、祭祀、慶賞等大典舉行的明堂。第二年，武則天降詔要宗室諸王在明堂建成時，到神都洛陽聚集朝賀。這事在王室的人們看來是武則天設下的陷阱，要把他們一網打盡。李氏諸王對武則天早就恨之入骨，光宅元年（西元六八四年）徐敬業等揚州起兵時，他們就曾經秘密聯絡，準備起兵，攻滅武后，匡復李唐，後因徐敬業迅速敗亡而作罷，現在他們認為已經到了存亡的關頭了，與其坐以待斃，不如起而反抗。於是韓王李元嘉之子、通州刺史黃國公李和越王李貞之子、博州刺史琅玡王李沖商定，假冒睿宗名義，製作「璽書」「神皇欲移李氏社稷以授武氏」向諸王散發。八月間，李沖一方面招兵買馬，擴充軍隊；另一方面，向韓王李元嘉、霍王李元軌、魯王李靈夔、紀王李慎、越王李貞約定共同發兵攻打洛陽。但是，事實上李沖僅僅招募到五千多人，從博州（今山東聊城）出發去攻打武水（今山東聊城西五十里）縣城受阻，部下便作鳥獸散。李沖僅率數十騎敗回博州，八月二十三日，進城門時，被招募來守城的農民孟青打死。這時，越王李貞統領的七千多人，在豫州（今河南上蔡）城外，也被武則天派來的由鞠崇裕等人率領的十萬大軍，打得大敗。李貞無奈，進城後飲鴆毒而死。這次諸王起兵，前後不到十天，就徹底失敗了。

武則天在平定諸王叛亂後，命周興將韓王李元嘉、魯王李靈夔、黃國公李、常樂公主等押來神都，嚴刑逼供，他們受刑不過，均自縊於獄中。這次事件，受牽連的不計其數，甚至武則天的女兒太平公主的丈夫薛紹，也因與李沖有密信來往，被投入大牢，折磨而死。

垂拱四年（西元六八八年）十二月二十五日，武則天頒佈詔敕，要在洛陽南郊永昌縣聖圖泉邊，舉行大規模的「拜洛受圖」的隆重祭典。所謂的「圖」，是這年四月間，武則天的侄兒武承嗣命人把預先鑿刻有「聖母臨人，永昌帝業」的白石獻給武則天，謊稱是從洛水所得的瑞石。武則天接受瑞石後，十分高興，當即命名為「寶圖」。四月十八日，加尊號為「聖母神皇」。七月間，又將「寶圖」改稱「天授聖圖」，洛水也改為永昌洛水，出「寶圖」的地方，命名為「聖圖泉」，並在其附近設立永昌縣。武則天要在年底舉行祭河大典，是為了顯示自己力量的強大並試探人們對她稱帝改國號的反應。

十二月二十七日，由武則天男寵薛懷義督造的明堂建成了。武則天將它改名為「萬象神宮」，並決定在第二年元旦，於萬象神宮內舉行隆重的大祭儀式。這天，武則天第一次穿上皇帝的袞冕大禮服祭天，宣佈改元為永昌元年。從此，武則天就一步步加緊了稱帝的步伐。正月三日，她身穿袞冕大禮服，接受百官的朝賀。二月十四日，正式宣稱武氏家族為周朝王室的後裔，奉其父魏忠孝王武士彠為周忠孝太皇，亡母楊氏為忠孝太后，他們的墳墓也升格為明義陵。

武則天清楚地知道，要改朝稱帝，還必須徹底剷除李氏宗室。於是，在永昌元年（西元六八九年）四月，她以反逆罪的罪名，對唐朝諸王舉起了第二次大肅清的屠刀，誅殺了已故蔣王李惲之子汝南王李煒，已故道王李元慶之子鄱陽郡公李郡、紀王李慎等，牽連的達數百家，有的被殺，有的遭流放。

經過第二次大清洗，武則天認為唐王室再無人敢反對她了。於是，在永昌元年（西元六八九年）

十一月下詔，改用「周曆」，改永昌元年十一月為載初元年正月，宣稱「周是朕的遠祖」。她還創造了一些新漢字，如自名為「曌」，把詔改稱為「制」，在全國頒佈使用。為了給新朝提供所需要的人才，武則天在載初元年（西元六八九年）二月，親臨洛陽殿，主持貢士的策問，以期選拔一批富有朝氣、銳意進取的新士。同時，還首創武舉，開創了「殿試」這種由天子親自策問考生的考試方法。她還派出存撫使到全國各道搜集人才，如狄仁傑、姚崇、宋璟、張九齡等都是武則天選拔的。

經過一番緊鑼密鼓的準備之後，「太后陛下乃彌勒菩薩降生」的輿論出現了。載初元年（西元六八九年）九月二日，洛陽街頭竟出現了由侍御史傅遊藝組織的請願隊伍，他們上書朝廷請太后即皇帝位，改國號為周，幾天後，請願勸進的人越來越多，其中包括朝廷文武官員，普通百姓以及外國使臣、沙門道士等六萬餘人。

在這樣聲勢浩大的勸進聲勢之下，睿宗也坐不住了，只好上奏武則天，請求讓位，賜武姓。經過三次上書，武則天在九月七日，宣佈接受皇帝的禪讓，自稱聖神皇帝，改國號為周，改元天授，以皇帝李旦為皇嗣，賜姓武。這年武則天六十五歲，成了中國歷史上未曾有過的女皇帝。

武則天在鞏固了自己的統治之後，感到對那些專事告發別人謀反的酷吏們，有加以取締的必要了。自從徐敬業起兵失敗後，武則天放手讓那些出身於社會無賴的酷吏，以反叛的罪名，任意誣陷和屠殺李氏宗室及朝中士族達數百家。在這些酷吏中，以索元禮、周興和來俊臣最為兇殘。任地官（戶部）侍郎的狄仁傑，被來俊臣以謀反罪逮捕下獄。狄仁傑為了不受酷刑，一審問，他就招供有「謀反之志」。一天，狄仁傑對牢頭說：「時節轉暖，牢裡穿棉衣太熱，請把這棉衣給家中，去掉絲綿。」原來，狄仁傑在棉絮裡夾了一封信，要家人向武則天告發他的冤情。武則天赦免了狄仁傑的死罪後，問他為什麼承認謀反？狄仁傑回答說：「我這把年紀了，若不承認謀反，早就死在他的酷刑之下了。」武則天又問他為什麼還要上《謝死表》呢？狄仁傑說從來沒寫過什麼《謝死表》。經核查，確實是來俊臣所偽造。

武則天整治酷吏是從天授二年（西元六九一年）開始的。她要「以恩止殺」了。於是，在這年正月，左金吾衛大將軍丘神績以「有反志」而入獄，這個經手禍害一千多家的酷吏，在他還沒有從震驚中醒悟過來時，就被周興奉敕拉出去砍頭了。接著是索元禮，二月間，被來俊臣奉武則天密旨斬首。不久，來俊臣又以「請君入甕」的刑罰逼周興就範，被判流放嶺南，一出洛陽，就被人亂刀砍死。那位當年率領百姓請願，奏請武則天稱帝，因而官至宰相的傅遊藝，罷相後，也在這年九月下獄自殺而死。只有來俊臣，還多活了幾年，直到神功元年（西元六九七年）六月，這個原是死囚卻以告密得官，以後專事羅織罪名、誣人謀反，害人破家的傢伙才被武則天處死。從此以後，告密的人少了，「謀反」案也就沒有了。

邊疆的安寧是武則天頗為關心的事。自從高宗即位後，吐蕃與唐朝的關係便日趨緊張，戰事時起時伏。後來，吐蕃竟強佔了唐朝的安西四鎮碎葉（今吉爾吉斯斯坦托克馬克附近）、龜茲（今新疆庫車）、於闐（今新疆和田）、疏勒（今新疆喀什）。長壽元年（西元六九二年）武則天任命右鷹揚衛將軍王孝傑率領大軍征討吐蕃，奪回安西四鎮。長安二年（西元七〇二年），武則天進而在天山以北設置北庭都護府，管理天山以北以及巴爾喀什湖以東以南廣大地區。武周政權統一西域，使西域與內地的經濟文化交流更加密切了。

武則天稱帝后，仍注意人才的選拔。天授二年（西元六九一年），就給地官侍郎狄仁傑加上「同鳳閣鸞台平章事」的官銜，成為宰相，讓他掌握政權，達到言聽計從的地步。後來武則天竟以「國老」稱呼他，而不直呼其名。狄仁傑也真是一心為國，團結了一大批正直人士，如姚崇、宋璟、魏元忠、桓彥范和史敬暉等數十人，他們一一被武則天所重用。

皇嗣的選定是武則天最頭疼的問題。她自知作為一個女皇帝，立太子就是個很難辦的事情。她本想立娘家的侄兒武承嗣、武三思為太子，卻擔心將來李顯、李旦及其全家都會被消滅，這樣一來，自己的子孫也就滅絕了。而且，還會招來那些企圖光復李唐王朝勢力的反對。若立李顯或李旦為太子，自己建立起來的大周王朝，到了他們為帝時，一定會被廢除，恢復李唐王朝的。為此，她困惑了好多年。

當時，滿朝文武只有狄仁傑直言敢諫：「姑侄之與母子孰親？陛下立子則千秋萬歲後配食太廟，承繼無窮。立侄，則未聞侄為天子，而附姑於廟者也。」武則天終於聽從了狄仁傑的話，於聖曆元年（西元六九八年）將流放在房陵（今湖北房縣）的廢太子李顯秘密召還神都，賜姓武，再次立為太子。第二年二月，武則天帶著改為「武顯」的太子李顯，從洛陽出發，浩浩蕩蕩，開赴嵩山封禪，為大周帝國的安泰而祈禱。

武則天從嵩山封禪歸來，體力不支，精神衰退。朝政由宰相狄仁傑處理，尚無大礙。久視元年（西元七〇〇年），狄仁傑病逝後，武則天親臨朝堂，處理政務，時而發出「朝堂空矣」的感慨。由是她的男寵張易之、張昌宗兄弟得以把持朝政，破壞朝綱。

長安三年（西元七〇三年）十月，八十歲的張柬之因姚崇的推薦升任為宰相。武則天的病情日益惡化。張柬之與崔玄、桓彥範等為了不讓皇帝墨敕讓位於張昌宗，決定迅速起兵，實行武諫。

長安五年（西元七〇五年）元旦，臥病在床的武則天，又改元為神龍元年。正月二十二日，張柬之等終於集合羽林軍數百人，擁太子顯從玄武門殺入，將張易之、張昌宗砍倒，進入皇帝的禦寢殿。這時的武則天已病癱在床，不能起身。她看到全身戎裝的太子和文武眾臣，一切都明白了，無可奈何地接受了不願看到的眼前的現實。

第二天，神皇降制敕，任命太子監國，大赦。正月二十四日，武則天正式讓位於太子李顯（已從姓武改為姓李）。國號仍為大唐。至此，中國歷史上第一位、也是最後一位女皇帝的統治宣告結束。

正月二十五日，已是太上皇的武則天從迎仙宮抬出，移居上陽宮。從此，過著寂寞的病榻生活，當年十一月二十六日病死，時年八十二歲。遵照武則天的遺詔，去帝號，仍為高宗皇后而葬。經中宗敕許，這位時帝時後的則天皇後的遺骸合葬於高宗的乾陵。

武則天的一生是傳奇性的，她從一個普通的少女，在唐初最高統治集團鬥爭的夾縫中脫穎而出，成了中國歷史上唯一的女皇帝。對她的評價，歷來是毀薄者多，讚譽者少。中國史學前輩吳晗對她的評價，令人折服：「在唐代的歷史上，唐太宗打下基礎，接著是武則天時代，以後就是開元全盛時代。武則天當權前後的五十年間，生產發展了，土地開發了，人口增加了，疆土開拓了，文化提高了，和許多外國也有了廣泛的經濟和文化交流。而且還應注意這樣一件事實，即開元時代的主要政治家都是武則天時代所培養的。可以這樣說，沒有武則天的時代長時期的鞏固發展工作，開元的治世的局面是不可能出現的。」（《歷史的真實和藝術的真實》）

張翼之　文

第九章

唐玄宗　李隆基

憶昔開元全盛日，小邑猶藏萬家書。
稻米流脂粟米白，公私倉廩俱豐實。
九州道路無豺虎，遠行不勞吉日出。
齊紈魯縞車班班，男耕女桑不相失。

這是唐朝著名詩人杜甫所寫的一首反映當時社會現實的詩，在這首詩裡，我們不難看出，唐朝經濟繁榮，國庫豐盈，社會治安良好，人民生活穩定，出現了「開元盛世」的局面。開元是唐玄宗李隆基的年號，之後由於一場史無前例的叛亂，唐王朝便輝煌不再，開始走下坡。

陰影籠罩下的少年時代

武周垂拱元年（西元六八五年）秋八月的一天，在唐朝的東都洛陽，睿宗皇帝妃竇氏的宮室裡，一個有著高貴血統的小生命降生了。洪亮的啼哭聲讓人一聽就猜出是個男孩，這本是一件令人欣喜的事，但對於多子多孫的皇室家族來說卻再平常不過了。唯一感到高興與欣慰的是這個小生命的母親竇妃，在寂寞冷落的深宮裡，孩子是精神寄託，尤其是男孩，說不定有一天時來運轉當上了皇帝，而皇帝的生身母親就能母以子貴，到那時冷清的日子可就算熬到頭了。

這個小生命後來還真當上了皇帝，他就是玄宗李隆基。李隆基登上皇帝寶座並非一帆風順，而是充滿了艱難曲折，甚至是生與死的考驗。他來到這個世界，一睜眼看到的並不是李唐江山，而是武周天下。李隆基的父親李旦是高宗皇帝的第八子，武后則天所生。李隆基出生的前一年，他的祖父高宗逝世，繼帝位的是李旦同母兄李顯，即中宗，但中宗在皇帝寶座上只坐了兩個月就被武后廢為廬陵王，取而代之的是睿宗李旦。

武則天以太后身份臨朝稱制，權力極大，但則天皇後仍不滿足，她是一個權力欲極強的女性，她最終的目標是自己坐上皇帝寶座。李隆基的少年時代就是處在其祖母緊鑼密鼓籌畫當女皇的時代。

在封建時代，一個女人要登上權力頂峰談何容易，武則天為了鞏固自己的權力和地位，起用酷吏，重用武氏外戚，拿李唐宗室和擁護他們的官僚開刀，朝廷內外掀起一次又一次的軒然大波。

中宗被廢後又被徙居於房陵（今湖北房縣）。在此之前，前廢太子李賢在貶所巴州被害死，據說是武則天親自授意。睿宗雖名為皇帝，但不能過問政事，一切都由武則天做主。

武則天終於在西元六九〇年如願登上了帝位。廢國號唐改為周，史稱「武周」。李旦被廢為皇嗣，賜姓武。生性本來就膽小的李旦經過這一番折騰變得更加懦弱。在這之前，他的幾位哥哥都遭厄運，李弘、李賢被生母武則天所殺，李顯被貶。作為留在武則天身邊唯一的親生兒子，李旦生怕哪一天厄運也會降臨到自己頭上，因而他每天都誠惶誠恐，小心翼翼地度日，他百事不問，甘居深宮。年少時李隆基只知自己是皇室子弟，任情撒歡，根本不明白為什麼自己的父親總是愁容滿面、謹小慎微。儘管李旦毫無野心，對武則天構不成任何威脅，但武則天仍視他為眼中釘，不久就演出了一幕殺雞給猴看的悲劇。

那是西元六九二年十一月，李旦的兩位妃子劉氏和竇氏前往嘉豫殿朝拜婆婆則天皇帝，禮畢剛退下就被人拖出去秘密處決了，屍體被胡亂埋在宮中，「莫知所在」。這是一場有計劃的陰謀，目的是打擊李旦。竇氏的死使年僅七歲的李隆基失去了母親，也使他一下子長大了許多。他親身經歷祖母的厲害，也瞭解了宮廷內部權力鬥爭的殘酷。母親的慘死成為他心頭一縷抹不去的陰影。

歷經艱辛登帝位

李隆基和他軟弱無能的父親相比性格迥異，據史書記載，他小時即有大志，三歲時被封為楚王。七歲時出閣，開府設置官屬。長壽元年（西元六九二年）十月，楚王李隆基在車騎的簇擁下來到朝堂舉行祭祀儀式，負責宮廷禁衛的金吾將軍武懿宗十分妒忌，欺他年少，對其隨從大聲呵斥，李隆基意識到這是對自己的輕視，立刻聲色俱厲地回敬道：「吾家朝堂，幹汝何事，敢迫吾騎從！」一副初生牛犢不怕虎的架勢。這種舉動不僅沒有引起他祖母的不悅，反倒使他的祖母對他另眼相看，這個鐵腕祖母露出其少有的慈祥一面，對這個小孫子「特加寵異」。

李隆基八歲時被封為臨淄郡王；十四歲被賜宅第於東都積善坊，十七歲跟隨武則天巡視西京長安，賜宅第於興慶坊。十八歲時，正式授予官職。歷任右衛郎將、尚輦奉禦。李隆基二十歲以前都是在武則天當政時代度過的。

隨著武則天年齡的增長，將皇位傳予誰，一直是一個令女皇苦惱的問題，武氏集團的成員武承嗣、武三思也曾積極行動，謀求封為太子，以便繼承武則天的皇位，但遭到當朝大臣的極力反對。宰相狄仁傑就曾直言，對武則天說：「姑侄之與母子孰親，陛下立子，則千秋萬歲後配食太廟，承繼無窮；立侄，則未聞侄為天子，而附姑於廟者也。」另外，「天下士庶思唐德」成為當時人們的普遍心理，將政權歸宗李唐的呼聲越來越高，武則天為大勢所迫，知道傳位武氏已不可能，衡量再三，只好召還廬陵王，立他為皇太子，封李旦為相王。

西元七〇五年，武則天禪位給太子，李顯繼位為皇帝，是為中宗，復國號為「唐」，武周政權從此結束。中宗復位，本是李唐王朝重整旗鼓的好機會，但事與願違，中宗是一個「志昏近習，心無遠圖，不知創業之難，唯取當年之樂」的昏庸君主，其妻韋後卻很有政治野心，她欲仿效婆婆武則天重溫女皇夢。中宗臨朝，她也坐於殿上，預聞政事。母行女效，安樂公主也公開請求立為繼承皇位的皇太女。這樣大權完全操縱於韋後、安樂公主之手。韋後還與以武三思為首的武氏勢力相勾結，不斷積蓄政治力量，謀求奪取政權，張柬之、桓彥范等大臣曾多次上疏中宗，陳述利害，希望中宗擺脫武、韋勢力，獨立當政，但昏庸的中宗卻置若罔聞，對武、韋勢力聽之任之，終於自食惡果。

西元七一〇年，中宗被妻女用計毒死，張柬之等大臣遭流放，擁護中宗、反對武韋勢力的人被誅殺者不計其數。太子重俊為了維護自己的地位曾起兵倒武韋被鎮壓，宮廷內劍拔弩張、刀光劍影。毒死中宗，殺死皇太子重俊後，韋後向權力頂峰攀登的道路上前進了一大步。殊不知另一支反韋勢力正悄悄增長著，那就是胸懷大志，「謀匡復社稷」大業的李隆基。

鑒於韋後集團控制了朝廷大權，又掌握了禁軍大部分兵力，李隆基秘密地積蓄自己的力量，他採取了兩個重要措施：一是利用自己任衛尉少卿的職務之便，與在宮廷角逐中處於舉足輕重地位的禁軍廣泛接觸和聯繫，施以小恩小惠，「常陰引材力之士以自居」，搜羅強悍有武藝的人，李宜德、王毛仲、陳玄禮等都聚在李隆基門下。二是團結太平公主，太平公主為武則天所生，頗有其母之風，潑辣強悍，對韋後、安樂公主所作所為極為不滿，是一支不可忽視的力量。李隆基與姑母太平公主聯繫後得到了她的支援，公主派自己的兒子衛尉卿薛崇簡做李隆基的幫手。兩支力量聯合起來後出其不意地消滅了韋後集團。擁相王李旦為皇帝，是為睿宗，李隆基因倒韋有功被立為太子。

睿宗繼位後，宋璟、姚崇等當政，政事較前多有改進，但睿宗也是個昏庸君王，太平公主自恃擁睿宗有功，大樹個人勢力，當時朝中「宰相七人，五出其門。文武之臣，大半附之」。睿宗心甘情願聽從公主擺佈，每逢宰相奏事，睿宗便問「與太平公主議否」，將太平公主視為輔弼。太平公主左右著睿宗政權，並與益州長史、後為尚書左僕射的竇懷貞等結為朋黨，力圖動搖李隆基的太子地位。太平公主先是造輿論說李隆基不是長子，不應立為太子，立了必有後患。

西元七一二年天空出現彗星，公主又指使一術士去對睿宗說：「彗星所以除舊佈新，又帝座及心前星皆有變，皇太子當為太子。」企圖利用星象的變異挑撥隆基父子關係，激怒睿宗廢掉太子。不料「性恬淡」的睿宗卻順水推舟，乾脆將帝位傳給太子隆基，自己作太上皇。不過，三品以上高級官員的除授和大刑政仍由睿宗決斷，玄宗還只是處在做皇帝的「實習階段」，充其量只能算半個皇帝。太平公主仍有相當勢力，李隆基的皇位仍是岌岌可危。但經過了幾次政治風雨洗禮的隆基已是越來越沉穩老練，他清楚地知道與太平公主的最後搏鬥將不可避免，因而也積極地準備著力量。

雙方相持了十個月，到第二年（西元七一三年）的七月三日，玄宗獲悉太平公主及宰相竇懷貞等將率羽林軍於次日發動政變，於是搶先下手，殺太平公主及其黨羽數十人，依附太平公主的官吏盡被放逐。至此，宮廷內的刀光劍影局面總算告一段落。政變次日，太上皇下令把政權完全交給玄宗。歷盡了艱難險阻，玄宗終於在皇帝御座上坐穩了。

選賢任能為治國

西元七一二年，李隆基登基，是為玄宗，年號「先天」。七一三年十二月，改年號為「開元」。玄宗親政後面臨的形勢十分嚴峻，由於長期的宮廷政變，削弱了中央集權的力量，造成了吏治腐敗，百姓賦役沉重，社會經濟陷入危機，邊疆地區也頻頻告急。這些弊政如不解決，統治者的地位很難穩固，更談不上社會經濟的復興。

當時的玄宗，年輕奮發，很想有一番作為。為了解決上述問題，他十分注意選拔賢才，起用久負盛名的姚崇、宋璟為相。姚崇提出十項建議作為出任宰相的條件，這十項建議大意是廣施仁政，勿貪邊功，廣開言路，整頓吏治，宦官、皇親國戚不得專權，減輕農民負擔，放棄大興寺觀造成的浪費等，玄宗都一一答應。這是姚崇正確分析了當時的形勢而有針對性地提出的施政綱領。

繼姚崇擔任宰相的是宋璟。姚崇、宋璟二人的政治作風不同，姚崇善於「應變成務」，而宋璟則注意「守法持正」，兩人各有所長，但都能為玄宗所用。玄宗對二人極為尊重，每逢二人進見，玄宗皆起座相迎，去則臨軒親送，充分反映了唐玄宗求賢若渴，求治心切的心情。姚崇、宋璟為相加在一起共八年時間，朝廷在他們的主持下，終於開創了開元初年「賦役寬平，刑罰清省，百姓富庶」的新局面。姚崇、宋璟也被人稱為「救時宰相」。

繼姚崇、宋璟之後還有張嘉貞、張說、李紘、杜暹、韓休、張九齡等一批賢相。玄宗知人善任，正是利用了這樣一批傑出人才，讓他們各盡其能，才使開元初的局面為之一新。武周以來，吏治十分腐敗。主要表現在官吏的選拔上及公開的賣官氾濫，玄宗皇帝即位後進行了大刀闊斧的改革：他嚴格選官制度，對官吏進行定期考試，不稱職的予以革職，當時有「大革奸濫，十去其九」之說法，一些冗官被裁減，精簡了龐大的官僚機構，也提高了辦事效率，節省了開支。玄宗皇帝還經常將地方官和中央官互換，這樣有利於提高地方官員的素質，也有利於中央官員瞭解地方情況。於是，從中央到地方，任用的各級官吏都頗能任事，政治上有了一個安定的局面。

開元盛世局面的出現

開元初年，唐玄宗十分重視發展經濟，採取了一系列有利的措施：神龍年間以來，自然災害不斷，水旱蟲疫，尤其是蝗災十分嚴重，極大地破壞了農業生產。加上從高宗時起，土地兼併之風盛行，大地主、大豪強，甚至寺觀都佔有大量土地，農民從土地上被擠走，被迫逃亡，於是出現了「天下戶口，逃亡過半」的局面，唐王朝面臨著「人不復業，則相率為盜，本根一搖，憂患不淺」的壓力。

為了鞏固自己的統治，也為了增加政府的財政收入，玄宗支持官吏懲治不法豪強，開始了對土地、戶口的大清理。玄宗下旨宣佈：「州縣逃亡戶口聽百日自首。或於在所附籍，或牒歸鄉，各從所欲。過期不首，即加檢括，謫徙邊州；公私敢容庇者抵罪。」任命宇文融為全國覆日勸農判官，分頭到全國檢括田疇，招攜戶口。宇文融為了取得逃戶的支持，採取輕稅優撫政策，不但允許逃戶自由選擇落戶點，還規定新附籍的戶只要每丁納稅錢一千五百文，便可免五、六年的租庸調。宇文融的一系列檢田括戶措施取得了相當大的成效，據史載，三、四十年間，共括得「客戶八十餘萬，田亦稱是」，「歲終，增緡錢數百萬」。政府的財政收入增加了。

武周期間，崇尚佛教，修建了大量佛寺，中宗、睿宗期間，佛教勢力繼續發展，僧尼不服役納稅，因而許多富戶強丁「多削髮以避徭役」，當時全國的僧尼人數達十萬之多。貴族爭營佛寺造成人力物力的極大浪費，給人民造成痛苦，也給封建政府帶來危機。玄宗聽從姚崇建議，淘汰天下僧尼，被強迫還俗的有一萬二千人，玄宗還下令嚴禁再造佛寺和鑄造佛像、抄寫佛經，這樣，佛教勢力受到很大打擊。玄宗還重視興修水利，在中央置水部郎中和員外郎各一人，「掌天下川瀆陂池之政令」。開元年間全國興修了很多水利工程。

如開元二年（西元七一一年），在文水（今山西文水）引文谷水開甘泉、蕩沙、靈長、千畝四渠，能灌田數千頃；在新息（今河南息縣）疏浚玉梁渠，灌田三百餘頃；在彭山（四川彭山）修築通濟大堰一，小堰十，自新津邛江口引渠南下，長一百二十里，灌田一千六百頃。這些水利工程的興修，是農業生產獲得豐收的重要保障，對農業生產起了重要功能。玄宗還下令在河東、關內、河南、河西、隴右、河北、劍南諸道，大興屯田，開墾荒地。特別提倡軍屯，玄宗時前後共置軍屯九九二屯，墾田五百零一萬畝左右，從而，既減少了政府的軍費開支，又間接地減輕了百姓的負擔，緩和了階級矛盾。

玄宗皇帝即位初期，提倡節儉。「凡乘輿服禦，金銀器玩，皆令有司銷毀以供國用，其珠玉錦繡悉焚於殿前。罷兩京織錦坊。」將無用之物化作有用之器，先後銷毀武則天造的天樞，韋後造的朱雀石台。並用行政命令規定了百官服帶及酒器、馬具，三品以上，方可飾玉，四品飾金，五品為銀，其餘一概禁止。玄宗為減少宮廷內部開支，還遣散了不少宮女，打發她們回家。這些都不失為開源節流的好辦法。

玄宗皇帝還善於納諫，其曾祖父太宗以人為鑒的事蹟深深地影響著他，他知道聽取不同意見，可以及時糾正錯誤。即位初期任用的一批宰相、大臣都是敢於犯顏直諫的。開元初年還經常下詔「求直諫」。宋璟是一位作風正派的宰相。對玄宗皇帝忠心耿耿，每遇玄宗皇帝有過失，必直諫。雖不合玄宗皇帝意，但玄宗皇帝還是「亦曲從之。」朝休也常常是執論固諫，玄宗「以其切直，從之」。雖然心裡不高興，但還是認為「吾用休，社稷計耳」。各位大臣的直諫，弄得玄宗「戚戚無一日歡」，但他仍由衷地對大臣們說：「吾貌雖瘦，天下必肥。」由於玄宗皇帝保持著清醒的頭腦，所以開元初年「左右前後皆正人」。一系列的改革措施，使唐朝的經濟迅速出現繁榮景象，國庫豐盈，社會治安良好。

農業、手工業的發展，促進了商業的發展。城市的繁榮是商業發展的象徵。當時的首都長安是全國最大的城市，周圍達七十多華里，全城呈長方形，分為宮城、皇城、外郭城三部分。居住在長安的人口達一百萬。長安城設有東、西兩個市，兩市長各約一公里，市內有兩條南北大街，寬度都在十五米左右。在市內的貨棧、店鋪鱗次櫛比。「四方珍奇，皆所積聚」。每天開市後，市內人流是熙熙攘攘，川流不息，一派繁榮景象。洛陽是僅次於長安的第二大城市，其繁榮程度不亞於長安。揚州、廣州等都是非常發達的城市。政治的清明，經濟的恢復和發展，歷史上的「開元盛世」的局面出現了。

封建經濟繁榮、國力強盛的唐朝，聲名遠播，在當時國際上享有很高的聲望。亞、非地區許多國家的使節、貴族、商賈、學者、藝術家、僧侶等，不斷地來到唐訪問和貿易。唐朝派往國外的使臣、僧侶、商人，也不絕於途。當時的唐朝實際上成為亞非經濟文化交流的一個中心。

經濟的發展。促進了文化的繁榮。唐文化舉世聞名，詩歌在唐朝發展到了頂峰，在古典文學中，唐詩和宋詞、元曲齊名，是華夏古代文化的一批寶貴遺產，出現了一批舉世聞名的詩人，如李白、杜甫、白居易、王維等。玄宗從小受到良好的教育，即位後在學習上仍是孜孜以求。在他統治時期，非常重視發展文化教育事業。開元時期，玄宗接受馬懷素、褚無量的建議，派人搜訪天下逸書，廣采異本，選吏繕寫，馬懷素、褚無量被任命為修圖書使，負責具體編寫工作，《群書四錄》共兩百卷，分經、史、子、集四部，共收書四萬八千一百六十九卷，這是唐玄宗為唐代文化事業所作的重要貢獻。玄宗還十分重視教育事業，下令在長安、洛陽創建集賢書院，廣邀博學之士去書院講學，講學之士受到崇高的禮遇，待遇十分優厚。音樂在玄宗時代也有了很大發展，玄宗自己就是音樂家，他後來的寵妃楊貴妃也是一位元音樂舞蹈方面的專門人才。玄宗曾選樂工三百人，宮女數百人，在宮廷的梨園教授樂曲，後來的「梨園弟子」便是由此而來。此外，唐朝在天文曆法、雕塑繪畫書法等方面都取得了很大成就。

唐朝是中國多民族國家發展的重要時期。從東北到西南，依次分佈著靺、鞨、契丹、奚、突厥、西域諸國、吐蕃、南詔等少數民族。由於自然交通條件的限制，這些少數民族地區發展緩慢。中原地區高度發展的經濟和文化強烈地吸引著少數民族，使他們對中原地區有一種嚮往，他們各自根據自己的經濟實力對唐王朝或臣服納貢，或發動戰爭掠奪騷擾。邊疆地區的安定與否也直接影響到唐政權的穩定。

唐玄宗即位前後，邊疆地區形勢險惡：河北屏障營州失守，通往「絲綢之路」的必經地安西為吐蕃和突厥少數民族的上層貴族把持，北方的幽、冀、定、趙諸州時常被騷擾，連通往雲南地區的部分交通要道也常被斷絕。

理財和用兵是玄宗皇帝的兩大要政。在重視發展經濟的同時，他也開始對邊疆地區用兵。當時吐蕃勢力最盛，在太宗、中宗時代，吐蕃向唐請婚，唐朝的文成公主、金城公主先後嫁到吐蕃，唐和吐蕃關係友好。隨著吐蕃國力的強盛，吐蕃便經常發動戰爭，與唐王朝對抗，吐蕃分南、北、中三路進攻唐朝。武則天統治時就曾多次與吐蕃交戰，總是勝少負多。玄宗繼位後，派河西、隴右、朔方三路大軍進攻，集中兵力打擊吐蕃，終於取得了軍事上的勝利，收復了河西九曲故地。突厥本是唐朝頭號大敵，唐朝曾設安西都護府和北庭都護府對其進行管理，唐廷北方一度無戰事。

天授年間默啜立為可汗，默啜曾得到唐朝的冊封和賞賜，勢力漸漸增強，於是默啜率眾十餘萬，騷擾河北一帶，佔領定、趙二州。不僅如此，默啜還控制了奚、契丹、娑葛舊部。玄宗任郭虔瓘為安西副大都護攝御史大夫。

開元九年（西元七二一年）秋，兵部尚書、朔方道行軍大總管王晙又發兵數道進攻突厥。唐朝軍隊的連連進攻，加上突厥內部的自相殘殺，突厥勢力日趨衰落。奚、契丹重新歸附。玄宗還對南詔、靺鞨等邊疆地區用兵，都取得了成功。這樣，各邊疆地區穩定下來，邊疆的穩定對唐朝政治的穩定、經濟的發展及各民族之間的相互交流與融合都起到了積極功能。玄宗統治時期，不僅文治取得了可喜的成績，武功也赫然可紀。玄宗軍事上的節節勝利，與他採取的一系列措施是分不開的。為了提高軍隊的戰鬥力，實行重賞重罰的辦法鼓勵士卒，提倡尚武精神。玄宗接受宰相張說的建議，改府兵制為募兵制，每年從中原招募，派往邊陲，這種募兵制稱為「長征健兒」，宿衛京師的則稱「廣騎」。此項改革是唐軍事制度上的重大改革，實行之初起過積極功能。玄宗還通過各種措施整頓軍旅，加強軍事訓練，提高部隊士卒的素質。同時提倡軍屯，以解決軍糧問題，軍屯的實施減少了國家軍費開支，實際上也減輕了農民的負擔，緩和了階級矛盾。

盛極而衰

開元前後的李隆基，年富力強，銳意進取。他除韋後，誅太平，戒奢靡，抑佛教，選賢任能，從諫如流，終於將封建經濟推向了繁榮的頂峰，出現了開元盛世的局面。承平日久的玄宗為此感到心滿意足，思想也在悄悄起著變化。

開元後期，特別是天寶年間，玄宗皇帝再也沒有初期那種兢兢業業，日慎一日的進取精神了。他變得志滿意驕，怠於政事，不再聽得進逆耳忠言了，在用人上發生了顯著變化。

開元二十四年（西元七三六年），凡「遇事無細大皆力爭」，經常對玄宗的決定提出反對或者不同意見的宰相張九齡被罷免，似乎可以作為一個象徵，是唐玄宗的政績由治而亂的轉折。張九齡罷相，善於阿諛奉迎的李林甫被任命為中書令，朝廷上的臣僚們皆容身自保，沒有人再敢直言進諫了。

據史載，李林甫「面柔而人狡計，能窺伺人主意」。李林甫巧伺上意，一意順從玄宗皇帝，深得玄宗寵信。玄宗在位多年，對繁重的政務日感厭倦，於是將一切政務皆委託給李林甫。李林甫權勢日熾，則朝政日壞，李林甫為相二十年，幹盡了壞事。他阻塞言路，重用酷吏，屢興大獄，妒賢嫉能，排斥異己，獨斷專行，政治一片黑暗。為了鞏固自己的相位，堵塞邊將入相之路，他慫恿玄宗任命蕃將為邊將，這為安祿山最終起兵反唐創造了條件。

開元二十五年（西元七三七年），玄宗最寵愛的武惠妃病死，玄宗十分哀痛，後宮佳麗雖多，卻沒有一個合他意。感情上的空缺，使玄宗皇帝內心感到十分孤獨，終日鬱鬱寡歡，精神萎靡不振。跟隨玄宗多年的宦官高力士洞知玄宗的心思，到處為之尋覓美色，終於發現壽王妃楊玉環姿色超群，且有幾分貌似武惠妃，於是將她帶到玄宗跟前。玄宗見到玉環，果然喜出望外，忘記了自己的身份，將玉環留下。作為一國之君，將兒媳據為己有有點名不正言不順，為了掩人耳目，他便命楊玉環服道上衣，取號「太真」，但並不出宮，玄宗可時時與之相會。

是年開元二十八年（西元七四〇年），玄宗已五十六歲，楊玉環剛剛二十二歲，這樣，一幕老夫少妻的浪漫愛情劇上演了。晚年的唐玄宗得到年輕貌美、智算過人的楊玉環後，精神上得到極大滿足，將三千寵愛集於玉環一身，從此更無心料理朝政了，只一味沉湎女色，終於誤政禍國。

楊玉環初以道姑偽裝伴駕，到天寶四年（西元七四五年）正式冊封為貴妃，等了五年時間。由於玄宗的愛幸，楊貴妃的地位迅速上升，「禮數實同皇后」，楊貴妃就成了沒有加冕的皇后。為了這個楊貴妃，玄宗皇帝可算是費盡心機。貴妃喜治裝，宮內專為她織造錦繡的工匠就有七百人；玄宗在驪山華清宮造端正樓，為貴妃梳洗之所；又置蓮花湯，專為貴妃沐浴之室。貴妃生長在南方，喜食荔枝，但荔枝水分多，不易保鮮，摘下後一日而色變，二日而香變，四五日色香味盡去。為了取悅貴妃，在運輸條件極差的情況下，玄宗派人快馬加鞭，日夜兼程地轉運，色味不變的鮮荔枝總能如期地送到貴妃手中。運送荔枝的快馬揚起漫天灰塵，不明真相的百姓還以為是特別緊急的軍事情報送往長安，卻原來是「一騎紅塵妃子笑，無人知是荔枝來」。

由於貴妃受寵，貴妃的家族也得勢，三位姐姐分別封為韓國夫人、虢國夫人、秦國夫人，從兄楊銛是朝中四品高官。楊銛作了駙馬，不學無術的楊國忠竟官至宰相，領四十餘職，權傾天下。因為寵倖貴妃，曾經提倡節儉的玄宗視財物如糞土，對貴妃家族的賞賜終無極限，每年給貴妃三位姐姐的脂粉錢就達數十萬之多。各種金銀器物，奇珍異寶更無從計數。玄宗還無數次地帶著貴妃臨幸華清宮，貴妃的三位姐姐與三位哥哥必車騎扈從，每家一隊，各衣一色，綿延數十里，「川谷成錦繡，香聞數十里」，極其鋪張。統治者窮奢極欲地享樂，無疑加重了老百姓的負擔，階級矛盾日益加劇。

玄宗如此迷戀女色，在政治上帶來了嚴重的後果。他不顧開元初期定下的嚴禁外戚干政的戒條，在李林甫死後任命貴妃的哥哥楊國忠為相。楊國忠在阿諛奉迎玄宗方面較李林甫有過之而無不及，完全將玄宗雙眼蒙住，一切軍國大政都由他決斷。他負責詮選官吏，「私第暗定」。他安插親信，排斥異己，橫徵暴斂，搜刮民脂民膏。他貪邊功，經常發動一些得不償失的戰爭。日益昏聵的玄宗聽之任之，天寶年間的政治極端腐敗，盛極一時的唐王朝危機四伏，一場滅頂之災正悄悄醞釀著。

開元初年，為了穩定邊疆，唐玄宗曾對邊疆地區用兵，後隨著國力的增強，為揚大唐國威，玄宗的黷武思想發展了。到天寶年間，在沿邊地區設置了十個節度使或經略使，總計兵力四十八萬。由於一味貪造邊功，玄宗改變了唐以來邊帥不久任的制度，常常十餘年不易其人，這樣就給邊鎮一些握有重兵的統帥提供了足夠的時間培植、發展自己的實力，一旦羽翼豐滿，反唐建立自己的王朝便是自然不過的事了，安祿山就是其中的典型代表。

安祿山是柳城（今遼寧朝陽）胡人，本姓康，後因其母改嫁突厥延偃，才改名安祿山，從小生活在多民族聚集地區，能說六種少數民族語言，長大後「奸賊殘忍，多智計，善揣人情」。他與和他毗鄰而居的史思明，性情相投交情甚深，兩人都善於打仗，以驍勇著稱。安祿山先從軍隊小軍官做起，因屢建戰功受到重用。天寶元年（西元七四二年），任平盧節度使，天寶十載兼任平盧、范陽、河東三鎮節度使，成為邊鎮將領中一位舉足輕重的人物。安祿山用欺騙、諂媚等手段贏得了玄宗的信任。看到貴妃受寵，他年齡比貴妃大得多，卻認貴妃為乾娘，巴結貴妃，最終目的是討好玄宗。他身材奇胖，大腹便便，當玄宗問他肚裡裝的是什麼東西時，他虛偽地表白是裝著一顆忠於皇上的赤心。安祿山表面上對朝廷忠心耿耿，背地裡卻暗蓄異志。對這樣一個奸詐狡猾、慣耍兩面派手腕的番將，玄宗視為親信，給予非凡的恩寵待遇，不存一點戒心，終於養虎成患。

西元七五五年冬，積聚了相當實力的安祿山領兵十五萬，號稱二十萬，以誅楊國忠為名，在范陽起兵反唐。叛軍勢如破竹，很快東都陷落，潼關失守，長安危在旦夕。玄宗見大勢已去，於西元七五六年六月十三日黎明，率貴妃及其姊妹、皇子皇孫及陳玄禮等少數禁衛軍士兵棄京西逃，放棄了進一步抵抗的決心。皇帝西逃的消息一經傳出，朝野一片震撼，唐軍戰鬥力大為削弱，而叛軍士氣卻愈來愈旺。玄宗一行經過一天多的顛簸勞累來到馬嵬驛，恐懼和饑餓化作一股無名之火，隨從護駕的禁軍嘩變了，他們殺死了禍國殃民的楊國忠。楊國忠雖死，但楊國忠的妹妹、玄宗的寵妃楊玉環還在，使他們不能不心存餘悸，士兵們仍按兵不動，意圖非常明顯。玄宗艱難地抉擇著，不得不作出將貴妃賜死的決定，貴妃泣涕嗚咽，一步一停地踏上了黃泉路，死後屍體被草草掩埋於馬嵬驛。

貴妃死後，隊伍才啟程繼續前行。可剛走出不遠，當地的百姓就攔住了去路，「遮道請留」，希望玄宗組織抵抗力量，面對百姓，玄宗感到羞愧難當，但逃命更重要，他不顧百姓的請求，只留下太子，而自己卻繼續西行。馬嵬驛分兵之後，太子選擇了北上，挑起了領導全國抗擊叛軍的重任。不久，太子李亨在靈武即帝位，是為肅宗，玄宗為太上皇。直到西元七六三年，安史之亂才最終平定。這場歷時達八年之久的叛亂，使唐王朝元氣大傷，一步一步走向衰落。

苦度晚年

安史之亂爆發後，由於形勢的急驟惡化，玄宗選擇了西行的路線。作為皇帝的玄宗，只是把它作為一種暫時的權宜之計。他內心裡想的是有朝一日叛亂能平定，自己仍能平安回到長安繼續當皇帝。太子李亨在靈武稱帝是玄宗始料不及的。李亨既已擔當起領導全國抗擊叛軍的重任，且不時有捷報傳來，自然是順應民心的，受到全國百姓的愛戴。玄宗知道自己已是回天無力，只好承認既成事實，將最高統治權交出，無奈去當太上皇。住在成都的玄宗，心情鬱悶，回想往事，也常引咎自責。他始終希望能儘早回到長安，這一天終於來到了。

至德二年（西元七五七年）十月，唐軍收復了兩京後，肅宗即派宦官使臣前往四川迎接玄宗東還。玄宗聽到這個消息，心裡異常高興，即刻準備啟程返京。當玄宗一行走到馬嵬驛時，望見馬嵬坡下貴妃之墓已是亂草叢生，禁不住往事舊情湧上心頭，觸景生情。玄宗躊躇不前，久久無法離去，正是「天旋日轉回龍馭，到此躊躇不能去。馬嵬坡下泥土中，不見玉顏空死去。」極度傷心的玄宗和隨行人員一起祭拜了貴妃墓後，離開了這塊令人傷感的土地。

十二月，玄宗行至咸陽，肅宗親往恭迎，父子相見，抱頭痛哭，唏噓不已。肅宗對玄宗極盡仁孝，進食時親自品嘗過後再進獻太上皇。肅宗的所作所為多少打消了玄宗的疑惑，這對晚年的玄宗總算有點安慰。玄宗回到長安後住在興慶宮，興慶宮又叫「五王宅」，為玄宗祖母武則天所賜，是玄宗年幼時與兄弟五人居住的地方，少年時的玄宗兄弟，手足情深，給玄宗留下許多美好的記憶，玄宗本來就很喜歡居住在這地方。以玄宗此時的心情留在這兒是非常適合的，失去了權勢，失去了寵妃，失去了一切，唯有兒時的友情、對往事的回憶，尚能給這位老人一些安慰。

玄宗住在興慶宮，肅宗不時來這裡問候，玄宗有時也到大明宮去看望肅宗。肅宗派龍武大將軍陳玄禮、宦官高力士一直保衛、侍候玄宗，肅宗還叫梨園弟子天天奏樂、唱歌、跳舞供玄宗消遣，玄宗日子倒也過得悠閒，可這種生活並沒有持續多久。興慶宮坐落在長安的東南部，其南門有一長慶樓，靠近市內大道。玄宗無事，便常常登上長慶樓觀望市景，經過此地的百姓，一看見玄宗，「往往瞻拜，呼萬歲」，玄宗則不時擺些酒席，加以款待。玄宗做這些只是為了解悶散心，藉以打發寂寞無聊的時光，這卻讓肅宗極度不安，他擔心玄宗東山再起，因而開始對玄宗冷淡。為隔絕玄宗與外人的交往，肅宗同意宦官李輔國的意見，將玄宗從興慶宮遷往禁衛森嚴的西內太極宮，還不許陳玄禮、高力士留在太上皇身邊，只留下數十名老弱之兵侍奉，玄宗更覺清涼寂寞。年邁的玄宗在西內冷宮孤獨淒慘地住了一年零八個月，終於在寶應元年（西元七六二年）的四月死在了太極宮神龍殿，享年七十八歲，死後葬泰陵，陪葬陵僅高力士墓一座，顯得冷清寥落。

唐玄宗是封建社會一位很知名的皇帝。他的知名有兩個方面的原因：一方面是由於他的政績，中國歷史進入封建社會以後，社會經濟、政治、文化等方面沿著迂回曲折的道路前進，在發展中出現了三次高潮，即三次鼎盛局面。第一次高潮是西漢時期，第三次高潮產生於明清，第二次高潮就產生於唐朝，尤其是唐玄宗在位時期，由於他勵精圖治，撥亂反正，將封建社會的繁榮推向了頂峰，這種豐功偉績是值得後人大書特書一番的；另一方面則是由於他的過錯，由於他的昏庸給國家，也給他個人造成了無可挽回的災難和損失。唐朝逐漸走向衰亡，玄宗負有不可推卸的責任。

廖林子　文

第九章
唐玄宗　李隆基

第十章

後周世宗　柴榮

在分裂割據的五代十國，曾出現過一個年輕有為、胸懷大志、頗具治國用兵之才，一直致力於改革和統一事業的封建地主階級政治家、軍事家，他就是後周皇帝，即被史家評贊為「神武雄略，一代英主」的周世宗柴榮。

柴榮，出生於後樑龍德元年（西元九二一年），卒於後周顯德六年（西元九五九年）。祖籍邢州，即今河北邢臺。童年時的柴榮，因家境貧寒，生活極為艱苦，有時連溫飽都難以維持。當時，因其姑父郭威無子，故柴榮稍長即長住郭家，以維持溫飽，然而這時，正逢郭家家道衰落，生活也因此十分拮据。但少年老成的柴榮協助姑父理家有方，總算渡過了一道道難關，因而深得姑父的喜愛，並因此而被收為養子，他曾隨養父改姓郭。

後漢初，郭威因功被任為樞密副使，柴榮也相繼擔任左監門衛將軍、天雄軍牙內都指揮使、領貴州刺史、檢校右僕射。在郭威於廣順元年（西元九五一年）建立後周王朝時，柴榮即改任澶州節度使、檢校太保、封太原郡侯。不久，因軍功加封為檢校太傅、同中書門下平章事，隨之授開封尹兼功德使，並封為晉王。

顯德元年（西元九五四年），柴榮加封為開府儀同三司、檢校太尉、兼侍中、判內外兵馬事。太祖郭威死後，他遵遺制繼承帝位。

柴榮在位的六年，雄心勃勃，立志改革；同時他披堅執銳，有志於完成統一大業。在王樸估計他可能當三十年皇帝時，他豪邁地說：「寡人當以十年開拓天下，十年養百姓，十年致太平足矣。」（《舊五代史．世宗本紀》）可見，他素有拓疆、撫民、安邦的雄謀韜略。正是由於他有治世的雄心壯志，並能在理政的實踐中作出努力，因此，他能在郭威治周的基礎之上，實行進一步的經濟、政治、軍事改革；在經濟恢復、發展的同時，南征西討北伐，以圖結束從唐末以來的分裂割據局面，完成統一大業。儘管由於其不幸早逝而宏願未了，但他為北宋的局部統一和社會經濟的進一步繁榮提供了有利的政治條件和物質基礎。故他以卓有成效的改革和有利於統一事業的功績，被贊為五代的第一有為之君。他作為五代的末帝，不僅沒有一般亡國之君的儒弱形象，反而具有漢唐開國帝王那種奮發圖強的氣魄與膽略；他胸懷治國安邦的壯志，以明君英主的姿態登上了後周的政治歷史舞臺，譜寫了一曲治國強國的雄壯樂章。

卓有成效的經濟改革

自唐中期安史之亂以後，黃河中下游流域長期處於割據狀態，戰禍連綿，特別是自朱溫以來，所號為中國主者，僅橫亙一線於雍、豫、兗、青之中，地狹力微，不足以圖志，成為中國歷史上又一個帝王林立、割據分裂的大動盪時期。僅中原地區在五十三年中，就先後出現了五個朝代，同時南北先後並存十國。在這些割據政權之間，互相吞併的血戰接連不斷，同時北方契丹貴族經常南下騷擾，中原二三千里之間民被其毒，深受其害，不僅生命財產朝不保夕，而且生產受到極大的破壞。另外，當時腐朽的統治階級和官軍殘匪的勒索與搶掠，使得中原大地到處是田野荒蕪、滿目瘡痍的悲慘景象。

不僅如此，當時的統治者還大量地驅民於疆場，殘酷地鎮壓和屠殺反抗的人民，從而給勞動力帶來了巨大損失，嚴重地破壞了社會生產。導致人民餓死者數十萬，流亡者不可勝數的慘狀，廣大百姓處於水深火熱之中。正因為如此，當時人民迫切要求有一個穩定的政局和安寧的社會環境，以擺脫殘暴的戰爭禍害，減輕苛繁的封建勒索，同時免受契丹貴族的搶掠燒殺，讓他們能過上較為安寧的生活，有進行生產的基本條件，而不至於長期流離失所，無家可歸。

處於這個時代的柴榮，由於青少年時期的坎坷生活，使他廣泛接觸到下層社會，所以他深知民間的疾苦，同時也看到了亂世官吏的腐敗與殘暴，無情的現實生活使他清楚地認識到社會的積弊所在。因此，在他坐上皇帝的寶座以後，為了鞏固其統治地位，穩定後周政權，為軍事兼併和統一創造有利的條件，以避免大批勞動力脫離土地、保證兵源的供給，他也希望採取一定的措施，以滿足廣大百姓的要求，順應時代的發展潮流。

時勢造英雄，英雄順應時勢。周世宗正是在這樣的社會趨勢下，採取了一系列的改革措施，促進了社會的穩定和皇權的鞏固，為在全國範圍內的統一提供了必要的物質基礎。在周世宗為帝的近六年時間裡，他著手進行的經濟上的改革、政治上的整頓、軍事上的統一活動中，頗有成效而又最受民眾歡迎的便是經濟上的改革。

周世宗推行經濟改革的主要措施有：

招撫流亡，獎勵務農。由於當時中原一帶長期兵荒馬亂，人口大量流亡他鄉，造成土地大片荒蕪。為了有足夠的勞動力進行生產，從事農業，周世宗制定了獎勵墾荒務農、招撫流亡以增加勞動力的措施。顯德元年他即位之初，就詔令河東城下諸將，招撫戶口，組織農民耕種土地。不久，還下詔規定逃亡在外者的莊田，允許村民請射承佃，供納稅租。如逃亡戶三年內返回者，其土地不計荒熟，交還一半；五年內返回者，交還三分之一；五年外返回者，其莊田除本戶墳塋外，不在交付之限。其鄰近北地諸州，若有限入蕃地的人口，自蕃界來歸業者，五年內回來的，交還三分之二；十年內回來的，交還一半；十五年內回來的，交還三分之一；十五年外回來的，不在交還之限。

從上述規定的交還莊田的不同年限與數量來看，其根本目的顯然是鼓勵流亡人口早日還鄉歸農。除此之外，至少還有兩點值得肯定：一是逃戶未歸時，允許當地百姓承佃耕種，不至於土地繼續荒蕪。二是對早還鄉者，特別是落入蕃地的中原農戶，給予更多的歸還土地的優待，不僅是為了吸引本地的流民，而且還包括北方少數民族統治下的農民歸附務農。這不僅能增加後周的勞動力，恢復和發展農業生產，而且還有利於對北漢、契丹統治者在軍事和心理上予以打擊。究其原因，是因為在封建社會的經濟結構中，人口的多少不僅與生產的發展有著密切的聯繫，而且人口本身還是生產發展的一個重要象徵。人口的減少不僅使生產缺乏農業勞動力，而且還導致戰時缺乏兵源。周世宗採取的招撫流亡的措施，就在一定程度上解決了勞動力缺乏的問題。據史載，後周當時就從南唐得民戶二十二萬餘戶，從契丹得民戶一萬八千餘戶，另外，還從北漢、南平等政權境內獲得了不少的民戶。

裁減寺院，釋放囚虜。為了增加更多的勞動力，發展農業生產，周世宗還採取了勒令僧尼還俗，裁減寺院，釋放囚徒、戰俘等辦法。顯德二年（西元九五五年），周世宗就下詔對出家者進行嚴格的限制，下令廢除寺院共三萬三百三十六所，迫使僧尼還俗者六萬一千二百餘人。並下令規定今後不得再奏請修造寺院，嚴禁開置戒壇。大量寺院的廢除，僧尼的還俗，不僅減輕了廣大農民的負擔，節省了開支，而且還為國家補充了大量的勞動力，增加了稅收來源。

在裁抑寺院，令僧還俗的同時，周世宗還多次下令釋放罪輕的囚徒和眾多的戰俘，為他們提供從事農業生產的機會與條件。顯德元年始，後周即令收復之地的管內罪人，除重刑事犯以外，一律釋放。同時，詔令釋放河東、西川等地降軍，並發給衣裝、絹布等物，放還本郡。大量囚犯和戰俘的釋放，使後周新辟之州縣既增加了勞動力，又攏絡了人心。

不僅如此，周世宗還在整軍的過程中，針對兵多的狀況，詔令淮南諸州鄉軍，放回歸農。同時下令規定：諸軍將士中若有年老病患而不能勝任行軍打仗者，可以返鄉歸農，並由國家發給一定的補貼，幫助其進行農業生產。從而不僅為後周節省了一筆不小的兵餉開支，而且使大量的新補充的勞動力與土地結合在一起，為當時農業生產的恢復和發展創造了有利的條件。

興修水利，發展生產。為了避免水旱無收的狀況，保證農業生產的正常進行，周世宗大力提倡興修水利，並多次詔令派官、組織人力興建陂塘，改修漕渠，整治黃河，以利於防積排澇，抗旱灌溉。顯德年間，他先後詔宰臣李穀及地方官員吳延祚等組織勞力堵塞黃河決口，疏浚河道，修築河堤，以防治黃河的水患，變害為利。同時，他還徵發徐、宿、宋、單等州丁夫數萬修治汴河；徵發滑、亳二州丁夫疏浚五丈河、蔡河；另外，還組織人力、物力對涇水、胡盧河等進行了修治。後周境內大量水利的興修，不僅有利於農田的排澇灌溉，保證農業生產的水源，而且溝通了後周統治地區的水陸交通，既有利於各地經濟的聯繫與交往，又方便了軍隊給養的運輸與供應。

減免賦稅，厚農積穀。周世宗統治時期，為了促進農業生產，不僅花了大量的精力防治天災，而且還採取了許多措施去防治人禍。為了抑制土地兼併、賦稅不均、地方官吏強征厚斂、敲詐勒索的現狀，周世宗在經濟改革的過程中，有針對性地頒佈了《均田圖》，詔令減免賦稅、平均負擔，懲治勒索的官吏等措施，收到了較好的效果，深受老百姓的歡迎。

周世宗減免賦稅的政策不僅運用於被動的賑災濟荒，而且還應用於積極主動地促進生產發展的措施。改革之初，為推動社會經濟的發展，促進農業生產的恢復，吸引逃亡人戶的歸農，獎勸墾荒，周世宗即令對中原等地新墾的荒地減免一定的賦稅，按年限採取免征或減課的措施。

在周世宗看來，國以民為本，民以食為天，國家只有重農固本，才能國泰民安；只有厚農寶穀，才能家給人足。因此，他多次告誡臣僚要「厚農桑，薄技巧，優力田之夫」，以表明他重視農業不忘農民的態度，並鼓勵農民積極從事農業生產。當減免賦稅等利農、惠農措施與其相輔而行時，後周的社會經濟，尤其是農業生產獲得了前所未有的發展與進步。

宣導多種經營，鼓勵工商發展。在中國歷史上，各代王朝多採取重農抑商的政策。然而，周世宗在主張重農的同時，還鼓勵工商業的發展。顯德初年，周世宗即提倡多種經營，力主擴種桑麻，有利於解決衣被的供給，增加農副產品的交換，促進工商業的發展。

為了有利於發展城市的手工業、商業，擴大商店規模，增加產品交換，解決市民的居住困難。周世宗還注重擴建京城，興修商業網點，拓寬城市道路，促進城市的興盛。後來北宋京城開封的繁榮應該說也有周世宗的一份功績。

另外，周世宗還一反歷史上的許多王朝禁止民間采銅的傳統律令，鼓勵民眾採礦冶銅。周世宗即位後，就詔令不要禁止民間採銅的行為，且規定民間所採銅貨，由官府以更高的價格收購，並在數量上予以一定的優惠。這些相對自由的採礦冶銅的政策，既反映出周世宗的開明，又表明了當時工商業發展的事實。

在後周工商業日益發展的同時，銅錢的需要量也不斷增加。為了穩定銅錢的流通秩序，保證國家銅錢的信譽，解決工商業迅速發展與銅錢少的矛盾，周世宗在提倡民間採礦冶銅的同時，還下令毀銅佛像以鑄錢，增加銅錢的數量，以利商品交換，從而在一定程度上減輕了老百姓的負擔，方便且促進了工商業的發展。對此，史學家歐陽修、司馬光等人都給予了高度的評價，讚揚他「可謂仁矣，不愛其身而愛民」；「可謂明矣，不以無益廢有益」（《資治通鑑》）。

苦心經營的清明政治

社會的穩定、清明的政治，是一個時代經濟發展必不可少的前提條件。從周世宗的治政實踐來看，他可謂深明其道。因此，他在注意發展社會經濟的同時，花了大量的精力來改革政治，安定社會，為經濟的發展提供適宜的政治土壤。正是因為周世宗的改革和勵精圖治，後周因此而成為五代時期由亂而治的重要轉捩點。

勤理政務，注重行政效率。由於家道中落，童年時的坎坷使周世宗有機會廣泛接觸到下層社會的實際，體察農民的疾苦。因此，他當政後，堅持勤理政務，力圖為百姓創造休養生息的條件，減輕農民生活的痛苦，注重提高行政效率，為社會的發展提供穩定的環境，以利後周王朝的長治久安。

整頓吏治，嚴禁官吏擾民。吏治的好壞，從來都關係著社會的治亂，國家的安危，百姓的休戚。正因為如此，周世宗在革新政治的過程中，十分重視整頓吏治，反對因循苟且，鼓勵進取；提倡廉政，嚴禁貪官污吏擾民。周世宗為整頓吏治採取了一系列的具體措施。

首先，周世宗確立了對各級官吏進行考核的制度。考核辦法規定：任職者每三年考核一次。考核的主要內容是任職期間的功過是非。並根據其政績、過錯的大小確定其去留升降。同時規定地方州府不得差遣代理官員替補通過正式考核的官吏。後周時期嚴格的官吏考核制度與實踐，在一定程度上起到了澄清吏治的功能，有效地限制了腐敗之風的蔓延。

其次，在整頓吏治的過程中，周世宗還採取了重用、獎勵廉潔官吏的措施。顯德二年(955年)，他把襄邑縣令劉居方提升為中書省的右補闕，賜地方官男士衡為學究出身，因為他們政績卓著，德才兼備。在朝廷大臣中，他任用賢能的王朴、李轂等人，對協助他治國用兵等起了重要功能。王安石因此曾讚揚他說：「選於政，舉李轂、王朴，則國不得不治。」(《續資治通鑑長編》)

再次，周世宗在重用、獎勵賢能的同時，嚴懲貪官污吏。顯德元年，左羽林大將軍孟漢卿因主管收稅時，在正額之外，多收耗餘，而被周世宗處死。不久，州官韓倫，因干預軍務，掊斂百姓，被追奪官爵，發配流沙門島。同時，因貪污榷稅錢的楚州防禦使也被處死。此後，在整頓吏治的過程中，周世宗對勒索民眾、貪污腐化，引起極大民憤，或怠忽職守、因循苟且，造成不良後果的貪官污吏都嚴懲不貸。這些措施的實行，對當時整肅吏治，警戒後人，形成廉潔的社會風氣等，無疑起了積極功能。

改革科舉，重用治世之才。周世宗改革科舉制度的主要內容是：親自主持考試，改革考試科目，重用治世之才等。顯德二年，周世宗就下詔指出國家設貢舉之司，在於選任英俊之士，因此一定要選錄有真才實學之人。然而近年以來，多有濫進，或以年勞而得第，或以媒勢以出身，故朝廷要檢查、監督考生去留、升遷，務必公正、公平、公開。正是根據這種指導思想，周世宗對初步選錄者再親自主持考試，且允許對初選結果不服的舉子直接參加殿試。結果，選錄了門第不高而學業優異的李覃等人，而對藝學未精、然已獲初選的嚴說等人則予以除名，「且令苦學，以俟再來」，並對徇私的主考官、禮部侍郎劉溫叟定罪遣謫。

顯德四年，周世宗根據張昭的奏議，在恢復唐代一些制舉科的基礎上又增設其他一些制舉科目，以利更廣泛地選拔人才，詢訪政治得失，不僅使許多出身卑微的讀書人獲得了施展才能的機會，而且使大量懷才抱器、隱耀韜光的「翹翹之楚，皎皎之駒」得以為國家所用，一顯身手。後周末年的良臣王朴、范質等人之所以受世宗重用，就是因為他們有治世之才、安邦之略。

納諫求賢，正己改過革弊。作為專制社會的皇帝，周世宗卻不剛愎自用，能禮賢下士，虛心納諫，為國求賢，以利正己修身，改過革弊。他下詔廣開言路，要求大小臣僚直陳得失，上章論諫，規定假若朕躬之有缺失，得以盡言；時政之有瑕疵，勿宜有隱。他認為，上言陳事有利觀察、考核下屬，聽其言而觀其行。若不採其言而觀其行，審其意而察其忠，那麼何以見器略之淺深，知任用之當否？假若言之不入，罪實在我，假如求之不青，那麼將又由誰來承擔這個罪過呢？他下詔規定論諫之章，不求文工，直書其事即可。即使辭有謬誤，言傷上之尊嚴或有違上之意志，也不追究責任，給予處罰。正因為此，他在治政用兵時從大量的論諫中採納了許多有益的建議，對治國革弊產生了重要而積極的影響。

對於周世宗的納諫，宋人王君玉的《國老談苑》曾記載了這樣一件事：當時一縣令因部大犯贓數百匹，宰相范質以具獄上奏，世宗說：「親民之官，贓狀狼藉，法當處死。」范質奏言認為受所監臨財物有罪，上贓雖多，縣令法不至死。周世宗因此大怒，厲聲說：「法者，自古帝王之所制。本以防奸，朕立法殺贓吏，非酷刑也。」范質辯道：「陛下殺之則可，若付有司，臣不敢違法署敕。」結果縣令還是依法處罰而未殺。周世宗從諫的事還有許多，《東都事略》也載他「拔奇取俊，有自布衣上書，下位言事者，多不次進用」。

頒行《大周刑統》，防止獄訟之濫。為了有序、高效地治理國家，周世宗還注重依法施政，制定法律，以懲罰犯罪，保護無辜，防止冤獄的產生。顯德初年，周世宗即詔定頒行《大周刑統》於天下，把它作為「禦人之銜勒，救弊之斧斤」，同時表明他「必不因怒刑人，因喜賞人的原則。《刑統》頒佈後，他強調「選明幹僚吏，掌其訴訟」，以便「民不陽刑，吏知所守」。顯德元年，在即位不久，他就對所聞地方冤案親自審閱案卷，斷罪量刑，結果，把挾私斷殺平民的供奉官郝光庭處以棄市；顯德三年，周世宗對審案失實的禦史中丞楊昭儉三人免職。《大周刑統》頒行後，周世宗雖用法偏嚴，但卻主要是針對貪官污吏的，而對廣大百姓來講，卻如史書所載，可謂「獄訟無冤，刑戮不濫」，從而較好地發揮了法律維護社會秩序、鞏固後周統治的功能。

周世宗在政治上的勵精圖治和奮發圖強的治政國策，經過他的苦心經營，創造了後周清明的政治和良好的社會發展環境。所以薛居正曾在《舊五代史》中評論說，周世宗「留心政事，朝夕不倦，摘伏辯奸，多得其理，臣下有過，必面折之。常言太祖養成二王之惡，以致君臣之義，不保其終。故帝駕馭豪傑，失則明言之，功則厚賞之，文武參用，莫不服其明而懷其恩也」。正是由於周世宗在政治上的作為，為其贏得了「傑出君主」的美譽。

整頓軍事的輝煌成就

在經濟和政治改革取得初步成效的同時，周世宗還著手軍事方面的整頓，並進行開疆拓土、準備統一的宏偉事業。為了提高軍隊的戰鬥力，更有效地進行統一的戰爭，周世宗採取了一系列整頓軍事的措施。

裁汰老弱，提高禁軍素質。顯德元年，周世宗鑒於高平之役中後周軍隊表現出的弱點，認為侍衛禁軍，累朝以來，老弱病殘相半，強懦不分，因人情關係，而不能選練，若繼續如此，必將導致兵弱亂興。因此，他下詔指出兵在精不在眾，宜令一一點選，精銳者升任上軍，老弱羸小者去之，怯懦者任從安便。庶期可用，又不虛廢。隨之，他對症下藥，在禁軍中選武藝超絕者署為殿前諸班。又令諸軍統帥，自龍捷、虎捷以降，一一選之，精壯者留用，老弱病殘者令返原籍，資其務農。經過選練，後周諸軍士伍，由此無不精當。史稱當時不僅兵甲之盛，近代無比，而且又減冗員之費，節省了國家的軍備開支，減輕了老百姓的賦稅負擔。故司馬光在《資治通鑑》中讚揚說周世宗「征伐四方，選練之力也」。

新建水軍，加強軍事實力。顯德年間，在再次征伐南唐的過程中，周世宗鑒於「無水戰之備，每遇賊之戰悼，無如之何，敵人亦以此自恃，有輕我之意」的情況，於是下詔修造船艦，新建水軍。旋即在京師大量募集工役，在很短的時間內修造了許多大艦小船。同時組建水軍，練習水戰，令所獲南軍教北人習水戰出沒之勢。不久，後周就訓練出一支裝備良好、訓練有素的水軍。自此以後，後周在防邊伐敵的戰役中，多水陸皆捷，取得了對外征戰、開疆拓土的重大勝利。

嚴肅軍紀，頒行《制旨兵法》。顯德三年（西元九五六年），周世宗根據兵部尚書張昭的奏議，詔准撰編兵法，不久頒行，起名為《制旨兵法》。兵法中規定的內容包括選兵標準、生活待遇、士卒義務、訓練方式、賞罰條件以及軍隊的佈防、調遣與指揮等。《制旨兵法》的頒行，起到了嚴肅軍紀、統一號令、鼓勵立功、賞勇罰怯的積極功能。史載兵法頒行以後，在歷次征戰中，後周「王師所致，軍政甚明，不犯秋毫，有如時雨，百姓父老，各務安居」。對剽擄焚掠，必令禁止，給其懲罰，對英勇善戰者，必以厚賜，予以重賞，從而達到了整肅軍紀、賞功罰過的行法目的。

厚賞重罰，鼓勵殺敵立功。周世宗既已立志開拓疆土、統一天下，就必然要著手整頓軍隊，厚賞有功之臣僚，重罰有罪之將士，以糾正唐末五代以來「兵驕將悍」的不正之風，同時改變「戰勝則挾主」、「戰敗則投敵」的傳統陋習，從而為統一天下作準備。顯德初年，在南伐的備戰過程中，周世宗就因將官康澄、史又玄、元霸等人奉使浙中而私自停留，逾時覆命而依法給以降職處分。在再次備戰南征時，左藏庫使符令光因不能按時製造軍士袍襦而延誤戰機，結果被嚴懲棄市。高平戰後，對那些不聽軍令的部將，周世宗則大刀闊斧地予以制裁，一次便殺掉作戰不力、望風而遁的將領樊愛能、何徽等七十二人。從歷史上看，這是自唐中葉以來少有的果敢的整肅軍紀的政治行動。從此，後周驕將惰卒，始知所懼，不行姑息之政矣。朝廷的威信也因此大為提高。與此同時，對指揮得當、征戰有功者，或身先士卒、英勇殺敵者，周世宗則詔令按功厚賞，以勉勵將士立功殺敵。

周世宗在軍事方面一系列成功的改革，既反映出周世宗的膽略、才能和決心，也說明了後周政權已經擁有了一定的政治實力。其間周世宗所進行的南征北伐，就是憑藉這支經過整頓的強有力的軍隊，取得了重大的勝利。在短短幾年的軍事統一行動中，收到了顯著的成效。

顯德二年（西元九五五年），周世宗在攻戰劉崇，傳高平之捷報的基礎上，西討後蜀，收復秦、鳳、成、階四州。不久，他又親臨前線，多次攻伐淮南，迫使南唐派使求和，願割地以劃江為界，於是後周盡得光、壽、廬、舒等淮南江北的十四州。顯德六年，周世宗又親自率軍北伐，親征契丹，一路勢如破竹，出兵僅四十二天，就收復瀛、莫、易三州，取得瓦橋、益津等三關戰役的勝利。完全控制了關南之地。同年五月，周世宗大宴諸將，決定乘勝繼續進兵，收復幽州。誰知天有不測風雲，周世宗當晚突患重病，只好停止進軍。

六月，周世宗從雄州戰場回到東京，數日後不幸病死，聖壽三十九。其年八月，翰林學士、判太常寺事竇儼上謚曰「睿武孝文皇帝」，廟號世宗，十一月壬寅朔，葬於慶陵。

「出師未捷身先死，長使英雄淚滿襟」，周世宗的早逝，是一件令人十分惋惜的事情。以他的智慧、膽識和才略而論，他本可以有更大的作為與建樹。即使如此，在他統治後周期間，他仍對當時的歷史作出了傑出的貢獻。其在位的六年，他所進行的卓有成效的經濟、政治與軍事改革，為北宋的建立和局部統一奠定了雄厚的物質基礎。

縱觀周世宗的一生，他不僅是五代十國時期著名的改革家，傑出的政治家，而且是十世紀中葉中國統一事業的奠基者和開始執行者，是抗擊契丹貴族侵擾、保衛中原地區文明的民族英雄。從他的治政主張與實踐中，不難看出，他瞭解民眾疾苦，夙有撫民、安邦、開疆拓土的宏願。顯德年間，他改革經濟，清明政治，整頓軍事，轉戰南北，使國家從破落衰敗轉向恢復興盛，自混亂變為安定，由分裂走向統一，創造了良好的歷史轉機，奠定了北宋立國的堅實基礎。可以說沒有周世宗的改革和統一實踐，就沒有北宋迅速的局部統一和繁榮。

張全明　文

第十一章

宋仁宗　趙禎

宋仁宗趙禎身為宋朝在位最久的皇帝，年僅十三歲就即位，好不容易從皇太后的掌控下得到實權後，開始展現了他的政治理想。他在外族侵略與朝廷弊端間疲於應對，支持范仲淹所推動的慶曆新政，愛民如己、不濫殺無辜、不妄興大獄，以和為貴，在後世評價中褒多於貶。

年少承大統，太后聽政

大中祥符三年（西元一〇一〇年）四月十四日，宋真宗的第六個兒子呱呱墜地。宮廷內外張燈結綵，熱鬧非凡。因為前五個兒子相繼夭折，而今中年得子，也算是老天有眼，使趙氏皇統得嗣，真宗大喜過望，為其取名受益，視作掌上明珠。

受益的生母李氏是杭州人，初進宮時，為真宗劉德妃的侍女。李氏莊重少語，不苟言笑，真宗讓她做司寢，負責安排寢帳等事，不久便為真宗所幸，有孕。

劉德妃此時最為真宗寵倖，遺憾的是沒有生個兒子。為了確保自己的地位，她把受益要過來作為自己的兒子，並且嚴禁宮人說受益是李氏所生。李氏淡於名利，與人無爭，兒子被人奪去，卻從來不說一句話。生母不說，迫於劉德妃的威勢，更沒人敢多事。一年半之後，劉德妃被立為皇后，哪個還敢說兒子不是她生的？這樣一來，受益便被蒙在鼓裡，一直以為劉氏是自己的生母。

作為皇位的唯一繼承人，受益自然備受呵護。在他不滿五歲時，真宗就採納朝臣建議，對他封爵建號，以孚人望，並專為受益建造了讀書就學之所，並賜名「資善堂」，任命宦官入內押班周懷政為學宮都監，入內供奉楊懷玉為伴讀，河北轉運使張上遜、左司諫崔遵度為其啟蒙教師。從此，受益開始接受正規而嚴格的儒學教育。

天禧元年（西元一〇一七年）八月十五日，真宗下詔，立受益為皇太子，改名禎，增月俸為兩千貫，同時任命張士遜、崔遵度等為東宮官吏。九月，又在天安殿舉行了隆重的皇太子冊封儀式，趙禎被正式確定為皇位繼承人，這年，他才九歲。

乾興元年（西元一〇二二年）二月，真宗在延慶殿病逝，趙禎奉遺詔即皇帝位，尊劉皇后為皇太后，楊淑妃為皇太妃，軍國大事則與皇太后一起聽奏處理。

趙禎即位時年僅十三歲，政治上很不成熟，軍政大權完全控制在劉太后手中。對當時朝廷中發生的一系列權力鬥爭，年幼的趙禎既無興趣，也很少過問。除了例定的陪太後坐朝聽政外，仍專心於書法，致使他後來的飛白書體勢道勁，頗見功力。隨著年齡的增長，趙禎逐漸成熟，處事有了自己的主見，雖對太后專擅不滿，但因太后勢力強大，他亦徒喚奈何。

明道元年（西元一〇三二年）二月，趙禎的生母李氏去世。李氏雖然被人奪去兒子，地位卻慢慢有所上升，先進為才人，再升為婉儀、順容。趙禎即位後，李氏仍安於其位。直到臨死之前，劉太后過意不去，才把她再升為宸妃。次年三月，劉太后病卒。隨後，趙禎從臣子們口中瞭解到自己的生母是李宸妃。自然免不了一番悲哭，又追尊其為皇太后。

劉太后死前遺詔尊楊太妃為皇太后。皇帝聽政如祖宗舊規，軍國大事與太后內中裁處。禦史中丞蔡齊對宰輔們說：「皇帝已到成年，熟悉情況，應該親自執掌朝政！」宰輔們深以為然，便在太后遺詔中刪去「軍國大事與太后內中裁處」一語。於是，楊太後退居保慶宮，稱保慶皇太后。至此，趙禎終於結束了他的兒皇帝生涯，開始獨立主政，成為名副其實的皇帝。

內外處困境，窮於應付

趙禎親政以後，進行了大規模地人事調整。首先罷黜內侍羅崇勳等人，接著又把劉太后的親信如樞密使張耆、樞密副使夏竦和范雍、參知政事陳堯佐和晏殊等人，全都貶為外官。宰相呂夷簡雖力佐趙禎，也因被懷疑曾阿附太后而罷相，貶出判陳州（今河南淮陽），重新起用張士遜、李迪為相，任用翰林侍讀學士王隨、權三司使李諮共參國政。因勸太後撤簾歸政而被貶的宋綬、孫祖德等人，也先後被擢重用。

明道二年（西元一〇三三年）十二月，因旱蝗災害頻仍，有人提出宜改元以應天變，導迎和氣；還有人指出，最初建元天聖，是取「天」字析為二人，即二聖人共同執政之意，乃當權者為取悅太后所為；後改明道，「明」字日、月並列，義與天聖相同，趙禎於是下詔，明年改元為景祐。

對於由劉太后做主，為他立郭皇后一事，趙禎始終耿耿於懷。內侍閻文應早就對皇后不滿，趁機勸皇上早下決心。再度出任宰相的呂夷簡，也因打探到自己上次被貶與皇后進言有關，懷恨在心，力主皇上廢掉郭後。明道二年（西元一〇三三年）十二月，趙禎下詔，以郭後無子為藉口，廢其為尼，幽居長寧宮。諫官孔道輔率范仲淹、孫祖德等，勸諫皇上不成，又到中書省質問呂夷簡，反對廢掉皇后。呂夷簡奏明皇上，請求將他們趕出朝廷，以示懲戒，結果，孔道輔、范仲淹分別被貶到泰州（今江蘇泰州）和睦州（今浙江建德）做知府去了。

景祐元年（西元一〇三一年）九月，趙禎下詔冊立剛剛入宮的曹氏為皇后。曹皇后是宋太祖時大將曹彬的孫女，溫順和藹，不喜奢侈，注重稼穡，還和宮女們在宮中種穀養蠶，而且知書識禮，字也寫得不錯。至此，後宮之爭暫時平息。

後宮剛剛安穩，邊患接踵而至。其中最為嚴重的是宋、西夏的重開戰端。趙禎即位之初，夏國搖擺於宋、遼之間，接受雙方的封號，暗中擴大勢力。天聖九年（西元一〇三一年），元昊開始主政。他是個野心勃勃而又很有才略的人。他下令以兵法管理各個部落，使其成為可以隨時徵調的軍事力量。又下令恢復鮮卑族舊俗，並重訂西夏的禮樂制度和官制，創制西夏文字。寶元元年（西元一〇三八年）十月，元昊正式稱帝，建國號大夏。第二年正月，又遣使上表，要求宋朝承認夏國，冊封帝號，借此打探宋朝動靜。趙禎與諸朝中大臣久議不決，直到這年六月，才決定削去元昊的賜姓和官爵，停止同西夏的邊境互市，並在邊境發佈文告，宣佈誰能捕殺元昊，就授予定難軍節度使。元昊也借機公開同宋朝決裂。

寶元二年（西元一〇三九年）十一月，元昊先發制人，率兵進犯宋朝的保安軍（今陝西志丹），宋夏戰爭正式爆發。此後，西夏又接連進犯宋朝的渭州（今甘肅平涼）、延州（今陝西延安）等邊地。宋朝因為推行「守內虛外」的政策，武備失修，軍政腐敗。戰爭初期負責指揮對西夏防禦戰爭的范雍等文官既不懂軍事又缺乏謀略，致使宋軍連吃敗仗。康定元年（西元一〇四〇年）正月的三川口（在延安西）戰役因延州主帥范雍指揮失策，宋軍大將劉平、石元孫被俘，萬餘軍兵損失殆盡，延州城幾乎被夏兵攻破。

三川口戰役的慘敗使宋朝大為震恐，趙禎憂心忡忡，召諸臣商議對策。最後不得已，起用在士大夫中頗有聲望的韓琦、范仲淹二人入陝為邊帥，與陝西經略安撫使夏竦一起主管全陝的軍事。范仲淹兼任延州主帥，他加強練兵，主張持重防禦，使延州一線的防禦穩固下來。韓琦主張會兵出擊，在趙禎的首肯下，於慶曆元年（西元一〇四一年）二月派大將任福率軍一萬八千人，深入敵後，企圖截斷進攻渭州（今甘肅平涼）的西夏兵的退路，結果在好水川（今寧夏隆德東）中了元昊的埋伏，任福戰死，宋軍死亡達一萬零三百多人，陝西為之震動。

慶曆二年（西元一〇四二年）閏九月，元昊又一次大舉侵宋，進攻涇原路所屬的鎮戍軍（今寧夏固原）。知渭州王沿命大將葛懷敏率兵禦敵，在定川砦（今甘肅平涼北）遭元昊包圍，葛懷敏等戰死，兵士傷亡九千四百餘人，損失戰馬六百餘匹。夏軍乘勝直驅渭州（今甘肅平涼），幅員數百里，廬舍焚蕩，居民遭擄。

經定川砦一戰，夏軍聲勢日振，宋軍益衰，趙禎不得不謀求與夏議和，密詔知延州龐籍諭意元昊，說西夏只要息戰稱臣，其帝號、國號盡可保留。夏軍雖勝，但獲利不多，宋又實行經濟封鎖，弄得夏國民怨沸騰。元昊不得已，利用宋廷急於求和的心理，通過遼國，壓宋議和。經過長達一年多的討價還價，到慶曆四年（西元一〇四四年）十月，宋夏重訂和議：西夏取消帝號，由宋朝冊封為夏國主；宋朝每年賜給西夏銀七萬兩，絹十五萬匹，茶三萬斤；宋朝重開沿邊榷場，允許民間貿易往來。歷時七年的宋夏戰爭至此結束，宋朝又用重幣獲得了西北的暫時安寧。

在宋夏戰爭激烈進行的時候，北方契丹政權也對宋朝虎視眈眈。趙禎親政後，曾密敕河北沿邊複建水田、廣植樹木，以備遼騎突入。景祐元年（西元一〇三四年），契丹以祭天為名，在宋遼邊境屯結軍隊，作出兵侵宋的準備。趙禎聞報，命河北整飭軍備，調夫役修治河北沿邊城池、關河壕塹。慶曆二年（西元一〇四二年）初，契丹大軍壓境，派人面見趙禎，質問宋朝出兵伐夏和增修邊防，要脅宋朝把後周時收復的瓦橋關以南的十個縣的地方割讓於契丹。趙禎派右正言富弼出使契丹，提出或和親或增「歲幣」議和。幾經交涉，契丹方面答應不割地，只增納歲幣重訂和好。富弼力爭不可言「納」，契丹方面則堅持或稱獻，或稱貢，或稱納。趙禎最後只得應從契丹之意，許稱「納」字而和。這年十月，雙方締結和約，宋朝每年增納契丹歲幣銀十萬兩，絹十萬匹。契丹趁宋朝困於西夏之際，不費一兵一卒，憑空取得了巨額貢納。這對宋朝來說，無異於又一次「澶淵之盟」，完全是宋廷政治腐敗的必然結果。

在西北和北方的邊患平息後不久，南方又發生了廣源州蠻儂智高大規模侵擾廣南的嚴重事件。廣源州位於廣西和交趾（今越南北方）的交界處。從唐末以後依附交趾，儂智高是廣源州的首領，因對交趾的控制不滿，想依附宋朝。趙禎一向怕邊境生事，竟沒有答應。於是，儂智高轉而生怨，於皇祐元年（西元一〇四九年）九月間，趁宋朝廣西守將不備，率眾五千攻破邕州橫山寨。皇祐四年（西元一〇五二年），又向廣南地區大舉進攻。由於當時廣南州郡武備失修，宋朝官員都聞風而逃，依智高很快攻陷廠兩廣大片地區，在邕州（今廣西南寧）稱帝，並曾一度包圍廣州，對城外進行洗劫。宋朝先後派大臣余靖、孫沔等人前去負責討伐，均未能成功。儂智高的氣焰越發囂張，公然要求宋朝封他為邕桂節度使，承認他在廣西的統治權。

趙禎這時無計可施，曾準備接受儂智高的要求。剛好這時狄青主動請戰，趙禎就把征討儂智高的任務交給了狄青。狄青在對西夏作戰中屢立功勳，受到主帥范仲淹及皇上的賞識，這時已升任樞密副使。由這樣一位有卓越軍事經歷的人以二府大臣的身份率師出征，在當時已是再合適不過的了。但由於宋朝歷來猜忌武將，故趙禎開始時對狄青也不完全放心。後經宰相龐籍力爭，狄青終於得授指揮嶺南軍事的全權。他整肅軍紀，嚴明賞罰，懲治了戰鬥不力的將領，使全軍大振。

皇祐五年（西元一〇五三年）正月，狄青趁儂智高不備，率軍風雨兼程越過險要的昆侖關，直赴邕州。儂智高倉促應戰，結果全軍被殲，邕州為宋軍奪回。儂智高本人逃奔大理（今雲南），以後就死在那裡。廣南重獲安寧。這是狄青一生軍事生涯中最光輝的業績。

儂智高被消滅，這是北宋中期經歷了一系列戰敗的教訓以後，解除武將不能專任的禁忌，大膽任用確有軍事才能的武將所取得的一次重大勝利。狄青因此聲譽更隆，不久就升任樞密使。但是，聲望的提高卻使狄青受到文官加倍的妒忌。當了宰相的文彥博以狄青受都城士卒的愛戴，用宋太祖黃袍加身的例子，要求趙禎罷他的官。狄青家中夜間不慎失火，卻被人造謠說是有登極的異象。這種危言聳聽的流言蜚語，迫使狄青辭官居外，以避殺身之禍。當他出知陳州後，趙禎又故意每月兩次派使者前去撫問，使其精神極度緊張，沒半年他就患病而死。

變法革弊端，曇花一現

劉太后當權的十二年中，一直把趙禎置於自己的控制之下，政治上沒有任何建樹。她所信用的大臣呂夷簡、晏殊等人，大都墨守成規，唯太后之命是從。劉太后死後，趙禎雖然罷了呂夷簡、晏殊等人的官，但這只是反映了帝后之間的矛盾，並不是趙禎想另有什麼作為。這樣一來，因循守舊的風氣便籠罩著朝廷內外。

景祐二年（西元一〇三五年）二月，知兗州范諷被人彈劾，趙禎命李迪、呂夷簡處理此事，呂夷簡暗奏皇上，說李迪黨庇范諷。趙禎不分青紅皂白，即將李迪罷相，複擢樞密使王曾與呂夷簡同相，實際上是由呂夷簡獨攬大權。呂夷簡竭力迎合趙禎天下大治的太平心理，極意粉飾，一味奉承，使宋王朝更陷入日益嚴重的統治危機之中。在呂夷簡的建議下，朝廷編修成《中書總例》四百一十九冊，作為執政大臣辦事的依據。呂夷簡不無得意地宣稱：「自我有了這個總例，就是一個庸夫拿著它，也可以當宰相。」在呂夷簡的主持下，宰相辦事的政事堂，成了因循守舊的衙門。後來，呂夷簡又推薦王隨、陳堯佐兩人接替自己擔任宰相。這兩個人也都是政治上的庸才。不久，王隨因病告假，陳堯佐年歲太大，也辦不了事。

宋朝的官僚機構，在趙禎統治時期也更加臃腫。科舉考試錄取名額在太宗、真宗兩朝本已冗濫不堪，趙禎還嫌不夠，在親政的第二年便下令廣開仕路，「殿試不黜落」從這時起成了不成文的規矩。取士日多，恩蔭無節，加上內臣、外戚之類，進無輟止，使冗官冗吏局面日趨嚴重。許多官員差遣職事的機會少，閒居的時候多。為了謀取差事，特別是謀取顯赫的職位，許多官員不擇手段，致使官場腐化之風盛行。

從宋太祖時開始實行的募兵養兵政策，其不良後果也日益嚴重，雇傭兵的數額因為荒年募饑民為兵而與年俱增。在與西夏的戰爭中，宋軍雖屢遭敗績，所任邊將卻越來越多。為備遼禦夏，又不斷擴充軍隊，由真宗時的九十一萬猛增到一百二十六萬人。由於宋朝對武將嚴密防範，將不專兵，因而軍紀鬆懈，號令不明，平時也缺乏訓練，戰鬥力極低。

官員和軍隊人數的激增，給宋朝的財政帶來嚴重的影響。北宋的官員，尤其是高級官員，享受著優厚的薪俸待遇。兩府大臣宰相和樞密使每月的俸錢，足夠買上等良田一百多畝。養兵開支也相當驚人，趙禎統治時期每年軍費開支占全部財政收入的六分之五左右。除了「冗官」、「冗兵」的費用外，還有大興土木等的支出。趙禎荒淫無度，後宮數千人，宮廷賞賜動以萬計，皇室的開支就更大了。

宋朝的國庫經過宋真宗的東封、西祀等各種活動，本來已經空竭。趙禎時儘管通過橫徵暴斂，賦稅收入大大增加，但是，由於「冗官」、「冗兵」及各種靡費所造成的「冗費」，再加上每年交納給遼、西夏的歲幣及其他贈禮，總是入不敷出。慶歷年間，宋朝每年的財政虧空竟達三百萬緡以上，出現了嚴重的財政危機和「積貧」的局面。

在最高統治集團內部，有一些人出於對社會危機的憂慮，開始批評當時死氣沉沉的官僚政治，提出改革弊政的主張。長期擔任宰相的呂夷簡則指責這些不滿統治現狀的官員是「朋黨」，對他們加以排斥。在對時政不滿，要求有所改革的官員中，核心人物是范仲淹。在范仲淹受排斥時挺身而出對他表示支持的，有餘靖、尹洙、歐陽修、蔡襄等一批位居館閣清要職事、以文學知名的人士。

范仲淹字希文，蘇州吳縣（今蘇州吳中區）人，幼年喪父，家道中衰。他刻苦向學。於大中祥符八年（西元一〇一五年）登進士第，開始了遊宦生涯。景祐三年（西元一〇三六年），他上《百官圖》，諷刺宰相呂夷簡任用親信，又上書譏切時弊，希望皇上不要一味信任呂夷簡。為此，范仲淹被呂夷簡指斥為離間君臣，引用朋黨，罷去權知開封府職事。餘靖等人紛紛上疏為范仲淹申辯。歐陽修還做了著名的《朋黨論》一文呈獻給皇上。要求他以史為鑒，「退小人之偽朋，用君子之真朋」。

到了慶曆初年，因為對西夏的戰爭連年不息，朝廷的各種弊政暴露得更加清楚。范仲淹由於在陝西對西夏組織防禦戰爭的貢獻而聲望大增，支持范仲淹的歐陽修等人也先後被召回朝廷任職，要求革新朝政的勢力在朝廷裡面加強了。一向昏庸的趙禎這時也不能不對時局感到憂慮，遂於慶曆三年（西元一〇四三年）三月罷去呂夷簡的宰相兼樞密使職事，任命歐陽修等人為諫官，表示了改革天下弊事的意向。范仲淹等人紛紛向趙禎提出具體的改革建議。同年七月，趙禎任命范仲淹為參知政事，富弼為樞密副使。九月，趙禎一再以手詔敦促范仲淹、富弼等人盡心國事，提出改革意見。並詔諭各地守臣，凡民間疾苦，有利國家之事，務公心諮訪奏聞。後來，又開天章閣召見范仲淹、富弼諸臣，賜座和筆劄，讓他們當面陳述革新主張。

范仲淹和富弼在惶恐避席退出後，分別向趙禎呈送了自己的革弊建議。范仲淹認為，宋朝建國八十年，「綱紀制度日削月侵」，已經到了「不可不更張以救之」的時候了。他具體提出了明黜陟、抑僥倖、精貢舉、擇官長、均公田、厚農桑、修武備、減徭役、覃恩信、重命令等十條立制度、振綱紀的建議。其核心內容是改變以往官員按固定年限升遷的制度，對官員進行嚴格考核，按政績的優劣分別升降；改變恩蔭官員冗濫的狀況，對官員恩蔭子弟為官，要嚴格加以限制；對地方長官的委派，要由中書省和樞密院負責嚴格選擇；改善科舉制度，改變專以辭賦取進士，以墨義取諸科的取士辦法，以吸收有經世之才者補充官僚隊伍。富弼的建議，主要內容也是要求進賢退不肖，止僥倖，去宿弊，逐步改善吏治。與此同時，歐陽修、余靖、韓琦等人也相繼提出了一些改革建議。

范仲淹的建議，大部分都為趙禎採納。從慶曆三年（西元一〇四三年）十月到第二年上半年，趙禎根據范仲淹革弊主張，陸續發佈詔令，對內外官員的考績升遷辦法重新作了規定，對大臣陳請子弟親戚任館閣清要職事及轉官升陟都加以限制，對各級官員恩蔭子弟親戚的人數和職位都做了比以前更為嚴格的限制，要求各路地方官注意興修水利，盡可能合併人口較少的縣份，以減少縣吏的人數。這就是所謂「慶曆新政」。

「慶曆新政」是在趙禎的支持下進行的，其目的主要是為了鞏固北宋王朝的統治，但對官僚機構的整頓，卻不能不觸犯那些在因循腐敗的官僚制度中獲得利益的勢官權貴的利益，有的庸碌無能的官員確實被撤掉了。正因為如此，主持「新政」的范仲淹等人遭到各種無端的誹謗，攻擊范仲淹、富弼是「朋黨」的論調更是甚囂塵上。以奢靡、陰險聞名的大官僚夏竦，甚至讓女奴模仿擁護新政的官員石介的筆跡，寫了一篇廢立皇帝的詔書草稿，誣賴是石介代富弼起草的，並把這件事加以散佈，企圖置革新派於死地。這使得范仲淹、富弼都感到在朝繼續任職的危險，要求皇上派他們到河北、陝西去主持軍務。趙禎在流言蜚語的影響下，那種迫切希望更革弊事的心情很快就消失了，對「新政」逐漸由疑慮轉為動搖。而這時京東地區又發生了以王倫為首的士兵起義，京西、陝西地區發生了張海、郭邈山等領導的農民起義。還有不少地區發生旱蝗之災，趙禎把這些都與實施「新政」聯繫起來，更加失去了推行「新政」的信心，最後竟決意犧牲革新派，向反對派妥協。

由於趙禎對范仲淹、富弼二人不再信任，就讓范仲淹出任陝西、河東宣撫使，富弼出任河北宣撫使。到慶曆五年（西元一〇四五年）初，范、富二人又被以更張綱紀、紛擾國經等罪名罷黜。隨之，朝中支持「新政」的官員如韓琦、歐陽修等也都被貶出朝。此後，「新政」官僚一再遭受迫害，都懼讒畏禍，不敢挺身而出了。已經頒行的磨勘（考績）、蔭子新法也被宣佈作廢。「慶曆新政」就這樣在僅僅一年的時間內夭折了。

范仲淹被貶後，於慶曆六年（西元一〇四六年）九月，在鄧州（今河南鄧州）寫下膾炙人口的《岳陽樓記》，表述了自己「居廟堂之高，則憂其民；處江湖之遠，則憂其君」的憂國憂民情思。用「先天下之憂而憂，後天下之樂而樂」之句，抒發自己繼續以天下為己任的抱負。但是，因為他被排斥在朝廷之外一直到死，在有生之年再也沒有機會實現自己的抱負。

「慶曆新政」雖然曇花一現般地過去了，但它在歷史上卻留下了深遠的影響。以范仲淹為首的改革派是站在地主階級廣泛利益的立場上，以官僚制度改革入手，強化國家機器，加強專制統治，以維護地主階級的長治久安。改革以強化國家專政機器為目標，但這個強化包含了加強對遼夏的防，在這一點上是符合廣大人民的要求和願望的；改革在發揮對內鎮壓功能的同時，也要發揮其撫綏的職能，以緩和社會矛盾，減輕賦稅負擔，從而有利於社會生產。因而，「慶功新政」也就具有積極進步的歷史意義，值得肯定。「慶曆新政」雖然失敗，以范仲淹為代表的封建士大夫為改變國家積貧積弱局勢所做的努力和嘗試，在歷史上則是永遠不會磨滅的。他們的愛國壯志不僅長存，而且為後人繼承和發揚。繼「慶曆新政」而出現的王安石變法，便繼承范仲淹的遺志，開創了更加深入、更加廣闊的變革運動。

在「慶曆新政」夭折後，士大夫改革弊政的思潮雖然一時受到壓抑，但由於社會危機的繼續存在，變法思潮並未因此而消沉。在趙禎統治的最後十多年裡，又有不少官員繼續提出各種變法和革除弊政的主張。

在這股要求革弊圖新的潮流中，湧現了一個不僅一再呼籲革去積弊，還在自己職權範圍內不遺餘力地除暴安良的清官包拯。

包拯字希仁，廬州合肥（今安徽合肥）人。在趙禎統治時期，他由進士及第登上仕途，做過多任地方官，還擔任過權知開封府、三司使、樞密副使等多種重要職務。因為他曾被授予天章閣待制、龍圖閣直學士等清要職銜，所以又被人們稱為「包待制」、「包龍圖」。

在北宋中期主張革新的士大夫中，包拯雖然不如范仲淹和後來的王安石知名，但他也在許多場合表述過反對因循守舊的政治立場。他針對當時的「三冗」積弊，提出了裁減冗吏、冗兵和節用度的救弊主張，還提出了慎命令、嚴明賞罰、嚴懲贓吏、杜絕請托等一系列革弊措施。這些主張雖然因其位卑言輕，沒有產生多大政治影響，但卻說明包拯的革新派立場是很鮮明的。

在包拯的士宦生涯中，最令人稱道的是他的清正廉潔，剛直不阿，執法如山，鐵面無私。在腐化成風的北宋官場中，他是極受人民讚揚的一位。所以，後來人們就把包拯的一些事蹟編成戲曲小說加以流傳，包拯也成了後代人民景仰的一個傳奇式的清官。

嘉祐八年（西元一〇六三年）三月二十九日晚，趙禎病患加劇，急起索藥，並召皇后。待曹皇后等人趕到，趙禎已不能說話，僅用手指了指心窩。隨之醫官入宮，診脈、投藥、灼艾，已無濟於事。至夜，趙禎崩於福甯殿，終年五十四歲。謚曰「神文聖武明孝皇帝」，廟號「仁宗」。十月，葬永昭陵（在今河南鞏義）。趙禎在位計四十二年，改元多達九次，是兩宋諸帝中享國最長的皇帝。

縱觀宋仁宗趙禎一生，恭儉仁恕，出於天性，治術尚寬，刑決尚簡，所用樞要諸臣，雖然「賢奸直枉迭為消長」，但究竟君子多，小人少，因此力持大體，沒有什麼變故。一碰到水旱之災，他要麼在禁廷內秘密禱告，要麼赤腳立於殿下，希望天從人願，少生禍端，其愛民之心可鑒。凡是被判死刑的犯人，趙禎都令他們上訴，結果每年有一千多人改判。如果某一位官員誤判他人死刑，則終身得不到提拔。趙禎經常對輔臣們講：「朕連罵人都不用『死』字，你們怎麼敢濫殺無辜！」就是慶歷年間，黨議蜂起，范仲淹、富弼、韓琦、歐陽修等為一派，呂夷簡、夏竦等為一派，互相排斥，各行其是，趙禎也不過把他們內調外遷，未曾妄興大獄。在對待西夏、契丹等邊患方面，趙禎也主張以和為貴。儘管這與宋朝的積貧積弱有直接關係，但趙禎本人的思想意識所起的功能也不可低估，所以《宋史》上稱其為仁主，極力頌揚。

趙禎施政，承前朝之弊，初受太后左右，無所作為；獨立主政後，則能察納雅言，銳意革新。「慶曆新政」曇花一現，其影響卻極為深遠，作為守成之君，做到這一點是相當不容易的。

趙慶偉 文

第十一章
宋仁宗　趙禎

第十二章

元太宗　窩闊台

窩闊台乃成吉思汗正妻孛兒台所生第三子，生於西元一一八六年，從青年時代起，即跟隨父親南征北戰，立下了汗馬功勞。在長期的軍事與統治生涯中，成吉思汗察其堪負大任，特指定他為大汗繼承人，他因此成為蒙古汗國第二代大汗。他繼承父業，除了在軍事上繼續擴張外，在政權建設、增頒法令、確定賦稅、建立驛站、營建宮城等方面都有新的發展。然他性喜奢侈，酷愛飲酒，晚年的窩闊台更是揮霍無度，他廣選美女充實後宮，一時後宮妃嬪不下數百人。他雖有隋煬帝之荒嬉，卻無隋煬帝之才智。西元一二四一年，窩闊台終因飲酒過度而暴卒，在位十三年，享年五十六歲，元追諡廟號為太宗。

繼位風波

西元一二二七年七月，成吉思汗病逝於第六次征西夏期間，按說應遵照成吉思汗西元一二一九年的安排，由窩闊台繼任大汗之位，然卻由拖雷監國達二年之久，直至西元一二二九年窩闊台才得以正式即位。何以出現既被指定為繼承人卻又不能立即繼位的結果呢？這必須從蒙古選汗制度說起。

按蒙古人的傳統，幼子可有優先繼承父業。一戶蒙古家庭，長妻所生幼子，蒙語叫斡惕赤斤，意即「守爐灶之主」，是留守家業之人，而他的兄長成年則要另自成家。若循此習慣，成吉思汗的幼子拖雷在繼任汗位上擁有極大優勢。然而成吉思汗憑著他的成就和威望，打破了這種傳統，沒有以拖雷為繼承人，而是選定了窩闊台。

成吉思汗為何要如此做呢？據波斯史家志費尼《世界征服者史》記載，成吉思汗從窩闊台的言談舉止中，看出他是皇位的適當人選，日益發現他治理朝政和衛國禦敵的英豪氣魄。於是，通過提示和諷喻，成吉思汗經常把這個念頭的印象銘刻在他諸子的心裡。他的其他三個嫡出兒子卻不具有如此的才能和特長，由此可以看出，成吉思汗之所以視傳統習慣不顧而選窩闊台為繼承人，實出於才能與特長的考慮，換言之，成吉思汗在擇立儲君的標準上做了大膽變革。而對於其他三子，他經過慎重考慮也做了適當安排：長子術赤管狩獵，次子察合台掌法令，幼子拖雷統軍隊。

在四子中，汗位究竟誰屬？成吉思汗心中亦曾經猶豫過。事實上，成吉思汗最寵愛的是幼子拖雷，每有戰爭必攜其俱往，且稱其為那可兒（即伴侶）。就軍事才能而論，窩闊台亦自認不如拖雷，因此成吉思汗也曾想因循傳統傳位於拖雷，但最終他還是否定了這個選擇，為了彌補拖雷失去汗位的損失，成吉思汗採取了一種折衷做法，即一方面將治理國家的重任交給窩闊台，另一方面，則將他的大斡兒朵的管理權和絕大部分軍隊的統轄權交給拖雷。如此做的結果雖然在二子之間做了一定的平衡，緩和了其間的矛盾，但從長遠看，又給後來窩闊台系和拖雷系之間的汗位之爭事先做了傾斜性的實力分割。後來拖雷系之所以能從窩闊台系手中奪去汗位實有賴於其所握有的軍隊與財富。

對於汗位這個敏感性問題，四子間形成兩大營壘，矛盾深伏。察合台和窩闊台為一黨，術赤與拖雷為一黨。當成吉思汗向諸子透露他的決定時，術赤與拖雷黨雖沒公開表示異議，但內心是不服的，其不滿情緒首先由術赤表現出來。

當成吉思汗命令除拖雷以外的三個兒子西征花剌子模的都城兀籠格赤時，術赤與察合台發生衝突，致使攻城不下，術赤遣使向成吉思汗請示：「如今我們三人內聽誰調遣？」繼位人選既已明確，為何還要請示以誰為首呢？這只能說明術赤反對窩闊台為繼承人。除此之外，不可能有其他原因。後來在窩闊台的調解下，二人委曲求全，三子暫時團結起來，終於攻克花剌子模。之後，察合台和窩闊台往塔里寒與成吉思汗會師，而術赤則違反父命徑赴他在也兒的石河的營地，對此成吉思汗非常生氣，認為他反跡已明，準備派兵親征，後因術赤死訊傳來，方才罷兵。由此可見，那種認為諸子對成吉思汗的決定皆心悅誠服的說法是不符合事實的。

成吉思汗也察覺到諸子為此事而耿耿於懷，唯恐諸子因此結怨從而影響到帝國的統一大業。所以在臨終前特召諸子於帳前，諄諄教誨，要他們團結一致，服從窩闊台領導。他一再給他們講一支箭易折，多支箭合在一起難折以及一頭蛇和多頭蛇的故事。後者是說在一個嚴寒的夜晚，多頭蛇想進洞禦寒，但諸頭互相反對，互相牽扯，結果誰都沒進去，皆凍死洞外；另一條一頭蛇卻順利進洞。其用意再明白不過。

造成汗位空虛達二年之久的另一個根本原因是汗國時期仍殘存的原始民主制。即使是成吉思汗也不能完全擺脫傳統的束縛和影響。按汗國傳統，帝國之大事，包括征伐、創制、選汗及宗親的懲罰等必須通過諸王、權貴參加的忽里台大會的共同議決。而且有法令規定如果任何人由於驕傲，自行其是，想要當大汗，而不經過諸王的推選，那麼他就要被處死，決不寬容。所以窩闊台要正式即位，必須要例行忽里台大會的推選。

西元一二二九年七月，各地的宗王、皇子以及皇親駙馬、公子和萬戶、千戶諸官陸續來到怯祿連河的闊額阿剌勒的地方，準備參加忽里台大會。會議預定開四十天，前三天照慣例，大張筵席，狂歡濫飲。此後便開始討論汗位問題，經過三十五天的爭議，至八月二十四日仍「議猶未決」。時任監國的拖雷本就不願窩闊台即位，而他作為忽里台大會的主要召集人和主持者，內心對忽里台大會懷有異議，不願交出大權。耶律楚材深知其中奧妙，知道曠日持久的爭議可能會造成內訌從而影響統一大業，故而挺身而出，稟奏拖雷「宜早定宗社大計」，拖雷對曰：「事猶未集，別擇日可乎？」楚材以二十四日正是吉日，請求立斷，錯過「無吉日矣」。眾人一向敬服耶律楚材，聞此言紛紛附和，拖雷見人心所趨，知拗不過眾人，只好退讓，表示支持乃兄繼位。窩闊台循舊俗再三推讓，最後才表示同意。窩闊台就此正式登上汗位。

強化汗權

窩闊台即位後，重用耶律楚材，採取各種措施，加強大汗的權力，從而大大地推進了蒙古國家政權的發展。

首定朝臣跪拜之禮。深受漢文化影響的契丹族大臣耶律楚材深知，要想樹立大汗至高無上的權威，先從禮儀始。因此他為窩闊台即位制定了跪拜之禮，並要察合台率先垂範，直性子的察合台因系窩闊台一派，便爽快地同意了，自此「國朝尊屬有拜禮自此始」。

制定賦役制度。窩闊台初即位，有人向他提議盡去漢人，讓華北成為牧地的主張時，耶律楚材趁機進言道：以天下之廣，四海之富，何求而不得？因奏地稅、商稅、酒醋、鹽鐵、山澤之利。君臣開始商討稅利問題，規定蒙古民有馬百者輸牝馬一，牛百者輸牛一，羊百者輸羖羊一，為永制；河北漢民以戶計，出賦調，由耶律楚材主持；西域人以丁計，出賦調，由麻合沒的滑剌西迷負責。西元一二三〇年，耶律楚材奏請設立燕京等十路徵收課稅所，設使副二員，皆用士人，以掌管徵收事宜。他以重要稅率十取一，雜稅二十取一計算，十路每年所征的地稅、商稅、酒稅、醋稅、鹽稅等，可共得銀五十萬兩、帛八萬匹、粟四十餘萬石，窩闊台聽後非常高興，直誇耶律楚材為其股肱之臣。至秋季時，十路課稅業績初顯，從而為蒙古國家政權的軍事行動奠定了良好的經濟基礎。次年，窩闊台始行鹽法，立河間、山東、平陽、四川課稅所四處，每鹽一引，重四百斤，價銀十兩。又立酒醋務坊場官，榷沽辦課，以州縣長官充提點而隸屬於徵收課稅所。西元一二三二年，又設漕司於燕京，以通潞州漕運。

為了保證賦稅徵收。西元一二三三年，窩闊台以阿同葛等充宣差勘事官，首次對華北戶口進行檢括，得戶七十三萬。滅金之後，又屢行檢括，得戶數約一百一十萬之多。在戶口調查的基礎上，耶律楚材重新規定了稅法，仿唐之租庸調之法，但因蒙古國時期無所謂田制，缺乏唐代稅制的基礎，因此難以實行。另外，蒙古統治者此時亦開始建立自己所特有的民產戶籍制度，西元一二三七年，窩闊台命術虎乃、劉中考試諸略儒生，以論、經義、詞賦為三科，中選者得占儒籍；同年又遣馬珍考試天下諸路僧道，通過者給牒受戒，許居寺觀，亦另立戶籍。

分封民戶。西元一二三六年完成了中州的戶口檢括後，窩闊台又進行了大規模的分封，將中州人戶分賜給諸王、貴戚與斡耳朵，作為湯沐邑或采邑。習慣上，當時人通稱之為「投下」或「頭下」。這既是對諸王、大臣、將領在華北地區佔有民戶這種既得利益的承認，同時也是對其私占人戶的限制。耶律楚材曾以尾大不掉之慮諫阻分封，不准，便退而建議，受封者在其投下只設達魯花赤，而由朝廷任命官吏徵收租稅，規定投下民戶，每二戶出絲一斤以供官用，五戶出絲一斤以與受封者。封戶之外，不得擅招民戶；五戶絲之外，封主亦不得額外徵收。因此此次分封與以前的分封實有很大的不同。

設立驛傳。置郵傳命，本是立國的大計，在人跡稀少，居處無定的草原地區，驛傳的設置尤為重要，它不單是行政的神經，而且也是商運的血管。因此窩闊台決定由諸王各派專職的官員負責：窩闊台委派了必闍赤忽里帶，察合台委派了泰赤兀台，術赤長子拔都委派了速忽勒赤台，拖雷之妻唆魯禾帖尼委派了亦勒帶。在各兀魯斯內，根據需要開闢驛道，分撥站戶。每站設馬夫二十人，每一百戶置漢車十具。站戶每年納粟一石以供使者膳食之用。使出必須持聖旨、牌符乘驛往來。如此聯絡帝國的信傳系統初步形成了，這對以後統一大業的完成起到了十分重要的功能。

強化政權組織建設。成吉思汗時期官制初創，非常簡陋。隨著窩闊台征服事業的發展，尤其是征服華北地區以後，舊有的統治手段已無法適應需要了。為此，窩闊台採納耶律楚材等人的建議，開始關注官制建設。西元一二二九年始置課稅所，創建了專司賦稅徵收的主管機構。西元一二三一年，始立中書省，改侍從官名。以耶律楚材為中書令、黏合重山為左丞相、鎮海為右丞相，此三人對窩闊台的統一大業皆有突出的貢獻，是窩闊台三大得力輔臣。耶律楚材與鎮海（克烈部人），原本是分司漢文和回回文的必闍赤（即書記官），由於政務的需要，窩闊台開始依仿漢制將其內廷必闍赤兼掛相銜，以處理日趨冗繁的文書事務，中央最高的行政機構開始從內廷初步分立出來。西元一二三四年滅金以後，窩闊台又進一步強化政權建設，任命胡土虎那顏為中州斷事官，綜領華北地區的刑獄、財賦與軍事。由於其衙門設在燕京金海陵王所建的瓊林園內，所以人稱「司瓊林園之台人」，時人則曰「行台」。稍後，一般人即以燕京行尚書省稱之，它實為蒙古統治華北地區的最高地方行政機構，與在和林汗庭的中書省相表裡。

針對華北地區諸路長吏兼領軍民財賦，「往往恃其富強，肆為不法」的情況，耶律楚材提出，請以長吏專理民事，萬戶府總軍政，課稅所掌錢谷，各司其職，此地方政權三權分立的建政原則被窩闊台採納，「遂為定制」。

耶律楚材還極力說服窩闊台改行文治路線，他進言說：「天下雖得之馬上，不可以馬上治。」在他的主持下，西元一二三五年奏設編修所於燕京、經籍所於平陽，編集經史，任命儒士梁陟主管其事，王萬慶、趙著副之。西元一二三七年，窩闊台又命術虎乃、劉中分別考試諸路儒士，中選者得入儒籍，並選充本籍貫議事官。為了表示崇儒，詔以孔子五十一世孫元措襲封衍聖公。

營建都城和林。西元一二三五年，窩闊台擇定在鄂爾渾河上游東岸他的帳幕所在地哈剌和林（突厥語，意為黑岩石）附近建城，作為蒙古國的帝都。該城富麗堂皇，雕樑畫棟，每邊寬約一射程，正中建有一座雄偉高大的宮殿，稱為合兒石（行宮）。作為自己洪福齊天的禦位所在地，並令宗王權貴們在京城週邊營建邸舍，方圓約五里，初具城市規模。儘管在蒙古汗國時期，大汗始終保持四時遷徙的習慣，然和林城已逐漸負擔起固定的政治中心的功能。

頒佈大紮撒、規範行為。為了約束蒙古貴族等的行為，窩闊台即位後，即先後兩次在忽里台大會上頒佈大紮撒（即法令）。西元一二三四年，窩闊台在達蘭達芭之地召開的忽里台大會上，進一步申明條令，對諸如參加大會、出入宮禁、軍中甲長的許可權、妄議公事、軍官違禮犯罪以及貴族的日常生活等方面都做了嚴格的規定，違者皆有處理方法。這些法令對維護大汗的權威無疑起有重要的功能。

強化軍事鎮壓功能。當蒙古統治者佔領華北以後，針對定居農耕的被佔領者，其鎮守方式自然不能不與對遊牧部族統治的方式有所區別。西元一二三六年，窩闊台始以五部探馬赤軍分鎮中原：闊闊不花鎮益都、濟南，按察兒鎮平陽、太原，孛羅鎮真定，肖乃台鎮大名，怯烈台鎮東平，從而構成蒙古對華北地區軍事統治的主要體系。同時由於疆域擴大，戰線延長，原有軍力已不足需要，為此窩闊台決定從各被征服民族中徵兵，並正式建成了由劉黑馬、肖紮剌及史天澤為長的三個漢軍萬戶。稍後，又增置了張柔、嚴實、張茱及李☒四個，合為七漢軍萬戶。這些軍事行為對後來蒙古統一起著重要功能。

聯宋滅金

西元一二二七年，成吉思汗病故前仍念念不忘滅金大業，並制定了滅金的戰略大計：金精兵在潼關，南據連山，北限大河，難以攻破。若假道於宋，宋金世仇，必能許我，則下兵唐、鄧，直搗大樑。金急，必徵兵潼關，然以數萬之眾，千里赴援，人馬疲憊，雖至而不能戰，破之必然。

窩闊台繼位後，決定遵行成吉思汗的策略，親率大軍伐金。

西元一二三〇年秋，窩闊台戰前視察軍隊，當他看到整兵儲餉已經完成，馬壯草肥，正是遊牧民族出征的好時機，便決定偕同幼弟拖雷及拖雷之子蒙哥等人率師親征，入陝西，連破柵寨六十餘所。金將完顏合達、移剌蒲阿奉命赴援，但聽說蒙古兵勢甚強，料非所敵，兵至半路乃停滯不前，轉而將軍隊帶往有天險之名的潼關，以圖自保，金主完顏守緒明知底細，卻也無可奈何。

次年五月，蒙古軍攻克鳳翔，完顏合達等決定棄守京兆，從此潼關以西非複金有。不久，窩闊台遷至官山九十九泉駐夏避暑，召集諸王將領商議滅金的部署，決定以戰略大迂回，實施「聯宋滅金」的計畫，並決定兵分三路推進。

中軍由窩闊台率領，由風翔回軍河東，攻河中府，然後轉向洛陽；左軍由斡陳那顏率領，進攻濟南；右軍由拖雷率領，自鳳翔入寶雞，進入宋境沿漢水而下，達唐、鄧轉攻汴京，預計三軍於次年春會師於汴梁城下。

十月，窩闊台軍進攻河中府，金將完顏訛可以三軍兵力，拼死拒守，別將以萬人來援，雙方力戰，至十二月，蒙軍方攻下河中府城。

拖雷右軍南下取寶雞，九月攻克大散關進入宋境，攻破饒峰關，由金州向東南挺進，攻取房山，再揮師東下，兵鋒指向鄧州、汴京。金主聞訊，甚感危急，急派完顏合達、移剌蒲阿率部駐屯鄧州。十二月，金將楊沃衍率部八千，武仙率部萬人亦向鄧州靠攏，屯駐於順陽。時金軍在鄧州一帶防線的兵力達二十萬之多，由完顏合達、移剌蒲阿任總指揮，力圖與蒙軍決一死戰。

西元一二三二年正月，兩軍相遇於鈞州三峰山。此時，窩闊台已聞知拖雷東下後轉而北上的消息，即遣嗣國王塔思（木華黎之子）與諸王阿剌赤歹等先行渡過黃河，至三峰山，與拖雷兵匯合。窩闊臺本人也率軍由白坡涉渡黃河，進至新鄭。

時天降大雪，拖雷揮師乘機奮擊，金軍大敗，合達走避鈞州，蒲阿被擒。窩闊台又乘勝進破鈞州，斬合達，又攻下許州；三月，窩闊台與拖雷撤兵北還，留速不台圍攻汴京，令塔思與忽都虎統兵略定河南州郡。

速不台率軍猛攻汴京十六晝夜，城內外金兵死傷以萬計。金國將帥面對強敵，無計可施，只好接受蒙古使者的議和條件，向蒙古請和。然守城軍民卻奮勇當先，抵抗到底，他們用「震天雷」和「飛火槍」（世界上最早的火器）對付蒙古軍，速不台軍遭到嚴重威脅，被迫停止攻城，退兵散屯於河、洛之間。

七月，窩闊台派唐慶為議和使，率三十餘人赴金。金主聞訊，托疾於床榻上召見唐慶，唐慶頗為不滿，應言不遜，當晚，金飛虎卒申福，襲殺唐慶一行，議和告終。窩闊台決定再次親征，自率師屯紮居庸關，充拖雷後援。金主聞訊，立即飛檄各處勤王，然金軍不堪一擊，汴京重又陷入極度混亂之中。事有湊巧，時窩闊台忽然患病，使搖搖欲墜的金都，幾落幾起，又得苟延殘喘。

窩闊台得病後沒幾天便昏迷不省人事，迷信者召巫卜前來卜祝。一天，窩闊台忽然睜開眼，要水喝，又問巫師吉凶如何，巫師因言道：可汗若得病癒，必須以親人代之。時恰好拖雷來探病，請求代兄事神，巫師於是取來一碗經過咒語處理的水，拖雷飲畢，暴卒。拖雷之死，朝廷上下頗有議論，或言神祇顯靈，或言別有陰謀。但在君君臣臣的時代裡，史官記載此事時，一方面給拖雷之死蒙上一層神秘的色彩，另一方面又大肆渲染拖雷代死及飲用咒水之事。事實上，據史家考論，拖雷之死，實因窩闊台妒忌他的軍事才能與卓越的戰績，唯恐汗位不保之故。

再說金汴京無援，糧草告急，而蒙軍壓境之勢絲毫也沒減弱。哀宗決計出走，遂召集部下，封官封爵以打氣壯威，但這些都已無法挽救金亡的厄運了。十二月，哀宗逃往歸德。不久，汴京守將崔立發動政變，投向蒙古。速不台隨即入城，汴京遂下。

哀宗至歸德不久，蒙軍又至。蒙軍將領撒吉思卜華在歸德城北，臨城背水紮營，以圖進取，哀宗令軍中準備火槍，乘夜劫營成功，蒙古兵退。哀宗認為歸德不可久留，決意遷往蔡州。

為了徹底消滅金軍，蒙古軍遣使至宋，和宋組成聯軍攻金，宋以復仇為謀，同意借助蒙古勢力對付金朝，蒙宋雙方一拍即合。西元一二三三年八月，宋軍由孟珙率領，蒙軍由塔察兒率領，聯合進攻蔡州。九月，蒙軍至蔡州城下，築長壘作久困之計。十一月，孟珙以襄陽兵二萬，運糧三十萬石來會，十二月，敗武仙於息州。金軍雖仍有抵抗，但哀宗自度亡命在即，遂於西元一二三四年正月，慌忙傳位於元帥承麟，不久，城陷，哀宗自縊身亡，承麟亦被亂兵誅殺。至此，金朝亡於蒙古。

三路掠宋

西元一二三四年，蒙古聯宋滅金後，遂佔據陳、蔡等地，令漢將劉福為河南總管，負責戍守其地，而大軍北還。此時，南宋朝廷主戰派得勢，主張乘蒙軍北還之際，撫定中原，收復三京（西京洛陽、東京汴梁、南京商丘）。六月，宋軍攻佔汴京，後又攻佔洛陽。蒙古以為宋朝毀約，便決定南下攻宋，從此雙方拉開了長達四十多年的戰爭序幕。

西元一二三五年六月，窩闊台決定兵分三路南下：西路軍由窩闊台次子闊端與塔海率領，從鞏昌入蜀；中路軍由窩闊台三子闊出與侄子呼圖克、張柔等指揮，直驅荊襄；東路軍由口溫不花與降將史天澤統領，挺進江淮。三軍自四川至淮河間向南宋展開了正面攻勢。

西路軍首先進入大散關，經過幾次戰鬥，拔除了蜀邊的宋軍據點，十月至鞏昌，十二月陷沔州，進圍制置使趙彥吶於青野原，御前諸軍都統制曹友聞馳援解圍，蒙軍亦退。曹友聞屯仙人關以扼守。次年九月，闊端出大散關，破武休關，入尖元，直逼大安。趙彥吶調曹友聞控扼大安，曹不聽調遣，擅至雞隘關，以陽平關為戰場，與蒙軍進行決戰，遭全軍覆沒。從此，蜀門洞開，蒙古軍得以長驅直入。

十月，西路軍攻克成都，分軍對蜀地縱掠，一月之間，包括成都、利州、潼州在內的五十四州皆被攻破，所存僅夔州一路及潼川、順慶府而已。不久，闊端除留塔海繼續攻掠四川外，自率主力於西元一二三六年底，離開四川。

中路軍西元一二三六年一月，自唐、鄧南下，指向襄樊，三月，宋京湖制置使趙范向蒙古軍獻襄陽倉庫投降，蒙古軍不戰而得襄陽，此後，隨州、棗陽等地皆被攻佔。十一月，闊端死於軍中。次月，攻江陵，宋將孟珙救援，蒙軍失敗。此後數年，荊襄戰場，除小規模戰役外，無大戰可言。

東路軍於西元一二三五年七月進取唐州後，為掩護中路向江漢方向進攻，於次年十月，才開始向江淮方向發動攻勢。首先佔領淮西固始縣，淮安宋將呂文信、杜林等率數萬軍隊投降。十一月，蒙軍又連下蘄、舒、光等州，急攻合肥不下。次年冬，塔思與口溫不花攻光州，另掠黃州，為孟珙擊退，遂攻安豐，又被迫退兵，宋淮右以安。西元一二三八年九月，察罕率兵再攻廬州，又為杜杲所敗，東路軍遂引兵北還。

此次三路掠宋，並沒有據而有之之意，蓋因金朝初滅，北方統治未穩，加之蒙軍主力西征，因此，掠宋之舉主要出於對南宋收復三京之舉的報復。

遣軍西征

西元一二三五年，窩闊台在首都和林召開忽里台大會，決定遣軍西征，以完成其父未竟之西征大業。蒙古西征軍由四系（術赤、察合台、窩闊台、拖雷）諸宗室長子為統率，總兵力十五至二十萬人，諸王以拔都為統帥，大將速不台任副統帥（實乃前線總指揮，主持軍務）。故史稱「長子出征」。

西元一二三六年春，各部諸王自駐地率軍向拔都的封地（即裏海以東吉爾吉斯草原一帶）彙集。然後沿著烏拉爾山的南端，沿裏海北側向西挺進，至伏爾加河下游草原地帶後，拔都主持召開了首次作戰會議，通過對敵情的分析，認為蒙軍應首先排除兩大威脅：保加爾和欽察，再集中全力擊破俄羅斯，而後向中歐挺進。

西元一二三六年春，西征軍在布里阿爾（欽察鄰國，在伏爾加河與卡馬河上游）城首戰告捷，隨即進攻欽察。欽察諸部中有個叫八赤蠻的部落酋長，十分勇敢，屢屢頑抗，給蒙軍造成重大損失。速不台氣憤至極，遣大軍壓境，擊敗八赤蠻，活捉其妻，然八赤蠻卻逃入裏海中一個小島上。蒙軍趁大風水淺涉渡，生擒八赤蠻，布里阿爾等部被征服。

是年冬，速不台率軍進攻保加爾，盡降其眾。次年春夏之交，蒙古西征軍陸續到達伏爾加河畔，並迅速渡到對岸，對欽察進行猛烈進攻，蒙哥消滅欽察一部，另一部西逃，餘眾投降。

西元一二三七年十二月，蒙古西征軍在土著人的引導下，分三路沿著頓河和頓涅茨河，攻入俄羅斯境內，最先受到衝擊的是也烈贊公國，雙方經過五天激戰，城破，城主也里夫婦自殺，其子也命喪蒙軍刀下。西元一二三八年，大軍進逼莫斯科城，亦經五天激戰，奪其城。然後大軍又向公國首都弗拉基米爾方向進攻。大公尤里二世責令其二子留守都城，自己則撤至伏爾加河上游，組織抵抗。拔都鑒於此種形勢，決定讓萬戶孛欒台率前鋒向北挺進，而由蒙哥親率大軍猛攻弗拉基米爾城，六天以後，城破。不久，尤裡大公在錫季河地區受到蒙古大軍的包圍，全部被殲。由於春天將至，冰雪融化對蒙軍作戰不利，故蒙軍及時做出決定：南下再次入侵欽察。欽察酋長霍都思罕力不能敵，逃入馬紮兒（匈牙利）。於是，蒙軍所經之處，無不紛紛獻城納款。

西元一二四〇年，蒙古軍經過休整後，決定再次西進。秋，蒙古軍連克兩城，直趨乞瓦（今烏克蘭基輔）。先遣使諭降，遭拒絕，蒙古軍遂攻破其城，居民盡遭屠殺。再西進至加里西亞，攻陷其都城弗拉基米爾沃倫斯基城。然後再分軍二路，一路向南進攻加利奇；一路西北進攻霍兒姆。次年春，二城皆下。從此，蒙古西征軍全部佔領了南俄羅斯，並集軍於加利西亞境內，休整後準備進攻波蘭和匈牙利。

西元一二四一年春，蒙軍分兵二路，主力由拔都及其諸兄弟、速不台率領入侵馬紮爾；另一路由拜答兒、兀良合台率領入侵孛烈兒（即波蘭）。一個月後，蒙軍大敗波蘭軍，乘勝南進，至波希米亞邊境。遭到頑抗，蒙軍傷亡慘重，被迫退往匈牙利，與拔都軍會合。

拔都所率主力分三路入侵匈牙利，擊敗其主別勒四世大軍，別勒單身逃走。夏秋之際，蒙古軍駐營多瑙河以東，分兵四掠。冬季，蒙軍猛攻格蘭城，陷之，然後分遣合丹軍窮追別勒，別勒被迫四處避難。

恰逢此時，窩闊台死訊傳至軍前，拔都由於內部汗位繼承問題而急於撤軍東還，歷時近七年之久的西征結束。

降服高麗

先是西元一二一六年，成吉思汗伐金戰爭中，遼東的契丹人金山、元帥六哥等率領其眾九萬餘人叛金，亡入高麗。西元一二一八年，成吉思汗遣軍與高麗國王王日共同討滅六哥，高麗王表示願發輸貢賦。但西元一二二四——一二三一七年間，高麗信使不通，貢賦不入。西元一二三一年八月，窩闊台決定用軍事教訓一下高麗，因遣撒禮塔征討，取其城四十餘座。王遣其弟懷安王促請和，撒禮塔同意講和，並設王京及府、縣達魯花赤七十二人為監而還。次年六月，盡殺蒙古所設達魯花赤以叛，遷避江華島。窩闊台決定複遣撒禮塔往征，然不幸喪命於王京南處仁城之戰，蒙古軍被迫撤退，僅留降臣洪福源留守。西元一二三三年，高麗悉眾來攻西京，洪福源被迫率所部來附蒙古，蒙古將其安置在遼、沈之間，任命洪氏為管領高麗歸附軍民長官，招討本國未附之民。同時遣使高麗，數之罪。西元一二三五年，窩闊台復遣唐古拔都兒與洪氏率兵進討，陸續攻陷其大片領地。西元一二三八年底，王被迫請和，以後雖連年貢獻不絕，但卻托詞不親自來朝，至西元一二四一年始派族子綧為己子入質於蒙古汗國。

窩闊台汗在位十三年，在軍事上能繼續其父成吉思汗的意願，完成了滅金大業，完成北中國的統一；三路大軍對南宋的侵擾與破壞，雖無力吞併南宋，但卻顯露了蒙古必將亡宋的大勢，並為忽必烈統一全國奠定了一定的基礎；長子西征，兵鋒所指，所向披靡，令世界震撼。蒙古遊牧民族的大規模軍事西征，對世界歷史由區域走向整體起到了積極的推動功能。縱觀窩闊台在軍事上的作為，較之乃父有淋漓的發揮，雖然其軍事才能遠遜於成吉思汗。

在政治上，窩闊台在父業的基礎上有了較大的發展，汗權得到了強化，統治進一步穩定，他所制定的很多制度雖然不盡完善，但畢竟是從武治轉文治的良好開端。窩闊台之所以在政治上有如此的作為，這與他器重耶律楚材、黏合重山、劉敏、鎮海等非蒙古出身的賢臣是分不開的。晚年時，耶律楚材等人遭排斥，他開始重用一批回人來統治漢地。如西元一二四〇年他任命回人商人奧都拉合蠻提領諸路課稅所所官，西元一二四一年任命牙老瓦赤主管漢民公事，從此蒙古朝政日趨貪酷，統治亦趨於混亂。

窩闊台性喜奢侈，揮霍無度，最終喪命於飲酒過度。

窩闊台生前也曾客觀地做了自我評價。他說他自繼位以來，做了四件好事，也做了四件錯事。好事是：平定金國，建立驛站，在無水之處打井，在各城池內任命了探馬赤鎮守。做錯的事是：沉湎於酒色，聽信讒言娶了幼叔帖木格斡惕赤斤百姓的女子，因私害死了忠義的朵豁勒忽，因怕野獸踐踏築牆柵圍住了兄弟的封地以致兄弟埋怨。人之將死，其言也善。引自《蒙古秘史》上的這段自我評價，姑且不論其是否出自窩闊臺本人，但論其內容，確也客觀。

王兆良　文

第十二章
元太宗　窩闊台

第十三章

明成祖　朱棣

明朝有國二七七年，傳十六君，是中國歷史上一個重要的朝代。除太祖朱元璋開國創業外，文治武功可為後世稱道的首推明成祖朱棣。

朱棣是明太祖的第四子，生於元朝至正二十年（西元一三六〇年），其母是一個封號為碽妃的蒙古女子。朱棣容貌雄奇魁偉，須髯長而茂密，資質智勇有大略，倜儻有大志。

太祖希望朱棣成為強有力的藩王，忠心耿耿拱衛皇室，使朱家的天下永久傳承，並建立周公那樣的偉業。因此，太祖分封朱棣為燕王，鎮守北平，以元大都宮殿為王府。太祖派驍將華雲龍做燕府武相，又賜給燕王中、左二護衛，侍從將士五千七百餘人，還為朱棣娶名列開國功臣第一的大將軍中山王徐達之長女為妃。朱棣到北平以後，由鎮守北平的徐達陶冶培養，並共同籌畫修建北平及其周圍的長城防線。實戰鍛煉使朱棣成為傑出的軍事人才，他數次引兵出塞建立戰功。

洪武三十一年（西元一三九八年），太祖逝世，皇太孫朱允炆即位，採用齊泰、黃子澄的謀議削奪諸藩，朱棣以誅奸臣、「清君側」為名起兵「靖難」。戰爭進行了四年，以燕王攻陷京師取得勝利而告終。燕王即位成為明朝的第三君主，年號永樂，在位二十二年（西元一四〇三——一四二四年），死後的廟號先為太宗，後改成祖。

營建北京，天子守邊

永樂初年，明成祖為了證明自己是不得已起兵靖難，即位後以護藩之名出現，復周、齊、代，岷各王的封號封國，厚賜各王復國重建家園；又改湘王惡謚，修陵墓並設官保護。一時各藩紛紛到京師朝拜，他在華蓋殿大張筵宴款待諸弟。各藩世子也來朝京師，由皇太子在文華殿隆重款待，觥籌交錯，歡歌笑語，場面極其隆重熱烈。表面上兄弟、叔侄之間親情融融，實際上成祖早有削藩打算，而且策劃安排尤勝過建文帝。

一是削弱塞王們的兵權。成祖擺出大兄長關懷小兄弟的架勢，說邊地苦寒，生活條件惡劣，而內地都是好地方，又靠近京師，便於兄弟之間常相聚共敘手足之情，同享天倫之樂，將邊塞王們徙封內地。如徙谷王於長沙，給予厚賞，賞谷王開金川門迎駕之功；徙遼王於江陵，還告訴遼王江陵平安，不要護衛，應把原有的遼府三護衛留在廣甯守邊；徙甯王於南昌，因甯王善計謀，特派密探嚴格防範，甯王深知身被幽禁，不得已日日韜晦以度餘年，構築一套精緻小屋，彈琴、讀書以打發時光；代王荒唐殘暴不能有所作為，故列出其罪狀數條，以此為由罷了他的三護衛；肅王早在建文時已由甘州徙蘭州；慶王忠順，又與成祖關係甚好，所以只是派遣一些大將加強西陲的屯戍，不以慶藩勢強為憂。

二是削奪不馴服的諸王。如齊王專橫暴戾，谷王反覆小人，陰謀不軌，因此廢去齊、谷藩封。岷王在昆明與鎮守官沐晟關係緊張，成祖斥責岷王並將岷王徙封湘西武岡，奪去護衛。周王是成祖同母弟，雖賞賜甚豐厚亦不使其地處中土開封而擁重兵，奪周王護衛。這些舉動使各藩都知悉了成祖以藩封擁有護衛為憂，每有所責即自請向朝廷納還護衛，藩王護衛遂漸次被削奪。

三是借助尊禮守法的藩王的力量以管理諸王。在藩王中楚王朱楨和蜀王朱椿號稱最尊禮守法的賢王。楚王年長，晉封為「宗正」，使掌宗人府事務，代皇帝成為朱氏宗族的大族長。又借楚、蜀的力量處理谷王謀反事件，稱讚蜀王對待同母弟谷王不包庇，大有周公安王室之心。

強藩威脅皇權之憂解除了，只是原來設在長城一線綿延強悍的防禦力量也隨之消失，諸王守邊結束，該是天子自己守邊了！

明朝承元之後，與退到漠北的蒙古族勢力始終是緊張的敵對關係，這是明朝歷史的一大特徵，也是太祖載入《皇明祖訓》憂心忡忡的重大問題。太祖以諸王守邊，寄希望於諸親子，所以定都南京。成祖削奪諸王兵權且徙封內地，但抵禦蒙古進攻的力量卻不能減少。故而成祖即位以後常常親臨北方邊防指揮部署，改北平為北京，經常駐蹕舊藩邸，實行天子守邊。他還在北京設置了一個專門的「行部」以處理日常政務。北京事實上在永樂初年就已經成為明朝的政治中心。

永樂四年（西元一四〇六年），成祖決計營建北京，以北京為京師，命泰寧侯陳珪主持建造宮殿。陳珪經營規劃有條理，起了較好的組織和領導功能。七年（西元一四〇九年），選北京北郊昌平縣（今昌平區）轄的一片山地為陵區，命武義伯王通主持營建長陵。永樂時的工部尚書吳中，精於營建業務，辦事勤敏且精於計算，在工部任職二十餘年，北京宮殿和長、獻、景三陵的營造均有吳均參與組織規劃。來自交阯（今越南）的宦官阮安，有奇巧，奉成祖命令參與北京宮室、陵墓、官廨、街道的通盤規劃，是傑出的建築設計師。還有許多具有高超技藝的工匠參加了北京的營建，如木工蔡信，長於調度；民工楊青，尤善粉飾彩繪；木工蒯祥，技藝精湛，人稱「蒯魯班」；石工陸祥，刻鏤石料成華表、丹陛、石獸，可稱曲盡其巧。而服役的十餘萬工匠、上百萬民夫都是建設北京的基本力量。

十一年（西元一四一三年），長陵地宮和地面建築竣工，自南京遷葬徐皇后入長陵。十八年（西元一四二〇年），北京宮殿主體完工，成祖正式改京師稱南京，以北京為京師，並於永樂十九年（西元一四二一年）正月初一登奉天殿受百官朝賀，從此明朝正式宣佈以北京作為政治、軍事的中心。遷都北京使成祖能就近指揮長城一線的軍事防禦，抵抗蒙古族的軍事進攻，保證了國家的統一和長城以內社會環境的安定，有利於經濟的發展。從上述方面看，遷都北京具有積極意義，應予以肯定。

成祖在位的年代是明朝的極盛時期，他五次親征漠北，自任主帥指揮戰鬥，如果是仁懦的建文帝繼承著祖業，必定不能建立這番武功。對這一點，就是當年那些視成祖為篡逆的史家們也是毫不諱言的。

現在討論明朝與蒙古族的鬥爭，認為那是中國歷史上國內的民族關係，不必侈言什麼張大國威。但在明朝建立之初，元順帝北走，在沙漠裡建立北元政權，時刻不忘捲土重來，經常伺機進攻明朝。太祖用懷柔的辦法，厚待被俘的順帝太子愛猷識理達臘的兒子買的里八剌，不准用侮辱性的獻俘儀式而冊封為崇禮侯。三年以後又讓買的里八剌北歸，此時元順帝已死，太祖專門作書帶給愛猷識理達臘，希望達到和好的共識，但並未得到友好的回應，而用兵又難深入，故而太祖深以北邊為憂。北元六傳至坤帖木兒，為部下鬼力赤所殺，鬼力赤去北元國號稱韃靼。不久，鬼力赤又為部下阿魯台所殺，阿魯台尋得北元後裔本雅失里為主。政權的頻繁更迭說明蒙古內部的不穩。明成祖即位後，屢次遣使詔諭，希望與本雅失里結成和平的隸屬關係，本雅失里不從，還殺了明朝的使臣。成祖因遣丘福為大將軍往征。丘福冒進深入沙漠，遇伏敗沒。故而成祖決計親征，主演了五次親征漠北的雄壯威武的連台劇。

永樂八年（西元一四一〇年），成祖率五十萬眾出征本雅失里和阿魯台，成祖親自麾兵奮擊，大敗本雅失里於斡難河（俄羅斯境內之鄂嫩河），本雅失里西奔，與阿魯台分而為二。阿魯台求和並來朝貢，本雅失里被佔據河套的蒙古別部瓦剌的首領馬哈木所殺。阿魯台因向明朝表示請求內附，並請為故主復仇征瓦剌，成祖封阿魯台為和甯王，班師回朝。

永樂十二年（西元一四一四年），因馬哈木猖獗，成祖親征瓦剌，大敗瓦剌軍，馬哈木遠遁。

永樂二十年（西元一四二二年），阿魯台經過十數年的生聚積蓄了力量，勢力逐漸強大起來。經常威脅明朝的北邊，又率眾窺伺興和（河北張北）。興和是貼近長城的千戶所，與長城內的張家口遙遙相望。阿魯台野心膨脹，成祖於是決定親征阿魯台。阿魯台不敵遁逃，成祖焚去阿魯台的軍器輜重，收取了阿魯台的牲畜，勝利班師。

永樂二十一年（西元一四二三年）秋，邊將奏報阿魯台將入侵，成祖統兵出塞。駐紮塞下以逸待勞。阿魯台聞大軍到來，懼而西遁，為瓦剌所敗。王子也先土干率妻子部屬來降，成祖封也先土干為忠勇王，賜姓名為金忠，金忠還到京師請求報效，成祖因不欲士卒過分勞苦而息兵班師。

永樂二十二年（西元一四二四年），開平邊將奏阿魯台不斷侵犯大同、開平各重要隘口。成祖決計五征漠北。諜報阿魯台聞成祖親征，退走答蘭納木耳河（今內蒙古與蒙古人民共和國接壤處的哈拉哈河上源），成祖命進軍追擊。前鋒官張輔等到達答蘭納木兒河，進駐河上窮搜山谷三百餘里，不見阿魯台蹤影，乃命招諭阿魯台下屬的諸部，下詔書揭露阿魯台不斷犯邊破壞雙方友好關係的罪行，並宣稱對阿魯台來降的部下善待不殺。這時成祖已是六十五歲高齡的老人，早已承受不了風餐露宿的征戰勞苦，更不能像昔日那樣奮擊拼搏，他已懶聞金鼓、厭倦用兵，在征途中命歌唱太祖的禦制詞五章，又歌自製詞五章以自勵自勉。

五征漠北的歸途中，成祖的生命畫上了句號。真是風蕭蕭兮榆木川（今內蒙古多倫西北），成祖北征兮不復還！

成祖面對退居塞外又時時不忘捲土重來的蒙古貴族，立足於整飭邊防、修築長城，設置重鎮九邊，任命大將強化鎮戍。身為六軍主帥，他親自麾兵奮擊；他與士兵同甘苦，有愛兵如子的大將風範。五征漠北實有武功，武功的價值在於保證了長城以內長時期的和平與安定，有利於人民的生活和生產的發展。

威德遐被，治理奴兒干

明成祖永樂年間，設置了奴兒干都指揮使司，簡稱奴兒干都司，從而將自古以來即是中國領土的黑龍江流域、烏蘇里江流域及庫頁島地區，在前代的基礎上進一步經營並設置機構加以直接治理。

黑龍江古稱「黑水」，文物資料確鑿地表明遠在新石器時代，黑龍江、烏蘇里江流域就與中原地區有密切的經濟、文化聯繫。這裡最古老的居民叫「肅慎」，乃是中國滿族的先民。從《國語・魯語》說周武王克商以後，肅慎氏來朝，向周武王獻楛矢石砮的文獻記載開始，東北各族的居民從來都與中原王朝保持著密切的政治、經濟、文化聯繫。唐朝時對黑龍江、烏蘇里江流域的管理前進了一大步，建立起一些管理機構，如黑水都督府和渤海都督府等。遼朝和金朝，本是崛起於呼倫貝爾草原上的古代少數民族契丹人和女真人所建，理所當然地對黑龍江、烏蘇里江流域直接進行管理。遼朝在東京道之下設置五國部節度使管理黑龍江下游。金朝的蒲與路、胡里改路、恤品路都是直接治理黑龍江、烏蘇里江流域的地方行政機構。

元朝完成了中國歷史上的空前大統一，在東北地區設置遼陽行中書省，省下設有七路，其中的開元路和水達達路就是管理黑龍江和烏蘇里江流域包括庫頁島在內的地方行政機構。

歷史發展必然要求承元而建立的明朝對國家的東北邊境進行有效的管理。太祖時期，以納哈出為代表的一支元朝殘餘勢力還十分強大，盤踞在遼東一度隔絕了明朝與黑龍江和烏蘇里江流域地區的聯繫。明太祖擊敗納哈出，設置遼東都司，促使東北地區環境安定，為永樂時對遼東以北地區的招撫和奴兒干都指揮使司的建立創造了條件。永樂七年（西元一四〇九年），明成祖正式宣佈設立奴兒干都司。

奴兒干都司的範圍西起斡難河（今俄羅斯鄂嫩河），東至庫頁島，北達外興安嶺，南瀕日本海。

所轄地盤廣袤遼闊。奴兒干都司的首府設在黑龍江下游東岸亨滾河口的特林（今俄羅斯蒂爾城），成祖任命康旺為從二品都指揮同知，王肇舟為正三品都指揮僉事率常備軍三千人鎮守和管理奴兒干地方。

奴兒干都司下屬的衛所共有一百八十餘個，如囊哈兒衛設在庫頁島上，兀的河衛設在烏第河，斡難河衛設在鄂嫩河上，古里河衛設在外興安嶺南麓，雙城衛設在雙城子（今俄羅斯烏蘇里斯克），其他如喜樂溫河衛、木陽河衛、通寬山衛、阿真河衛等都設在符拉迪沃斯托克的周圍。奴兒干都司轄下的衛、所官多由東北各民族的酋長擔任，各衛所管轄的範圍由明朝審定批准，奴兒干都司及其下屬衛所都無一例外地執行明朝的政策和法令，按時繳納貢賦。遂使自古以來與中原地區關係密切的整個黑龍江、烏蘇里江流域的政治、經濟、文化，宗教信仰和風土人情都表現出中國固有的傳統。

明成祖除委派官員治理奴兒干外，還常常自中央遣特使巡視奴兒干地方。宦官亦失哈就曾當過特使，他是明成祖特選的對「東事」很有經驗的海西女真人，曾擔任多年的遼東鎮守太監，多次奉命巡視奴兒干。

永樂九年（西元一四一一年）春，亦失哈第一次來到奴兒干城，與亦失哈同來的有康旺和王肇舟。亦失哈是作為明成祖的特使送康、王兩位官員到奴兒干城來正式上任的，他們共帶來官軍千餘人，巨艦二十五艘，浩浩蕩蕩，十分威嚴。

永樂十年（西元一四一二年），亦失哈作為特使奉命第二次自海西抵達奴兒干，後又渡海頓庫頁島，並以中央朝廷的名義，廣泛賜給當地土民衣服、器用，又散給米穀，宴以酒食，士民倍感親切，無不踴躍歡欣。此次亦失哈巡視時還在奴兒干城修築了一座佛教寺廟——永寧寺，在寺內刻石立碑，記載了建立和巡視奴兒干都司的經過。後來到宣宗宣德年間，成祖選用的亦失哈又多次為特使奉宣宗之命巡視奴兒干地方，又主持修繕永樂時建造的永寧寺，並在寺中再一次刻石立碑。第一塊碑刻的是《敕修奴兒干永寧寺記》，正面鐫漢文，背面刻女真文、蒙古文各一半，內容是漢文的摘譯，碑的左右兩側各鐫漢、蒙古、藏、女真四體文字的佛教佛法無邊「唵嘛呢叭吽」六字真言。這兩塊碑刻至今猶存，雄辯地證明了奴兒干地區在明代是毋庸置疑的中國領土。

在明代，從永樂開始，一直到萬曆，明朝共在奴兒干都司之下設有三百八十四衛，二十四千戶所，七站、七地面、一寨，都司官員是朝廷委派的命官，可子孫世襲。衛、所官員大部分是當地各族的酋長，任命時要由朝廷授給印信、敕文和朝服。奴兒干都司的各級官員都要聽從朝廷調發，並勠力同心鎮守邊疆，各衛、所要按規定向中央定期繳納貢賦，衛、所間的矛盾由朝廷排解處理，衛、所的遷移或管理範圍的變動要由朝廷批准，衛、所官員必須聽從朝廷的一切政令。戍守奴兒干城的邊防軍戍期一至二年，期滿即輪換。為了有效地運送戍軍，按時上繳貢賦和下達政令，成祖繼續實行元朝的「站赤」制度，並根據需要加設新驛站，從遼東都司到奴兒干都司，設置了幾十個驛站。為了充分利用舟楫之利，還在松花江上修建了一所製造「巨舡」的船廠，因而「船廠」兩字成為奴兒干都司境內一個重鎮的名字。船廠又稱為「吉林烏拉」，這是滿語「沿江」的意思，其地即今天的吉林市。永樂年間，有一個名叫劉清的遼東都指揮使曾在船廠主持營建巨舡以便利奴兒干地區的水上交通。

奴兒干都司管轄下的東北各族人民，與肅慎、挹婁、勿吉、靺鞨、室韋、女真等都有著歷史淵源，他們又是滿、鄂倫春、鄂溫克、錫伯、赫哲、達斡爾等東北各族的先民，是中華民族不可分割的組成部分。明代將其統稱為女真，只是按其居住地域和不同的生活習俗大體區分為建州、海西、野人三部。其中建州女真與明朝中央的地理位置相距最近，「建州」得名於永樂元年明成祖賜阿哈出名李思誠並任命李思誠為建州衛指揮使。後來明成祖又娶李思誠之女為妃，建州衛由原地不斷向西南遷徙並愈來愈多的接受漢族經濟、文化薰陶，成為女真各部中發展最快的一支。明成祖設置奴兒干都司，對奴兒干地區進行有效的管理，促進了東北各族的發展和進步，加強了中華民族的凝聚力。

政事之美，班班可考

明太祖是起自微寒頗知民間疾苦的創業之君，所立下的內政成法絕大多數都是有利人民生活安定和社會生產恢復和發展的。明成祖既是子承父業又是再創業，頗知艱難辛苦，他經常強調貫徹太祖的成法，用以鞭策激勵自己不隳明業。即位以後的內政，後世史家稱之為「政事之美頗班班可考焉」！

恢復農業生產是明成祖內政措施的第一項。建文四年（西元一四〇二年）六月十七日成祖即位，七月初一的第一道詔書就是免去山東、北平、河南被戰爭蹂躪的州縣三年賦役。這三個地區沒有經過戰爭的州縣連同鳳陽、淮安、徐州、滁州、揚州及直隸夏、秋稅糧盡都蠲免，所有全國州縣悉數蠲免田租的一半，還免除在此之前拖欠的賦稅，這些措施意在兵荒之後減輕人民的負擔。

為保證有更多的勞力回到土地上，規定凡是軍民及男女人口有在戰爭中被拘擄的，由國家贖還。以前歷年為逃軍役躲藏在山林隱蔽處的，見到詔書一月之內到所在地官府登記，可免罪回原衛所屯田。受命掌管北平都司的駙馬都尉袁容及泰甯侯陳珪因當時政權尚不十分鞏固為由奏請北平地區「守備不可缺」，但成祖則答以「田土不可荒」，並將靖難時用「垛集」的辦法徵召為軍的北平、保定、永平三府的農民遣還家鄉耕種。為改善生產條件，又特命工部給被靖難戰爭破壞的地方發耕牛，命鑄造貨幣的寶源局鑄造農器給兵災嚴重的地區。

其次是特別關注受戰火破壞最重的北京地區的經濟發展。由於北京及北京所在的順天府是靖難戰爭反復拉鋸的戰場，受戰火破壞最重，人民死亡、流徙，付出了慘重代價。成祖特命戶部加意綏撫，永樂元年（西元一四〇三年），北平布政司諸郡流民漸次複業者十三萬餘戶，但勞動力仍十分短缺，於是採取遷徙山西無田之民充實北平，給予賜鈔、免租稅五年的優惠政策，又遷直隸、蘇州等十郡和浙江等九省的富民，以充實北京，促進北京的繁華。永樂三年（西元一四〇五年），再遷山西民萬戶充實北京，永樂六年（西元一四〇八年），免除北京地區以前應納而未繳的稅，罷去各衙門不急的買辦，召流民返鄉，免賦租三年。

明成祖的上述所作所為都是在為遷都北京作準備，他早有遷都的考慮，故而採取了一系列優惠措施促進北京迅速醫治戰爭創傷，儘快走向繁榮。永樂九年（西元一四一一年），命工部尚書宋禮主持開會通河，接著又鑿清江浦，於是自余杭（杭州）通北京的運河漕運開通了，為永樂十九年（西元一四二一年）正式遷都北京創造了條件。

三是起用夏原吉興修蘇松水利。只有運河漕糧通北京，才能保證北京的糧食供應。自唐、宋以來，東南沿海尤其是江南地區是中國財賦的淵藪，可以說政權的國計仰仗江南供給。唐朝人韓愈曾說「賦出天下，江南居十九」，這話一點也不誇張。江南地區以蘇州、松江兩府最為繁華富庶，所負擔的稅糧為天下之冠。以洪武二十六年（西元一三九三年）的稅糧數看：全國稅糧兩千九百多萬石，蘇、松即有四百多萬石，占全國稅糧總數的百分之十三點七。蘇、松重賦雖然表明此地人民負擔沉重，但另一方面也說明這裡歷來生產力水準很高，是朝廷經濟命脈的所在。成祖登上帝位後，即以蘇松地區的水利為憂。夏原吉善於治水理財，成祖不以夏原吉是建文朝的官員就疑而不用，起用為戶部左侍郎，接著又升任戶部尚書。

永樂元年（西元一四〇三年），江南大雨，浙西大水使蘇、松頻頻水患，夏原吉受命治水蘇、松。他徒步布衣，嚴冬不避寒風，酷暑不張傘蓋，到各處實地察看並訪問諮詢，在工地日夜經畫，與通曉水利的屬員反復研討籌畫治水方案。第一步是集民丁十餘萬開浚吳淞下游，築兩閘根據情況或蓄或泄，將水引入故道入海。第二步是疏通太湖的各下流千澂浦、白茅塘、劉家河、大黃浦等四萬多丈，使江南水網建設合理化，多雨季節水泄而蘇、松民田可保無恙。

四是掀起軍屯的高潮。明代實行職業兵制度，但又寓兵於農，實行軍隊屯田以減少軍費開支。明成祖認為軍隊屯田是軍國大務和已驗證的良法，靖難用兵數年，民已流徙疲憊，停戰以後，軍卒休閒，不應再用疲憊的人民來贍養休閒的士兵。於是明成祖整頓軍屯，定出屯田賞罰條例，還明確規定細則，立出樣板。太原千戶陳淮軍屯有成績得到重賞，寧夏總兵官何福用心抓軍屯，使寧夏積谷最多，邊儲豐富，得到成祖降敕褒獎。

成祖還提倡諸王的護衛軍屯田。如成都的蜀王屯田川西沃野。武昌的楚王屯田積極，楚王府的穀倉名「廣阜」，為太祖所賜名，今天武昌廣埠屯乃是昔年楚王護衛屯田的地方。由於成祖的宣導，東起遼左，北抵宣大，西至甘肅，南盡滇、蜀，中原則大河南北，全國範圍內的戍軍都在大興屯田。永樂軍屯的收入十分可觀，屯田籽粒的收入占軍糧消耗的三分之一強，軍餉充足，國力自然強大。

五是整肅吏治，促進社會安定。成祖即位之初，即詔令官員應守常職，不可妄自勞人斂財，並停止一切不急之務。永樂二年（西元一四〇四年），又告誡各地方布政司和府縣官要惠養子民，不害播種，不妨蠶桑。又命巡察各地的禦史要實地察看民情，不能只聽彙報。他囑咐吏部尚書蹇義，對地方官進行考績時要注意以下幾個問題：田野辟否？人民安否？禮讓興否？風俗厚否？而且還要求有具體說明問題的實例。

當時河南饑荒，地方官匿不以聞，成祖下令逮捕懲治，並詔告天下地方官，有災荒隱匿不報的嚴懲而不寬宥。他還要求巡行地方的禦史不要漠視小民疾苦，目擊民苦卻不報的也要嚴懲。這種種舉措使得永樂時期吏治較好，而且這種良好的勢頭一直延續到宣宗宣德時期，史稱「永樂宣德之治」。

明太祖時在基層社會舉行「鄉飲酒禮」，聚眾宣講《大誥》及《大明律令》的普法教育，又令地方耆老持木鐸巡行鄉里，宣講重農務本的道理及勸農督耕。成祖也很重視這些經常的思想教育工作，以達到知勸懲、厚風俗的目的。

總之，明成祖的內政政策向來得到史家的肯定，《明史》稱讚說：成祖躬行節儉，水旱朝告夕振，無有壅蔽。永樂年間是明朝國力最強盛的時期。其時宇內富庶，賦入盈羨，米粟年漕京師數百萬石，地方府縣倉廩蓄備豐富，倉庋陳糧達到紅腐不可食用的地步。紅腐不可食可能是個別情況，國貯比較富足則是可信的說法。

奠安南方，鄭和遠航

明太祖治理南方民族地區，雖有武功以定天下，文德以化遠人和四海一家，以德化為本的思想，做了許多文治的工作，但晚年失之於急躁，如在鄂西急於廢土司，留下了不少問題。成祖即位後，在首重北邊的前提下，也解決了一些南方民族的治理問題。

沐氏鎮雲南，開始於洪武時沐英、沐春父子。沐春死後，其弟沐晟繼續鎮守雲南。沐晟與封在昆明的岷王不和，成祖瞭解此矛盾後，徙封了岷王。沐晟請加兵討車裡（雲南南部以景洪為中心的大片地方），成祖多次下敕文責沐晟政事煩擾，號令紛更，要求沐晟懷柔車裡，不可輕易興兵，注意雲南民族地區的安定。

洪武時期，由於貴州的水西女土官奢香嚮往中原文化和太祖對貴州的招撫政策得當，奢香「開赤水之道。通龍場之驛」，貴州與外界的聯繫加強。成祖即位後，命熟悉貴州情況的大將鎮遠侯顧成守貴州。因顧成是一介武夫。成祖一再告誡他不可窮兵黷武，喜功好事，而應該老成持重，順情而治。後因貴州思州，思南二田姓土司互相搏殺，禁之不止，成祖乃密令顧成攜精幹將校潛入，將二田姓土司擒拿，貴州改土歸流的條件成熟。於是在永樂十一年（西元一四一三年）設置了貴州布政司，從此貴州作為一個省區成為明朝的組成部分。

鎮守廣西的韓觀是行伍出身，因軍功出任廣西都指揮使多年。靖難期間，建文帝調韓觀練兵德州，用以對付燕師。成祖即位後，絲毫不計較韓觀的這段經歷，仍任用韓觀鎮守廣西，佩征南將軍印節制廣東、廣西兩個都司。韓觀性兇狠、嗜殺，成祖賜璽書告誡韓觀，強調以德撫廣西，「殺之愈多愈不治」，「宜務德為本，毋專殺戮」。韓觀卻自恃老於桂事，陳兵耀威，號稱「威震南中」。由於韓觀撫字乏術務德無方，殺戮太過，頗違成祖德化之意。但也應看到，在韓觀鎮守廣西期間，廣西境內較為安定，這客觀上有利於廣西經濟的發展。

至於被太祖晚年因急躁處理而遺留的若干南方交通不便地區的民族問題，成祖均給以補救，在那些地方恢復土司設置，使之與朝廷關係正常化。如設置貴州西部的普安安撫司，恢復因吳面兒反抗而廢去的古州、五開為中心湘黔交界處的湖耳等十四個蠻夷長官司和鄂西、思州、九溪等土司。

成祖還下令征討安南。當時的安南（越南北方）政權稱陳朝，是明朝的藩屬，原與明朝頗多使節往還。陳朝自權臣黎季犛當政後，屢屢侵犯明朝邊境，侵奪廣西所轄的祿州、西平州、永平寨。另外，安南又頻頻侵掠占城（越南南方），掠奪明朝賜給占城的物品。後來黎季犛之子胡誇又殺陳朝之君而篡位，父子兩人大肆殺戮陳氏子孫。有一個叫陳天平的人自老撾投奔明朝，自稱陳朝後裔。他在成祖面前哭訴，請求明朝幫助復國。成祖遣使交涉，黎季犛、胡奄謝罪，答應迎陳天平歸國復位，退還所侵佔的中國領土。成祖遣使護送陳天平歸國，途中為胡查設伏殺死。成祖聞訊大怒，遂於永樂四年（西元一四〇六年）命朱能、張輔自廣西，沐晟從雲南兩路出兵伐安南，結果俘獲黎季犛父子。成祖以陳朝絕嗣，改安南為明朝的交耻布政司，以總兵官張輔留鎮，又命尚書黃福兼掌交耻布政司和按察司二事。

史載張輔鎮交耻十年有「威惠」，黃福為官交耻十八載，頗多政績。但張、黃兩人被先後召回，宦官馬騏來交阯採辦珠寶，大索其境，激起交民反抗。後任鎮交將領安撫無力，於是交耻兵連禍結，多年不解。至宣宗時才決心拔出深陷交阯的泥足，撤兵北還。經營安南可算是明成祖的一件秕政。

明朝洪武、永樂年間，社會經濟恢復發展，造船工業規模擴大，分工細密，技術高超，航海知識的積累，這些都為鄭和遠航提供了良好的條件。中國的絲綢、瓷器受到海外諸國青睞，海外的染料、香料、珠寶等又為中國所需求，這給了鄭和下西洋發展海外貿易以有效的刺激。

永樂三年（西元一四〇五年），一支十五世紀全世界無與倫比的龐大艦隊，乘著強勁的東北季風，浩浩蕩蕩離開了中國的東海岸，率先駛向了浩瀚的太平洋，這即鄭和第一次下西洋。

人們至今對鄭和下西洋的目的猜測紛紜，或者說是毫無經濟目的的純而又純的政治大遊行；或者說是國內經濟發展的需要；或者說是為了尋找政敵，即不知所終的建文帝；或者說因為奪嫡「篡位」，國內人心不附，故銳意通海外，召至萬國來朝並從而促進其在國內統治地位的穩固。

這些說法或許都有道理，但應該說又都不全面。

不論怎麼說，明成祖要比他的父親開明得多。面對大海的召喚，明太祖的選擇是不理、封鎖和禁絕，一再申令「片帆不准下海」。明成祖沒有閉關鎖國，而是派鄭和率領船隊前後二十八年七次下西洋（其中最後一次在宣德年間）。鄭和的足跡遍及東南亞和南亞，又橫渡印度洋，航程遠達阿拉伯和非洲東海岸，凡經三十餘國。鄭和的遠航象徵著中國達到了十九世紀以前世界木帆船建造水準的頂峰，鄭和也是世界上最傑出的航海家之一，成祖的那個年代是中國航海史上最輝煌的黃金時代之一，明朝的海軍在歷史上比同時期的任何亞、歐國家都出色！

但僅此而已，可惜的是以鄭和為代表的中國人征服了海洋，但沒有因此迎來新時代的曙光！明成祖雖然沒有閉關鎖國，但他統治的畢竟是一個還未走到盡頭的東方封建大國，他頭腦中不可能產生資本主義生產關係的新思想！

鄭和遠航為明朝和明成祖贏得了很高的國際威望，一時前來朝貢訪問的達三十餘國，掀起了中國歷史上與海外諸國友好關係大發展的新高潮。

明成祖還是一位不封禪、不信符瑞、不餌金丹、不求長生治世明君。

明成祖在位二十二載，其文治武功值得人們稱讚的地方不少。

永樂二年（西元一四〇四年），他的同母弟周王楠自開封來朝獻異獸騶虞（一種白底黑條紋的五彩花老虎），百官紛紛請賀。成祖卻謙遜地說：「祥瑞是依德而至的，如果騶虞出現在我朝，那麼我更當嚴格律己。」

永樂十一年（西元一四一三年），山東曹縣又有人獻騶虞，禮部官員再次請賀，成祖仍未同意。

永樂十四年（西元一四一六年），當全國內政大有進展，北征取得許多捷音的時候，禮部尚書上表請封禪泰山，此時此際的明成祖並未侈心膨脹。他明確表示：「今天下雖無事，四方仍多水旱疾疫，安敢自謂太平？」又說封禪之事並不是《六經》上所記載的古禮，不必一定要去遵循。百官連連奏慶雲見，甘露降等祥瑞請賀，他都不准，唯獨南陽獻上「瑞麥」，他覺得高興，他希望這是他統治的國家出現豐收年的吉兆，他心懸的仍然是國計民生。更難能可貴的是當他年近花甲時，有甌寧人揣摩他的心理，認為他功成名就，且年事已高，定然亟盼長生，故向他進獻金丹。成祖當即指出進獻者是妖人，金丹讓妖人自吃，隨同金丹送來的方書自然也就是應毀的妖書了！

這些都是尋常百姓容易做到，但又是頗有作為的帝王們難以行得通的可敬行為！

明成祖文治武功不僅在明代諸帝王中是一個佼佼者，而且就是與頗有作為的歷代明君相比也毫不遜色。不僅如此，明成祖還以其獨特的氣質和行為給中華民族的歷史留下了許多空前絕後的業績。我們今天目睹的代表中華民族民族精神的長城正是他在位期間構築的，當年秦始皇、漢武帝所修築的長城早已是殘垣斷壁，為浩瀚無垠的黃沙所吞沒。而明長城至今仍巍然屹立，成為中華民族的歷史豐碑。

明成祖早在十五世紀之初，面對蔚藍色大海的召喚，以泱泱大國的風度，派出了無與倫比的龐大船隊，進行了空前絕後的七次遠航，譜寫了中國航海史和外交史上激動人心的嶄新一頁。明成祖作風務實，頭腦清醒，面對臣民的吹捧、方士的騙局，他沒有重蹈秦始皇、漢武帝、唐太宗這樣一些歷史上的千古風流人物的覆轍。

誠然，明成祖絕不是完人，他是一個封建帝王，必然受到許多局限性的束縛。雄偉的長城在他身後一次又一次被突破，他的裔孫們一次又一次退卻，甚至做了俘虜，長城並沒有成為成祖留給他的子孫們的護國法寶。明成祖派出的鄭和船隊使中國人在十五世紀之初就在歐洲人之前率先征服了海洋，但令人遺憾的是中國人卻沒有因此迎來新時代的曙光。當然這些都不是一個十五世紀的東方封建帝王所能想到和做到的，在這些問題上，我們不能苛求明成祖。

于玲　文

第十三章
明成祖　朱棣

第十四章

明世宗　朱厚熜

朱厚熜，是大明王朝第十一位皇帝，正德二年（西元一五〇七年）生。明武宗朱厚照叔興獻王朱祐杬之子。正德十六年（西元一五二一年），以武宗遺詔入京繼位登基，第二年改元嘉靖，歿於嘉靖四十五年（西元一五六六年），在位四十五年，是明朝皇帝中統治時間超過四十年的第一人，廟號世宗，有嘉靖帝之稱。

繼位重皇威，力圖除弊政

明弘治年間，湖廣（今湖北）安陸，在工匠們的吆喝聲中，一座氣派豪華的府第落成，朱門橫匾上「興獻王府」四個大字赫然醒目，王府的主人——孝宗朱祐樘的弟弟朱祐杬，被封在此地做藩王，雖有不能享受京城皇親國戚你來我往盛筵的遺憾，倒也樂得在富庶的古雲夢澤顯赫一方。

斗轉星移，武宗正德十四年（西元一五一九年），朱祐杬去世，偌大的王府，按明朝禮法，由其世子——年僅十三歲的朱厚熜管理。王府一應瑣事有母親蔣氏關照，用不著朱厚熜操心，但應對賓客的禮儀和風度還是讓這個頂立王府門戶的男兒花了些精力才熟諳。正德十六年（西元一五二一年）三月，朱厚熜被恩准承襲王位，可謂年少得意。然而，誰也沒有料到，一個月內，皇室的一場突然變故，又把大明朝皇權的桂冠戴到了這個剛剛襲得親王封號的十五歲少年頭上。

三月十三日的北京城，春寒未盡。宮中豹房內，縱情淫樂得病體不支已半年的武宗朱厚照，自知難過鬼門一關，臨終醒悟，強打起精神要守候身邊的司禮太監轉告太后：「天下的事情，還是朝政為重，朝政大事，今後請與閣臣們商量審議行事。」翌日，喪鐘敲響，武宗駕崩。先皇升天後新皇繼位，自是封建王朝社稷的頭等大事。但是，武宗死後，皇位繼承人選是個問題。武宗一生雖嬪妃如雲、美姬成群，但沒能為自己留下後嗣，無子可繼皇位。慈壽皇太后召首輔楊廷和商議對策。楊廷和提議：「兄終弟及，按序厚熜當立。」經皇太后同意，將「興獻王長子嗣位」寫進武宗皇帝遺詔。大明朝最高皇權就這樣送到了對此並未奢望過的武宗堂弟朱厚熜的手中。

四月二十二日，朱厚熜在太后和內閣派出的太監、官員迎護下北上到了京城郊外。禮官稟告，內閣請他用皇太子即位禮登基。他一語驚人：「遺詔以兄終弟及的祖訓讓我嗣皇帝位，我並不是皇子！」少年新君的機敏和表現出的強硬態度，是大臣們所料不及的，但要他們馬上同意改變事先定下的禮儀也不甘心。楊廷和等再次請朱厚熜按內閣原定禮儀由東安門入居文華殿，擇日登基，仍遭到朱厚熜的拒絕。內閣只好重新安排，改由皇太后率文武百官上表勸進三次。朱厚熜在名正言順後，於午時入大明門於宮中，派出官員代表他祭告宗廟、社稷，然後謁武宗靈位，再朝見皇太后，最後在奉天殿繼皇帝位。

朱厚熜雖年少，但極知樹立皇威的重要。即位第五天，就下詔群臣討論給其亡父興獻王更高封號的問題。朱厚熜是因武宗無子，兄終弟及，即作為其伯父孝宗朱祐樘的又一繼承人當上皇帝的。楊廷和認為世宗以宗藩嗣位，按明朝禮法，世宗應稱孝宗為皇考（考即死去的父親），而改稱生父興獻王朱祐杬為皇叔父。

當了皇帝不能承認生父為父親，這是世宗極不願意的，要求群臣再議。多數大臣贊同楊廷和意。世宗對楊廷和為首的大臣以禮法為由所提的主張雖不滿，但一時也找不到充分的理由和辦法進行改變，何況自己才坐上龍椅，皇位還不鞏固，不宜在皇考這個宗法禮儀問題上和重臣僵持，便暫時將它擱了下來。

四個月後，世宗之母蔣氏自安陸進京途中至通州，聞知大臣對皇考一事的主張後，大發脾氣，不肯再前行。世宗得到稟報，或許是真情的表露和驅使，或許是靈機一動、孤注一擲，來到慈壽皇太后寢宮，向太后傾訴了生母滯停通州不肯來京的情況，哭著說：「您另選別人做皇帝，我還是和母親一同回安陸，仍舊做獻王好了。」看著如此痛楚的新皇，太后一面慰留，一面飭閣臣妥議解決。楊廷和只好遵太后旨代世宗草敕禮部，尊朱祐杬為興獻帝，蔣氏為興獻後，勉強解決了蔣氏進京一事。至此，世宗稱生父為皇考的目的雖未完全達到，但畢竟解決了生父尊號為帝的問題，剩下的待他皇位鞏固了再行解決。

面對武宗留下的內外交困、滿目瘡痍、國庫空虛的爛攤子，年少的世宗倒還知道要鞏固自己的皇位須有求治之心。因此即位時就定新年號為嘉靖，意在國家繁榮安定。

雖然世宗在皇考一事上對楊廷和存有芥蒂，但還是看到了受皇太后賞識的楊廷和管理朝政的能力和魄力。楊廷和，四川新都人，成化十四年（西元一四七八年）十九歲時考中進士，正德初年入閣參預機務，有志整飭朝政。武宗外出縱遊，他先後多次上疏諫阻，請「明詔天下，不復巡遊」，都不被採納。武宗一死到世宗即位前，太后令他總理朝政近四十日。他既為太后設計，逮捕佞臣江彬，把江彬調入京師的邊兵遣還各鎮；又以武宗的名義頒發了一個遺詔，罷威武營團練諸軍，令在所謂的威武大將軍軍門辦事的官校各歸本衛。關閉了武宗開設的皇店，將宮中豹房內成千上萬的番僧、少林僧、戲子歌妓、專供遊樂的南京「快馬船」的船夫，以及從全國各地搜羅來的美女，一概遣散放回；而且還停止了京城中不急之務的營造，把宣府行宮中的全部金寶統收歸朝廷。朱厚熜當了新皇，想平亂求治，革除武宗時期的弊政，自己年少，還要借重楊廷和為首的一批大臣。

因此，世宗對即位之前楊廷和的上述舉措給予了肯定。當一些被裁汰的失職官員揚言要報復楊廷和時，他斷然下令調撥百餘名軍士，對楊廷和進行嚴密保護，打擊了狂妄之徒的囂張氣勢，保證了除弊圖治的繼續進行。在楊廷和的輔佐下，世宗對武宗時期的弊政大力革除：平反昭雪了因規勸武宗勤政而獲罪的原大臣；先後誅殺了武宗寵信的佞臣強尼、江彬，降太監谷大用、邱聚職；改派司守孝陵，迫令曾肆意弄權的太監魏彬、張永交權閑住；兩次裁汰了錦衣衛、內監局旗校工役共達十八萬餘人；放歸內宮的珍禽異獸於自然，明令各地不得再獻；召回派駐在各州府的宦官，以絕其在外安享尊榮、掠奪地方之害和遇變則心懷不軌之弊；罷免了相當數量靠奉迎拍馬上台的官吏；提拔任用了一些正直官員；經濟上免除嘉靖元年各地田租的一半和正德十五年以前所拖欠的賦稅，減少漕糧一百五十三萬餘石。這些大刀闊斧的舉措，整肅了朝政，緩和了社會矛盾，一時天下臣民都盛稱新天子聖明，歌頌楊廷和功高。

然而，好景不長。世宗立足一穩，勵精圖治的初衷反而泯滅。嘉靖三年（西元一五二四年）正月，原迎合世宗尊奉生父想法而被楊廷和貶為留都南京刑部主事的張璁和南京吏部主事桂萼，又投世宗所好，上疏重提稱興獻帝為皇考事，大得世宗贊許，命廷臣集議此事。楊廷和知世宗立意已定，料自己難以改變，乃決意辭官。世宗見到楊的辭呈，毫無挽留之心，在辭呈上大筆一揮「聽之去」三字。楊廷和去職後，世宗更無顧忌，以順己意者為昌，召張璁、桂萼進京負責禮儀事宜，後入主內閣，執掌大權；以逆己意者為非，先是罷免持異議的重臣，七月，又以更強硬的手段懲處了跪伏朝門勸諫的反對官員數百人，或奪俸，或下獄，或發配，或杖之，重杖斃命的五品以下官員達十六人之多。世宗通過強權威逼，終於將其父的神主安放在奉先殿旁新建的觀德殿內，並尊號為「皇考恭穆獻皇帝」，了結了歷時三年的「大禮議」之爭。

此後，朝風大變，私利之徒極盡巴結獻媚，正直之士緘口少言，世宗我行我素肆無忌憚。

崇尚道教癡，寵奸國政敗

明代的帝王，自開國君主朱元璋起，一般都信道教，但崇尚到癡迷地步的還數朱厚熜。朱厚熜在古風重巫覡的安陸做藩王世子時，對當地敬鬼神之事和祭祀禮儀就好奇。做了皇帝後，嘉靖二年（西元一五二三年），太監崔文以避禍、長生誘惑他，建議在宮中建醮（設壇）祈禱。十七歲的世宗一聽就來了興趣，馬上命令在乾清宮、坤甯宮、漢經廠、五花宮、西暖閣等處一一建醮，親自選定年輕太監二十人，穿道服，學誦經懺，沸沸揚揚了幾個月，經不住當時的首輔楊廷和與吏部尚書喬宇等大臣的苦苦勸諫，一度停了下來。第二年楊廷和等辭官後，世宗又故態復萌，紫禁城內香火日夜不絕。鑼鈸聲聲入耳，一派烏煙瘴氣。世宗熱衷禱祀拜道，日漸疏離朝政，一些大臣不但不加勸阻，反而奉承迎合。齋醮儀式需有寫給「天神」的詞文，這類詞文用青藤紙朱筆書寫，稱為「青詞」。世宗對青詞極為看重，把能否寫好青詞作為衡量文臣學識高下甚至用人的標準。

為博得世宗的歡心、賞識、重用，一些大臣終日琢磨青詞的寫法，朝政日趨腐敗。

嘉靖三年（西元一五二四年）冬，一心希求長生不老的世宗聽說江西道士邵元節有長生之術，便召他進宮面談。邵利用世宗崇拜仙人的心理，自稱能求雨求雪，世宗竟深信不疑，大加寵愛，敕封其為「至一真人」，賜玉帶冠服和玉、金、銀、象印各一枚，贈田三十頃，並每年給祿米一百石，為他在京城中建真人府，撥校尉四十人，為真人府灑掃之役。

嘉靖十五年（西元一五三六年），世宗喜得貴子，他更認為是邵元節禱祀之功，又加授邵禮部尚書銜，一品服俸，賜給白金、文綺、寶冠、法眼、貂裘。嘉靖十八年（西元一五三九年），邵元節病死，世宗為之悲慟不已，親書手諭，派太監和錦衣衛護喪歸籍，葬禮典按伯爵的規格。

邵元節死後，世宗又對邵死前介紹的道士陶仲文寵愛有加。陶用畫符念咒、除妖驅邪誆騙世宗，以有延年益壽之法圖世宗所寵。陶仲文告訴世宗：如果能常吃「元性純紅丹」，可以長生不老；這種藥必須用少女初潮的經血做原料煉製。世宗大喜過望。傳諭地方官挑選了三百餘童女進宮。準備煉藥之用。在兩年的時間裡，陶仲文平步青雲，被世宗委為少保、禮部尚書，又兼少傅，食一品俸，總領道教之事；後來，又加封為少師，成為明朝以來身兼少保、少傅、少師三職的第一人。嘉靖二十五年（西元一五四六年），世宗又加封陶為伯爵、特進、光祿大夫、柱國，兼支大學士俸。陶的子孫、徒弟也紛紛在朝廷為官。

朝廷上上下下，設醮禱祀之風越來越盛，危害也就越來越大。大量的禱祀活動，使朝廷開支大增，宮中用於這方面的費用，僅香蠟一項，每年就要耗費黃蠟二十餘萬斤，白蠟十餘萬斤，香品數十萬斤，浪費十分驚人。世宗沉迷於嘗試各種成仙之術，也懶得勤政，嘉靖十八年（西元一五三九年）起，乾脆不再視朝，專心奉玄修道。大臣中有敢諫阻者，都被世宗廷杖下獄，甚至被活活拷打致死；而心存邪惡者，則爭相附和，朝風更加頹廢。

世宗崇奉道教，但從不遵循道家「清心寡欲」的教規，反倒是「淫心貪欲」。嘉靖九年（西元一五三〇年），善於阿諛的大學士張璁上疏世宗「博求淑女，為子嗣計」；世宗即令禮部派員在京城、南京、山東、河南等地挑選了民間女子一千二百多人進宮。多次複選後，冊封九人為嬪。有嘉靖十五年（西元一五三六年），又以皇嗣未生為由，又一次大選淑女，從中冊立多人為嬪。有了子嗣後，世宗仍多次大選宮女，為數超過數千人。僅有案可考的嘉靖二十六年（西元一五四七年）、嘉靖三十一年（西元一五五二年）、嘉靖三十四年（西元一五五五年）、嘉靖四十三年（西元一五六四年）四次大選，就選進八歲至十四歲的幼女一千零八十人。這麼多的女孩被選入後，一是準備煉製「元性純紅丹」所用，二是供世宗淫樂縱欲。

這些進宮的女子，除了極少數被冊封妃嬪外，絕大多數兼有供世宗淫樂和奴婢的雙重身份，備受欺淩侮辱。遭受淩辱的宮女，有時也會被逼到鋌而走險的地步。嘉靖二十一年（西元一五四二年）十月二十一日，一件令世宗心驚後怕的宮變發生。這天淩晨，與端妃尋歡作樂後的世宗，精力不支，倒頭熟睡在乾清宮。楊金英等十幾個宮女密謀趁此勒死世宗。一不做，二不休，商量完後，一擁而上，一個宮女用黃綾抹布把世宗的臉一蒙，死命地掐他脖子，一個按住他的胸，一個按住他的腹部，兩個按住他的兩手，兩個按住他的雙腿，楊金英把繩套套住他的脖子，兩個宮女各執繩子一端，使勁地拉。眼看這個萬歲爺就要一命嗚呼，可惜楊金英匆忙中把繩套誤結成死結，幾個宮女拉了好久，也沒把世宗勒死，世宗驚醒後拼力掙扎。這時，其中一個宮女見事不成，慌忙跑去報告皇后方氏，皇后帶了太監趕到，十幾個宮女全部被擒。第二天，造反的十六個宮女被押赴市曹淩遲處死，斬屍梟首示眾；端妃曹氏和甯嬪王氏因受牽涉，在宮中被淩遲處死。此事發生在壬寅年，史稱「壬寅宮變」。

受到索命威脅的世宗，驚駭之後毫不反省平日的胡作非為，反認為自己大難不死是尊崇天神的結果，是「賴天地鴻恩，遏除宮變」，愈加迷戀道教。但是，宮變地乾清宮他是再也不敢住了，於是搬往西苑，宣稱自己是世外之人，郊廟不親，朝講盡廢，在西苑專心奉玄修道。頻繁地設醮祈禱，祈求長生，也不和妃子宮女見面。此後二十幾年，除了嘉靖二十九年（西元一五五〇年）八月俺答汗兵臨北京城下那幾天迫不得已回過奉天殿外，其他時間都住在西苑別居，從不回宮處理朝政，直到斷氣前，才由朝臣把他搬回乾清宮。滿朝文武，自此難得有幾人能見上這位皇帝一面。

大凡作為皇帝，很少有蠢到忘記皇權的境地，世宗也不例外。別看他忙於宮中或西苑設醮祈禱，後來又宣稱自己是世外之人，但從來沒有忘記自己的皇權。只不過是他既要用大量的時間去信奉仙道，日事齋醮，守靜煉丹，就只能讓自己信得過的大臣替自己總攬朝政，這是種昏憒的統治方法。信得過的標準是什麼？縱有十條、八條，對世宗來說，核心的一條就是對朕要順從，要言聽計從。怎樣才能被信任？辦法雖有八個、十個，歸根到底是做臣子的要投世宗所好，為他所喜，令他所歡。正是在這樣的用人標準和升官捷徑的嘉靖年間，佞臣嚴嵩粉墨登場，貪鄙奸橫一舉秉政了二十年。

嚴嵩，最早是個無權的小官，除了善寫詩文和青詞，最大的本事是諂諛媚上。憑著這個本事，嘉靖七年（西元一五二八年）便爬上了禮部右侍郎的官位。此後，他使出渾身解數在世宗面前逢迎拍馬、盡投其好，被世宗視為「忠勤敏達」，一次次給他加官晉爵，直至升任內閣首輔。

世宗讓嚴嵩入閣，後又讓他擔任首輔，主要是看中了嚴嵩的順從和「勤懇」。嚴嵩則利用世宗的昏憒信任和世宗深居西苑，二十幾年不到大內視事，由自己面見皇上獨承顧問的時機，大售其奸。嚴嵩有一個狡猾機靈的兒子嚴世藩。嚴世藩仗著父親的權勢，官至工部侍郎，他通過重金賄賂世宗的近侍來瞭解世宗的言動舉措，進而揣摩世宗的旨意和意圖，多次偷偷入直代其父票擬辦事，深得嚴嵩的偏愛和倚重。父子兩人沆瀣一氣，排斥同僚，結黨固權，貪贓豪奪，陷害忠良，致使弊政迭起，朝綱崩壞，誤國誤民。

北疆鐵騎掠，沿海倭寇患

世宗的荒怠朝政和昏憒拒諫，嚴嵩的貪賄弄權和倒行逆施，造成明朝政治腐敗，國力日衰，直接嚴重削弱國家的邊防力量，給了北方蒙古韃靼軍南犯劫掠和倭寇禍害明東南沿海的可乘之機。

明自嚴嵩秉政以來，軍費被嚴嵩大量侵貪。朝廷發給邊軍的餉銀，「朝出度支之門，暮入奸臣之府，輸邊者四，饋嵩者六。」而邊將忙於鑽營，賄賂嚴嵩保官升職，疏於治軍，以致軍士饑疲，邊防鬆弛。蒙古慓悍的騎兵乘隙呼嘯著疾馳南下，鐵蹄踐踏北疆，金戈直指京師，宮闕為之震撼。

嘉靖二十九年（西元一五五〇年）六月，崛起的北方蒙古韃靼軍在屢犯明地大同、延安、慶陽、寧夏等地後，在其首領俺答汗率領下又再攻大同，大同總兵張達、副總兵林椿戰死。賄賂嚴嵩的原罷職軍官仇鸞，接任大同總兵。面對俺答汗的進攻，仇鸞不敢抗擊，竟故技重演，用重賂收買俺答汗不進攻自己的防區。俺答汗收禮後，引兵東去攻打北京屏障古北口，明軍倉促迎戰，又是一敗塗地。韃靼兵過通州、密雲，直抵北京城下，在安定門外紮下大營，大肆掠奪村落居民，焚燒廬舍。

世宗一心修煉，疏理朝事，對邊防警報一向厭煩，因此有關韃靼軍進犯的軍情，此前兵部尚書丁汝夔一直不敢向他報告。現在，京城危在旦夕，丁汝夔惶急無策，只得向世宗稟報。丁稟告實情後，世宗如聞晴天霹靂，才意識到大難臨頭，不得不重登久違了的金鑾殿，召集文武百官商議對策。驚慌之中，世宗竟記不起兵部尚書是哪一個，當著丁汝夔的面向太監大呼道：「兵部尚書在哪裡？趕快給我傳旨，讓他馬上來見我！」真是荒唐之極。君臣商議後，世宗急令京師戒嚴，文武大臣分守九門，一面派人到民間招募義勇，一面傳檄就近各鎮和河南、山東兵馬入京勤王。

各鎮援軍趕到北京後，丁汝夔向嚴嵩請示是主戰還是主守。嚴嵩說：「在邊塞打了敗仗，還可以瞞住皇上，在京郊被打敗了，誰人不曉？當然是堅壁勿戰，保存實力，等俺答汗搶夠了，自然就會退走。」丁汝夔依計而行。大明十幾萬兵馬，眼睜睜看著俺答汗兵大肆劫掠，沒有一將一兵出陣發射一箭，老百姓咒罵聲四起。俺答汗率軍在北京城郊搶掠了八天後，押運著大批男女騾畜金帛財物，志滿意得地引兵北去出塞。

嘉靖二十九年是庚戌年，歷史上稱這次事件為「庚戌之變」。世宗感到這是一次奇恥大辱，便將丁汝夔下獄。丁汝夔求救於嚴嵩，嚴嵩怕他在這個時候揭發自己授意避戰的罪行，便寬慰說：「有我在，一定不會讓你死。」後來，看到世宗發怒要處死丁汝夔，嚴嵩卻噤若寒蟬，見死不救。丁汝夔臨刑時大呼：「嚴嵩誤我！」做了替死鬼。

朱厚熜殺了一個兵部尚書，不從自身反思，又能解決什麼問題？事過之後，世宗崇仙癡心不改，朝政積弊依舊，邊防漏洞百出，北方烽煙照樣常起。此後直至世宗卒，俺答汗兵又多次南犯，其中兩次兵臨北京城下，縱兵飽掠，百姓深受塗炭之苦。直到穆宗（世宗之子朱載垕）隆慶四年（西元一五七〇年），由於整頓邊防、加強備戰，打退了俺答汗軍的進犯，進而接受俺答汗的乞封，雙方的戰爭狀況才結束。

嘉靖年間，北方鐵騎掠，東南沿海外患也猖獗。隔海相望的日本浪人（失掉軍職的武士）和一些嗜利商人，頻頻到中國大陸走私貿易。他們組成海上武裝集團，衝破明王朝的海禁封鎖，強行登陸搶劫。這些日本（古代名「倭奴國」）海盜集團，被人們稱為「倭寇」。

倭寇的禍害早在明初就已出現。但當時明朝國力強盛，海防鞏固，所以尚未釀成大患。到了嘉靖時期，由於弊政迭起，明王朝的沿海防務已經十分空虛。遼闊的海防線上，幾乎沒有什麼防衛力量可言。沿海一些不法商人豪富，乘機和倭寇相互交結聯絡，彼此相附，裡應外合，進行擄掠搶劫；一些地方官員亦受賄而通倭。倭寇的禍害愈演愈烈。僅嘉靖三十一年（西元一五五二年）以後的三、四年間，江浙軍民被倭寇殺害的就有數十萬人。所以，倭寇是明嘉靖時期東南方面最嚴重的禍害。

對沿海出現的倭患，世宗還是持打擊態度的。他和內閣認為平患的最好方法，就是關閉官方向海外進行貿易的大門，實行海禁。這個政策從嘉靖二年（西元一五二三年）起，就在沿海實施，但效果適得其反。貪婪成性的倭寇，為衝破明海禁，其走私活動更加武裝化；同時，明沿海的一些居民，因海禁缺少與海外交易的正常途徑，鋌而走險走上違法犯禁的道路，或為海上走私集團所脅迫而參與倭寇的騷亂。因此，海禁實行後，倭亂不但沒有禁住，反而愈演愈烈。

面對日益猖獗的倭患，世宗和明王朝在繼續堅持閉關的海禁政策的同時，決定武力抗倭。嘉靖二十六年（西元一五四七年），世宗派朱紈為浙江巡撫，兼提督福建沿海軍務，負責抗倭事務；嘉靖三十一年（西元一五五二年），世宗又同意在沿海一帶設巡視大臣；一年之後，又派南京兵部尚書張經總督沿海軍務，委以平倭重任。這些安排，對加強海防、打擊倭寇起到了一定的功能。如朱紈上任後，當年就揮軍攻下了倭寇在浙江的巢穴雙嶼港，並追倭入福建沿海，還搜捕處死一批通倭的商民，在沿海一帶布下防線，頗有成效；張經在嘉靖三十四年（西元一五五五年）五月，於浙江大敗倭寇，明軍俘斬倭寇兩千人，取得了抗倭以來最大的一次勝利。可惜由於世宗的昏憒和嚴嵩及黨羽的誣陷，朱紈在遭到與通倭勢家豪族有聯繫的在朝閩浙官僚的強烈反對後，被世宗逮捕辦罪，憤恨自殺，留下了「去外國盜易，去中國盜難；去中國瀕海之盜猶易，去中國衣冠之盜尤難」的沉痛慨嘆。張經則因沒有賄賂嚴嵩的乾兒子、世宗派來的祭神官趙文華，並以上司之禮接見他，就被嚴嵩、趙文華以畏賊失機罪名加以陷害。只相信一面之詞的朱厚熜接到了張經告勝的捷報，仍不肯收回逮捕張經的命令，認為「張經的罪過是不忠。他所以打這一仗，完全是聽到趙文華揭發了他，想表現一下」，張經被押解北京斬首，趙文華反倒被世宗升職為工部尚書，加太子少保。這些悲劇的發生和功罪的顛倒，使得本可以繼續擴大戰果的時機喪失。

正當倭患長期不得平定的時候，所幸明軍裡出現了以「封侯非我意，但願海波平」為抱負的名將戚繼光，還有其他一些不逢迎拍馬、忠心報國的善戰將領。戚繼光原在山東專職禦倭，嘉靖三十四年（西元一五五五年）調浙江，第二年奉命鎮守受倭寇之害最甚的寧波、紹興、台州三府。從實戰中，他深感現有的明軍戰鬥力極差，便三次上書請求募兵，獲准後，在義烏招募了新軍，嚴格訓練，教之以獨創的「鴛鴦陣」新戰術，使之成為一支勁旅，以寡敵眾，屢立戰功，被譽為「戚家軍」。至嘉靖四十一年（西元一五六二年），浙江沿海倭患平定。此後，戚繼光兩度率部入閩剿倭，與福建總兵俞大猷以及馳援的廣東總兵劉顯等將領一道，精心組織戰鬥，敗寇於平海、仙游、王倉坪、蔡丕嶺等地，至嘉靖四十三年（西元一五六四年）春，全殲閩境內的倭寇。第二年，明軍乘勝西下廣東，擊敗倭寇於海豐等地，粵境沿海倭寇清。至此，猖獗二十年的沿海倭患，便基本上平定，明南方疆域趨於平安。

從諫罷嚴嵩，拒疏懲海瑞

在沿海一帶戰事頻仍的時候，朝廷的各種勢力消長也在發生微妙的變化。嚴嵩雖然還是首輔，但他潛在的對手，徐階正逐漸得到皇上看重，其次是皇帝身邊賣弄方士之術的道士中有人與他不和。另外，朝中還有一批正直的官員尋找時機要扳倒他。時間如果倒退幾年，這些對嚴嵩來說都不太難對付，但是現在他已經八十有餘，老態龍鍾，難以解決了。他和或明或暗反對他的力量的較量，隨著世宗對他態度的改變，已向著不利於他的方向發展。

徐階也以善於撰制青詞見長，世宗對他比較看重。由於原內閣首輔夏言曾推薦過徐階，嚴嵩對他非常警惕。徐階為解除嚴嵩的戒心，對嚴嵩假意逢迎，不露半點鋒芒，終達目的，順利地升到禮部尚書兼東閣大學士，參預機務。這樣，就有機會與世宗接觸，影響世宗對嚴嵩的看法。這時，很博世宗喜歡的道士藍道行，也與嚴嵩有矛盾。一日，世宗召他扶乩，卜問神仙降臨、長生訣竅後，又問起朝中輔臣的奸賢，藍道行口中念念有詞了一番，假借乩仙之意說：「嚴嵩是最大的奸臣。」世宗一驚，追問：「真如上仙講的那樣，上仙為何不降災誅之？」藍道行仍借乩仙之意說：「留待皇帝正法。」世宗不再言語。朝臣的話世宗可以不信，方士借仙人之意說出的話世宗不可能不觸動。

如果說，徐階的參預機務和道士藍道行的話從外部影響了世宗對嚴嵩的看法，那麼嚴嵩在其妻死後處理朝事上的表現則直接使世宗改變了對他的態度，進而使自己走向了罷官丟職的結局。

嘉靖四十年（西元一五六一年），嚴嵩妻子病死，本應由子嚴世藩護喪歸故，嚴嵩想到自己老眼昏花，記憶和應變都很成問題，票擬離不開世藩，便請求以孫子護喪歸故，讓嚴世藩留家「侍養」自己，得世宗同意。嚴世藩平日就好聲色犬馬，母親一死，無人管束，更加尋歡作樂。嚴嵩在西苑值日，嚴世藩居喪，不得進入。世宗下禦劄問事，嚴嵩就暗地派人策馬回府要兒子代簽。嚴世藩與美女調笑濫飲花天酒地正歡，常是草草簽答了事，世宗看後，多不如意。一些立等就要的禦劄，嚴嵩只好硬著頭皮自行票擬，往往語意模糊，前後矛盾，世宗看了很不滿意。此時，在世宗眼裡，嚴嵩真是老而無用了。另外發生的一件事又加深了世宗的這個看法。

這一年冬十一月，世宗居住的永壽宮發生火災，只好移住玉熙殿，玉熙殿又小又矮，世宗想再建永壽宮。他向嚴嵩詢問意見，嚴嵩沒有搞清世宗的心思，說可以暫時住在南城離宮。南城離宮是英宗朱祁鎮被其弟幽禁八年的地方，世宗一聽就忌諱，很不高興。又問徐階，徐階則請修永壽宮，正合世宗心意。自此，「忠勤敏達」的嚴嵩對世宗來說已不再存在，世宗遇事就不再找嚴嵩，而多向徐階諮詢。這時已到嘉靖四十一年（西元一五六二年）。

嚴嵩失寵後，想扳倒他的官員加緊行動起來。禦史鄒應龍從太監那裡摸到了藍道行的乩言情況和世宗對嚴嵩種種不滿的看法，即上疏彈劾嚴嵩父子。奏文注意策略，從彈劾嚴世藩仗父親權勢、貪贓枉法、擾亂朝政、不敬不孝等入手，連帶奏嚴嵩溺子之過，並表示「如有不實之辭，寧願被斬首以謝嚴家父子」。世宗閱罷奏文，心有所動，即召徐階商議如何處理。徐階摒退左右太監，小聲對世宗說：「嚴家父子罪惡昭彰，陛下要果斷處置，不然可能發生事變。」世宗採納了徐階的意見，於是派錦衣衛馳入嚴府，宣讀詔書，勒令嚴嵩致仕回鄉，並逮嚴世蕃入獄，後貶其謫戍雷州邊地。嚴嵩在朝中的黨羽陸陸續續被彈劾罷職。

嘉靖四十四年（西元一五六五年），震怒的世宗下詔將赴戍地半路潛回原籍後被逮捕入京的嚴世蕃斬首。當惡貫滿盈的嚴世蕃被押赴西市行刑時，京城市民紛紛持酒觀看，無不拍手稱快。兩年後（隆慶元年，西元一五六七年），八十七歲的嚴嵩也在人們的唾罵聲中一命嗚呼。

嚴嵩倒臺之後，徐階升為首輔。世宗對他的信任超過了當年的嚴嵩。徐階知恩圖報，盡心理朝，做了一些好事，使嘉靖朝在最後的五年裡有了些許起色。這或許使得世宗更放心深居西苑而全然不把國事、政事放在心上了。

世宗自中年之後，在迷戀方術的同時，又醉心於瑞祥感應，晚年尤甚。四方督撫大吏為討取世宗歡心，爭相以龜、鶴、鹿、靈芝等所謂瑞祥之物進獻，禮官則大書賀表，附和奉承。如嘉靖四十一年（西元一五六二年）春三月，宮中白兔生子，世宗認為是祥瑞之兆，「禮部請告廟，許之，群臣表賀」。如此喜好瑞祥之風，舉朝重臣包括徐階皆不敢言半個「不」字。就在內外大臣或送奇禽異獸，或覓碩大靈芝進獻，或視而緘口的時候，官卑職微的戶部主事海瑞冒死上疏，諫諍世宗，一鳴驚人。

海瑞，海南瓊山人，為人剛直不阿。曾任浙江淳安等地知縣，任內搏擊權貴、斷案精細、體恤民力，政績為時人稱讚。嘉靖四十三年（西元一五六四年），海瑞被調到京城，在戶部任雲南司主事，目睹了朝風的日下，掌握了朝廷腐敗的許多材料。為使明王朝能長治久安，他在嘉靖四十五年（西元一五六六年）二月，毅然上書《直言天下第一事疏》（亦稱《治安疏》）。上書前，海瑞已對上書的結果作了最壞的準備，他把家中的僕人一一遣散，買了一口棺材，拜託好友將來辦理後事。

既然冒死直諫，他在《治安疏》中用詞就不留餘地，傾其所思所慮。長疏中，開宗明義表明了上疏的目的，即「為直言天下第一事，以正君道，明臣職，求萬世治安事」。在把世宗和歷代賢君進行對比，並肯定世宗即位初的求治後，海瑞尖銳地指出：「陛下竭民脂膏，濫修土木，二十餘年不視朝，法紀壞到了頂點。由於陛下賢愚不分、獎罰不明，使得吏貪將弱，民不聊生。現在老百姓說：『嘉者，家也；靖者，盡也。是家家皆淨無錢用也。』陛下請想想今日之天下，是個什麼樣的天下？」針對世宗崇尚仙道、喜瑞祥、求長生的舉動，海瑞直言：「陛下如今仍修齋建醮，工部盡力經營，取香進寶，戶部也派人四處尋求天桃天藥，竟無人指出陛下的錯誤，這也是大臣的失職。陛下的過錯很多，但最大的錯誤在於修醮、求長生不老。陛下想想，堯、舜、禹、湯、文、武都是古代聖賢，也未能久世不終。陛下跟陶仲文求仙、求長生，陶仲文不也死了嗎？陛下到哪裡去尋求長生不老呢？陛下誤信受騙，真是大錯特錯。」海瑞對世宗進行了激烈的批評之後，也提出不少具體建議，希望世宗能潛心管理朝政。

世宗看了《治安疏》後，大發雷霆，將疏奏扔在地下，環顧左右厲聲說：「此人大膽妄言，立即逮捕，不准他逃掉！」宦官黃錦佩服海瑞的骨氣，就告訴世宗：「此人是書呆子，為人素有直名。上疏之後，連棺材都買好了，看樣子是不會逃跑的。」世宗愣住了，怒氣稍平後，又取疏奏看了一遍，嘆口氣說：「此人倒比得上比干，只是我並不是紂王啊！」過後，他把徐階招來，說出了心裡話：「海瑞說人不能長生，也可能是正確的。但我長時間生病，不能視事，吃點仙藥有什麼不可以？這也怪我平時不注意愛惜身體，若能上殿，何致被他如此譭謗呢？現在我若會見群臣，豈不要受他的氣。」徐階為海瑞解脫說：「海瑞雖然言過了，但心是好的，請陛下寬恕他吧。」世宗這時也不願多殺諫臣，命將海瑞下錦衣衛獄。雖定死罪，但始終沒有命令執行，讓其在獄中反省自責，總算大錯之中留了海瑞一條活命。

世宗之錯終不能改之，這也給他本人的身體帶來了極大的害處。本來就不太健康的他，長期服食含水銀成分的丹藥，慢性中毒的症狀越來越明顯：四肢逐漸麻木，臉色灰暗，走路搖搖晃晃，說話也相當困難。眼見世宗到了這個地步，徐階動用權力，殺掉了煉製含毒丹藥的方士藍田玉，並力勸世宗不要再服食。世宗知道徐階為自己的一番好心，沒有責備他，但也沒聽徐階的勸告，依舊如故。後來，世宗吃下陝西方士王金等人進獻的金石藥後，頓時頭暈目眩，鼻孔中流出鮮血，很快不省人事，經太醫急救，才甦醒過來。此後，他一直臥床不起。嘉靖四十五年（西元一五六六年）十二月十四日清晨，久臥病榻的世宗突然精神亢奮，周身不覺疼痛，與往日判若兩人。日夜守候在他身邊的徐階，感到大事不妙，連忙下令將世宗從西苑抬回乾清宮，沒有多久，世宗就咽氣了，時年六十歲。

隆慶元年（西元一五六七年）正月，朱厚熜葬於北京昌平天壽山的永陵，上尊謚「欽天履道英毅神聖宣文廣武洪仁大孝肅皇帝」。

朱厚熜從少年藩王登上奉天殿即皇位始，到乾清宮駕崩終，皇帝生涯近四十六年。和許多帝王繼位初期那樣，他也有力除前朝積弊的一面，甚至可說力度非同一般，收效頗為顯著，所以在較短的時間裡就聽到了天下臣民頌揚「天子聖明」的山呼。另一方面，和那些嫡出繼位的帝王不一樣，朱厚熜是以孝宗的侄子、武宗的堂弟即非嫡出的宗藩身份嗣位，繼位後他特別看重與己有關的禮儀規格，執意提高自己生父的封號也就不足為怪了。大禮儀中，他追尊其父為皇考並另立新廟，從天性至情、君親大義上看還是說得過去的；然而，將其沒有做過一天皇帝的生父神主升祔太廟，躋於武宗之上，就不占理了。大禮之爭，他雖然勝利了，但後果是非常壞的。自此，不如他意的大臣動輒被罷官、廷杖、下獄，而佞臣則得其寵，開了順昌逆亡的濫觴。嘉靖初期除弊求治的進程就此結束。

世宗一生犯過大大小小許多錯誤，最大的錯誤是無休止的崇尚仙道求仙長生。明朝皇帝一般都推崇道教，但崇尚到如癡如醉二十餘年竟不視朝的程度，惟朱厚熜一人。第二大錯誤是寵信佞臣嚴嵩，授以大權，且予以重任二十年。這個大錯誤在相當程度上又是和第一個大錯誤崇尚道教，把能否寫好青詞作為衡量文臣學識高下乃至是否重用的主要標準有因果關係。兩大錯誤同時並存，結果是誤政亦害己，致使國家邊海防危機迭起，「府藏告匱」，明開國以來「百餘年富庶治平之業，因以漸替」。

史書和後人都說世宗昏憒，的確，他癡迷仙道，乞求到不了手的長生，重用張璁、嚴嵩等佞臣，偏聽偏信，拒納忠言，罷黜能臣。錯殺孤直之士，都算得上昏庸之事。但他畢竟沒有昏庸到極點。

第十四章
明世宗　朱厚熜

他雖長期不視朝，但並非完全不過問朝事。他深居內宮、西苑，批閱奏章，授以旨意仍然不少。他有自己的一套用人手法：能用能臣就用能臣，不用能臣就用庸臣；授重權不授禦權，威柄在禦。無論是繼位初，還是以後，是用能臣，還是用佞臣，他始終沒有把大權交到一個窺伺皇權的人手中。這也是他二十餘年不臨朝，但皇權卻穩如泰山的重要原因之一。

世宗本是一個有才能的人，只是因為走上了崇尚仙道的謬誤之途，故而在長達四十五年的統治歷程中，只在繼位最初的一二年中迸射出明君的光芒，其後，他心思主要不在國事上，政績大為遜色，以至出現了嚴嵩執掌內閣大權時期的弊政迭起、邊海防危機頻發的局面。雖然，在他的晚年還是毅然剪剔了權奸，重用能臣，使嘉靖朝的最後五年朝好的方面轉化，但用清人所撰《明史》的話來看，世宗朱厚熜在明朝皇帝中，「要亦中材之主也矣」。

杜達山　文

第十五章

清聖祖

愛新覺羅・玄燁

愛新覺羅・玄燁（西元一六五四——一七二二年）是清世祖的第三子，清朝第二位皇帝。八歲即位，年號康熙，一般稱為康熙皇帝，廟號聖祖。統治全國六十一年（西元一六六二——一七二二年），奠定清朝二百餘年的統治基礎。他刻苦求學，勤奮致治，能文能武，有勇有謀，創業守成，崇尚節儉。在他統治時期，中國形成了疆域遼闊、政治統一、經濟繁榮的多民族國家，封建社會各方面皆取得突出的成就。特別是當西方殖民勢力向中國東南沿海伸出魔爪，沙皇俄國對中國北部邊疆展開瘋狂進攻的時候，他帶領全國軍民維護民族獨立與國家安全，讓中國成為一個強大的國家屹立於亞洲東部，有「盛世」之稱。他是中國歷史上一位雄才大略的封建皇帝。

勤奮好學，能文能武

玄燁之所以成為雄才大略的皇帝，是由於他一生勤奮好學，善於吸收中國歷史上豐富的統治經驗和教訓，不斷增長自己的聰明才智，具有高瞻遠矚的能力。他說：「自幼讀書，於古今道理，粗能通曉。」所謂「粗能通曉」是自謙之辭，他知識廣博，對經、史、子、集皆能通曉，儒家經典著作與汗牛充棟的史書，他下了很大功夫，進行了深入研究，他的座右銘是：「無一日不寫字，無一日不看書，義理自然貫通。若劃地自限，豈登高行遠之意哉！」為了「登高行遠」，自幼熟讀孔孟之書，進而愛好程朱理學。他非常重視中國歷史上一些有作為的人物，韓非、諸葛亮、唐太宗、張居正都得到他的肯定與讚揚，而且把他們的學說和政績作為自己治國安邦的借鑒。其舅父佟國綱因抗擊噶爾丹叛亂而犧牲，他命楊瑄寫文章歌頌其功勳，楊瑄是翰林院編修、大學士，以其生花之筆，對「國舅」大唱讚歌，並與古代一員大將作了比較，那位大將雖勇敢善戰，但對君主不忠。領翰林院學士張英在審閱這篇文稿中，因見文稿語言優美而順利通過。康熙皇帝以其豐富的歷史知識指出楊瑄的比附錯誤，更認為這是以歌功頌德之名行誣衊辱　之實，楊瑄被流放遼東，張英革職。

康熙皇帝在完成他預定的學習計畫外，對西洋科學有濃厚的興趣。天主教會南懷仁神父給他講解幾何學、天文學及天文儀器；徐日升神父給他講解西洋樂理，並讓他運用西洋樂器演奏樂曲。

他的學習興趣廣泛，但因國家發生大事，政務繁忙，學習一度中斷。天主教神父白晉、張誠等到達北京後，用滿、漢兩種語言給他講授《歐幾里德原理》，寫有講稿，他聽得很認真，反復練習，親手繪圖，不懂的地方立刻就發問；他每天學習兩、三個小時，晚上做的習題，第二天交出評閱。這樣緊張地學習了半年，他精通了幾何學原理。

他學到幾何學知識後，經常想運用於實際工作中去，精神集中地練習數學儀器的操作。西洋教士給康熙皇帝及其父順治皇帝進獻過一些觀測儀器，他會一一弄清它們的使用方法，徐日升、休瓦雷兩位神父除當康熙的指導外，還為皇帝製造了一些儀器；其中大半圓儀是一件用於天文觀測的儀器，康熙得到這個儀器喜出望外，把它放置在御花園中經常觀摩使用，即便在巡幸時，也要把這沉重的儀器帶在身邊。西洋教士獻給他的兩件天文儀是用以觀測日食、月食或行星運行情況的，他瞭解到其用途與使用方法後，驚嘆不已，珍愛無比，搬進內室，安置在御座兩旁；還有兩件精密儀器也被他搬進內室，即水平儀與天文鐘。西洋教士看到皇帝這樣喜愛科學儀器，也設法尋覓到照準儀、大型象限儀、大型羅盤儀等奉獻給皇帝。

西洋教士結束幾何學的理論與應用的教學工作後，康熙要研究西洋哲學，命西洋教士用滿文編寫講稿。西洋教士非常樂意地接受了這項任務，因為他們認為講哲學更易傳播基督福音。皇帝忽然重病，原訂的教學計畫難以付諸實施。皇帝在病中希望瞭解人體組織及其機能的功能與原理，西洋教士趕忙編寫一部詳盡的解剖學講稿，說明整個人體的結構及其各個組成部分的相互關係，吸收了當時最新的研究成果。當皇帝看到解剖圖及說明文字，再加上十多條解剖學定理時，他極為興奮，當即令御用畫師中藝術造詣最高的人為他描繪一幅新的解剖圖，但因健康原因，他未能繼續研究解剖學。

康熙一生從未停止過學習，不僅用心習文，而且努力習武。他年輕氣盛時，能挽十五力弓，發十三把箭，這是必須經過長期苦練才能達到的水準。他不僅力量過人，而且武藝高超，無論是立射或騎射，都有非凡的表現，乘馬飛奔，能左右開弓，百發百中；飛禽走獸，都可箭不虛發。他擅長騎術，騎馬行進在險峻的山道，如履平地，上下自如，賓士如飛。對歐洲傳入的槍炮，如對弓箭一樣熟悉。他是一位罕見的能文能武的皇帝。

打倒鼇拜，制止倒退

康熙八歲登基，由索尼、遏必隆、蘇克薩哈、鼇拜四大臣輔佐。這四人是滿族貴族保守勢力的代表人物，他們宣揚「率祖制，復舊章」，改內閣為內三院，撤銷翰林院，排斥漢族人，重用滿族人，頑固地推行滿族入關前的那種落後的早期奴隸制度，抵制漢族先進文化，這是逆歷史潮流的行為。四大臣中的鼇拜自恃功高，非常囂張，結黨營私，專橫跋扈，擅殺無辜，不顧康熙三年已發佈的禁止圈地的命令，倡狂推行野蠻的圈地政策，致使漢民流離失所。鼇拜又進一步強行大搞「旗地」

更換，引起社會大動亂。

後來在四大輔政大臣中，他拉攏遏必隆，處死不與他同謀的蘇克薩哈。索尼病死後，鼇拜朝政獨攬，並集結一批保守分子，發展到強制皇帝屈從他的意願發佈號令的地步。

康熙六年（西元一六六七年），十四歲的皇帝親政。鼇拜步步進逼，但少年老成的年輕皇帝處之泰然。康熙八年的一天，在家策劃政變的鼇拜聲稱有病不能上朝，皇帝帶著隨從突然來到他家，名為探視病情，實則查看究竟。在鼇拜家的內室，皇帝發現殺人兇器，他雖故作鎮靜，不動聲色，但內心已下定決心，事不宜遲，應從速逮捕鼇拜。回宮後他立即周密部署，召鼇拜入宮議政，鼇拜仍然和往常一樣，趾高氣揚，目空一切，在皇帝面前傲慢無禮。當皇帝威嚴地宣佈他的罪行時，他仍昂然而立，以為無人敢動他一根毫毛。皇帝大喝一聲，十幾個少年應聲而出，以迅雷不及掩耳之勢，抓住鼇拜，鼇拜毫不在意，妄想反抗，然而一切只是徒勞，只有束手就擒。擒鼇拜的這十幾個少年，是皇帝精心挑選、嚴格訓練的力士。滿族有一種角撲武術戲，叫「布庫戲」，他們平日以演戲為名，練就一身好武藝，在這關鍵時刻起到了重要功能。

鼇拜罪惡多端，經查明重大罪行有三十餘條。皇帝公開宣佈他犯下冒犯「聖上」之罪，「欺朕專權，恣意妄為」「倚仗兇惡，棄毀國典」，「上違君父重托，下則殘害生民」。根據其罪行，理應斬首示眾，最後「姑從寬革職、籍沒，仍行拘禁」，不可一世的鼇拜死在拘禁中，其弟穆里瑪、塞本得，侄訥莫，黨羽大學士班布林善、尚書阿思哈、噶褚哈濟世，侍郎泰璧圖，學士吳格塞皆被誅，其餘的幫兇分別處罰。鼇拜集團的失敗，宣告保守勢力的崩潰，為康熙的勵精圖治掃除了障礙，更為康熙樹立了威望。

智除鼇拜後，為防止再有類似事件發生，康熙採取了三大預防措施：首先，加強中央集權，爭取漢族有識之士參與朝政。清初除管理政事的內閣之外，設有議政王大臣會議，簡稱「國議」，國家大事交「國議」討論，然後由皇帝決定如何執行。「國議」權力很大，只有滿族貴族參與。清除鼇拜後，康熙特別加強了對「國議」的控制；同時網羅漢族人才，在宮內設南書房，作為機要參謀機構。這樣一方面限制滿族貴族的一部分權力，另一方面可攏絡各族上層分子，己其可取得漢族地主階級的擁護。

其次，隨著鼇拜圈地、換地主張的破產，他立即下令永遠停止圈地，穩定人心，安定社會秩序。並提倡學習漢族先進的生產方法、方式，努力發展經濟。

再次，鼇拜雖除，國家形勢依然嚴峻，朝政混亂，民生凋敝，尤其是三藩割據，各擁重兵，在鼇拜專權下姑息養奸，已形成尾大不掉之勢。如何應付這種局面，如何制訂對策，採取何種措施？為集思廣益，康熙開始經筵日講活動，延聘一批精通儒家經典、史學知識豐富的滿漢官員擔任經筵講官，從翰林院選出十人充當日講官員。希望這些講官能幫助其發掘治國之道，他對講官說：「朕孜孜向學，無非欲講明義理，以資治道。」他廢除寒暑停講的陋習，為檢驗自己接受的程度，聽完講官的講課後，他會進行複講；後來又改複講為預講，即聽課前，康熙先試講，這種學習方法堅持達十五年之久，為其應急積累了豐富的經驗教訓。

平定三藩，鞏固統一

清軍入關後，正規軍有八旗兵和綠營兵。八旗兵是清朝統治者最親信的軍隊，共有二十萬人，一半駐紮北京和近畿，另一半分散駐紮各城市。駐京師的叫「禁旅」，駐京師附近及各地的叫「駐防」。綠營兵是入關後改編或新招的漢人部隊，許多軍官是滿人，最初有九十多萬人，後來縮編為六十六萬人。東南沿海抗清力量雄厚，駐紮在福建、廣東的綠營兵，有十餘萬人。

清軍大舉南下時，以農民起義軍為主體的抗清力量很強大，八旗兵人數不足，因此明朝投降過來的人馬便成為重要的依靠力量。早在清軍入關前，投靠清軍的明朝大將耿仲明、尚可喜被封為王，他們的兵馬名義上屬八旗，實際是獨立的。引清軍入關的吳三桂的兵馬也是獨自成軍，他被封為平西王后野心勃勃。南明朝廷最後的皇帝朱由榔亦為吳三桂所殺，奇功異勳，清朝晉封他為親王，留駐雲南，兼管雲南、貴州兩省政務，雲貴督撫受其節制。吳三桂利用手中的大權，廣徵稅糧，壟斷鹽井、金礦、銅礦的利益，大力發展商業；又收購西藏、蒙古名馬，訓練心腹，積極準備行動，圖謀不軌。吳三桂的實力相當雄厚，按旗兵編制的共有五十三佐領，每佐領領壯丁一百五十人；有綠營十營，計六萬兩千人，丁口數萬。

尚可喜、耿仲明各有十五佐領，也有綠營。尚可喜隨清軍入關，駐廣州，掛著平南王的爵號，年老多病，把兵權交給其子尚之信。他們在廣東大肆從事商業活動，亦官亦商，大發橫財，作為政治資本。耿仲明隨從清軍入關，到湖南時封為靖南王，死後其子繼茂代立，不久傳位耿精忠，在福建橫徵暴斂，獨霸一方。福建靖南王耿繼茂、廣東平南王尚可喜、雲南平西王吳三桂，簡稱「三藩」。三藩都亟欲在自己的領地內建立獨立王國，他們養精蓄銳，蠢蠢欲動。他們還向朝廷索取的軍費，一年達兩千餘萬兩銀子，當時全國一年的軍餉也不過一千七百餘萬兩。三藩勢力惡性發展，直接受害的是廣大的人民群眾，尚之信在廣東酗酒嗜殺，每日以殺人為樂；耿精忠在福建苛派夫役，勒索銀米；吳三桂在雲南將明朝黔國公沐氏的田莊全部佔據，又搶佔已歸各族農民所有的明代衛所軍田，把這些田地上的農民轉變為他的官佃戶，更放縱部下殺人奪貨。三藩中最專橫的當屬吳三桂，他為所欲為，任命官吏，吏部和兵部不敢批駁；銀錢開支，戶部要如數照發，不敢拖延時間，這對皇權構成極大威脅，能否解除這個威脅，關係到國家的長治久安。

康熙初年，朝廷對三藩，尤其是對吳三桂的跋扈囂張，已逐步採取了一些對策，如要他繳還大將軍印，不准他隨意任命官吏。康熙親政後，說：「天下大權，惟一人操之，不可旁落。」為了維護皇權及國家的統一，他視「三藩」為心腹之患，正加緊籌畫策略時，廣東尚可喜提出申請，要求回遼東家鄉去養老，請由其子尚之信承襲王爵。康熙利用這個機會撤藩，想把尚可喜的全部力量撤離廣東，這個命令連帶觸動了吳三桂、耿精忠，他們也提出撤藩的請求，實際上是在試探朝廷。康熙洞若觀火，知道他們撤藩的請求是假，陰謀叛亂是真，他排除朝臣中反對撤藩的意見，指出「撤亦反，不撤亦反」，毅然決定撤藩，派人捧著「聖旨」調吳三桂到山海關外去，吳三桂撕掉「聖旨」，殺掉送「聖旨」的人，於康熙十二年（西元一六七三年）十二月發動叛亂。

吳三桂自稱「周王、總統天下水陸大元帥、興明討虜大將軍」，誓與康熙一決雌雄。由於他準備有素，很快打進湖南，佔領沅州、常德、衡州、長沙、嶽州等地，清軍節節敗退。朝廷急派順承郡王勒爾錦帶兵南下，其到達荊州後，與吳三桂軍隔江相望，不敢過江。靖南王耿精忠佔據全閩，派兵攻佔浙江、江西，與吳三桂相呼應；廣西將軍孫延齡佔據廣西以為響應；回應吳三桂的尚有雲南提督張國柱、貴州提督李本深、四川提督鄭蛟麟、長沙副將黃正卿、湖廣總兵祖澤清、潮州總兵劉進忠等，這些人各擁重兵，特別是陝西提督王輔臣也高舉叛旗，殺清朝經略大臣莫洛，攻陷蘭州；平南王尚可喜的兒子尚之信在廣州也乘機而起，與朝廷為敵。臺灣鄭經一度率兵攻入浙、閩；長江以南，戰火熊熊，「東南西北，在在鼎沸」。而荊州成為朝廷阻擊吳三桂軍的軍事要地，大量兵馬集結荊州，以江西、浙江為東線，以陝西、甘肅、四川為西線；以山東兗州與山西太原為後方軍隊兩大集中點，保證源源不斷支援前方。這時候八旗兵已不能作戰，他們入關已三十年，在優裕的生活中，銳氣盡消；滿族將領也長期養尊處優、生活腐化，貪生怕死，不堪大任。朝廷只好利用綠營兵，前後動員四十萬人，每次作戰，綠營兵在前，八旗兵尾隨其後。

吳三桂佔領嶽州之地以後，陶醉於勝利喜悅之中，躊躇滿志。雖曾一度派兵由長沙出江西，從四川窺陝西，但他並未乘勝前進，擴大地盤，他留戀西南地區這塊肥美的老地盤，且捨不得離開湖南。他心事重重，子孫留住京師，性命難保，果如所料，其子應熊與長孫世霖皆被處死，他想佔據雲、貴、湘，與朝廷劃分勢力範圍，已沒有實現的可能，其控制地區內被搜刮得民怨沸騰，加之連年歉收，米一石要五、六兩銀子，人心惶惶。原來回應他的一些勢力先後瓦解。最可怕的是軍心動搖，其重要將領林興珠、韓大任向朝廷投降，朝廷的軍隊進攻湖南南部、深入廣西腹地，吳三桂的後方危在旦夕。

七十一歲的吳三桂，垂死掙扎，在湖南稱帝，從長沙遷都衡州，改名定天府，國號大周，年號昭武，大封百官諸將，借此拉攏人以維持殘局，清軍步步進逼，吳三桂在六神無主中病死。其孫世璠繼位，改元洪化，退往貴陽，在清軍追擊下逃往雲南。康熙二十年（西元一六八一年）年底，清軍破昆明，吳世璠自殺，延續八年、蔓延十省的三藩之亂結束，尚之信與耿精忠在降清後皆被殺。平定三藩後，朝廷不再將兵權、土地、財賦分賜功臣名將；同時加強駐防，在福州、廣州、荊州等處增駐八旗兵，在雲南、廣西派綠營鎮守，鞏固統一。原被吳三桂圈佔的土地歸還百姓，在原三藩控制的地區，減免賦稅，大力恢復被摧殘得破敗不堪的經濟，使局面逐步改觀。

平定三藩後，康熙派施琅從鄭克爽手中收回臺灣。

巡視四方，體察民情

康熙平定三藩後，勵精圖治，不忘與民休息。為了深切瞭解民情，經常巡視四方，江南是他巡視的重點地區，六次南巡，南巡時多住在漢族地主官僚人家，召見漢族知識份子，徵求意見，瞭解人民生計。

康熙善書畫，一次南巡得知江蘇吳縣（今蘇州吳中區）縉紳汪琬，為人厚重，原系翰林，學問淵博，安貧守道，為表示慰問與嘉獎，特贈親筆手卷一軸。他經常採取這種懷柔手法攏絡漢族知識份子，收買人心。

對蒙古族上層人，也注意做爭取團結的工作，先後幾十次巡視蒙古地區，會晤蒙古族上層人士，與他們議論政事、交流感情。康熙二十三年（西元一六八四年）六月巡視蒙古，見不少蒙古人衣食困苦，即召見那些生計無著的人，耐心撫慰，還發給銀兩布匹。

巡視各地，是他接近群眾、訪問疾苦、整頓吏治的好機會，百姓有冤訴冤、有苦訴苦，事先在皇帝必經之道附近等候。皇帝駕到，上告人跪在路旁，一手高舉狀紙等待受理，上告的內容多為申訴迫害冤獄，揭發貪官污吏。皇帝多能耐心地傾聽申訴與揭發，調查核實，作出處理；貪官污吏被告發，因罪證確鑿，受到嚴懲。皇帝在瞭解民情中，非常注意地方官的勤惰好壞，被百姓怨聲載道的地方官會丟掉烏紗帽。

與巡視一樣值得重視的是行圍，巡視是施文治，行圍是展示武功。有人指責行圍是勞民傷財，他駁斥道：「不知承平日久，豈可忘卻武備？軍旅數興，師武臣力，克敵有功，此皆勤於訓練之所致也。」勤於練武功，始可取得軍事上的勝利。年年行圍，目的在提倡武功，重視武備，培養後代。

輕徭薄賦，發展經濟

清初為收拾明朝遺留的殘局，困難重重。戰爭消耗極大，百姓負擔很重。為保證糧餉來源，大力推行墾荒二十年，沒有什麼成效，賦役繁重，私攤私派一年總有三、四次，農民生計無著，以致荒地剛剛開墾，熟地又拋荒了。康熙斷然取消一切雜稅，改變「無日不追呼，無時不敲撲」的農民處境，從康熙元年（西元一六六二年）至康熙四十四年（西元一七〇五年），零星蠲免錢糧九千餘萬兩。康熙每年有豁免「災賦」之舉，如康熙十年（西元一六七一年），免直隸、江南、江西、浙江、山東、河南、陝西、湖廣等省三百餘州縣衛災賦。江西遭受天災人禍特別深重，康熙二十七年（西元一六八八年）積年寬免江西錢糧二百萬兩以上，讓江西農民得有喘息之機。全國農民十分之六七是佃農，靠佃田耕種為生。「一寸禾，一寸血，血枯一人死，禾枯一家絕。」清代地租一般在收穫量的一半以上，甚至有高達八成的。

康熙五十二年（西元一七一三年）宣佈：「盛世滋生人丁，永不加賦」的決定，即以康熙五十年的人丁數作為徵收人頭稅的固定數位，新添的人丁不收人頭稅。這對無地少地的貧苦農民來說，並無多少好處，相反官吏腐敗迭生。故而不久即將人頭稅與田賦分開徵收改為合併徵收，在康熙末年已實行於廣東、四川，這是地丁制度的開始，為緩和社會矛盾，穩定社會秩序，恢復和發展農業生產起到很重要的功能。

關係到農業生產恢復和發展的一個重要問題是水利事業，康熙非常重視黃河治理。由於黃河多年失修，兩岸農田遭災，還影響到運河交通。康熙親自領導治河，多次現場踏勘，他研究了有關專著，修正發展了傳統的治河方法，他認為一味築堤禦水是值得商榷的，應該多做「清水流通」的工作，即往疏浚方面多下功夫，他說：「若不令清水流通，雖修築堤岸，黃水終致倒灌，焉能禦之？」他派專人視察黃河出海口，指示要不惜一切代價保證海口的暢通。康熙主持黃河的治理工作，一度改善了黃河中下游多年的水患局面，許多被淹沒的災區恢復耕種，南北水路恢復通航，康熙還領導治理北京附近的永定河，他督修永定河時，不顧深冬嚴寒，親用儀器測量計算，督導施工。永定河原名渾河，時常氾濫成災，經過治理，原來的災區荒地變為良田沃野，新的農舍林立，人歡馬叫，渾河從此改名為永定河。

此外，康熙大力抓墾荒工作。順治年間影響墾荒進展的一些阻力被清除，如順治年間的「墾荒定例」，最高限六年起科，康熙把起科的時間延長為十年。有些省份還給予特殊照顧：「流移者給以官莊，匱乏者貸以官牛，陂塘溝洫，修以官帑。」以官莊、官牛、官帑來幫助流移者、匱乏者回到生產中去。凡墾荒成績突出者，通文義的以縣丞、知縣錄用；不通文義的以百總、守備錄用。地方官必須重視墾荒工作，「有田功者升，無田功者黜」。以「田功」定賞罰，經過苦心經營，大見成效，三藩之亂破壞嚴重的雲南、貴州等省，「人民漸增，開墾無遺」。就全國耕地面積而論，順治八年（西元一六五一年）為兩百九十萬零八千五百八十四頃，康熙六十一年（西元一七二二年）增至八百五十一萬零九百九十二頃，增加近六百萬頃。

康熙中期以後，國庫逐漸充裕，每年所收地丁、鹽課、關稅達三千四百餘萬兩，支出二千七百餘萬兩，年年有盈餘。康熙五十四年（西元一七一五年），太倉貯糧過剩，以陳粟四百三十餘萬石散給官兵。倉有餘糧，庫有餘銀，田畝面積增加，康熙統治時期，人丁增加六百萬左右。康熙生活簡樸，冬天穿的是貂皮襖，夏天穿著用蕁麻布做的上衣。按照滿族的風俗，在帽檐上鑲著一顆大珍珠，這是從他的裝束裡能夠看到的唯一奢華的東西；他在飲食上也不追求山珍海味，皇帝的膳食開支，順治時期一年為一百萬兩白銀，康熙時期一年只有十萬兩。

抵禦外侮，維護獨立

沙皇俄國在清軍入關前後，侵入中國黑龍江流域。黑龍江流域物產富饒，礦產豐富，珍禽異獸繁多，人參、貂皮與大馬哈魚聞名於世。西元一六四四年，沙皇派遣波雅可夫帶領一支軍隊入侵黑龍江下游，肆無忌憚地燒殺擄掠，無惡不作。達斡爾族百姓忍無可忍，把侵略軍包圍三天三夜，打死打傷六十名。

西元一六五〇年，哈巴羅夫帶領軍隊侵入黑龍江流域，侵佔中國達斡爾族的木城一帶，殺害中國無辜平民六百六十一人，掠奪婦孺三百六十一人。清軍對侵略軍進行反擊，當地群眾奮起回應，侵略軍狼狽逃遁。在哈巴羅夫之後，有斯捷潘諾夫繼續入侵。

西元一六五八年，中國駐甯古塔都統沙爾虎達率領戰艦四十七艘，在松花江門附近給敵以沉重打擊，斯捷潘諾夫葬身火海，其部下只有十七人逃生。沙皇不甘心失敗，兩年後又捲土重來，與上次的命運一樣，幾乎全軍覆沒。沙皇變本加厲，不顧一切要在中國領土上站住腳，強行修築尼布楚、雅克薩城，作為侵略中國的軍事據點，許多善良的中國人民慘死在其屠刀之下，血流成河。朝廷大臣中不少人畏首畏尾，不敢反抗，康熙決心抵禦侵略，維護國家領土完整，保障邊疆人民的生命財產安全。

在反侵略戰爭打響以前，康熙力圖通過和平談判解決問題，但沙皇毫無和平誠意，頑固地推行其侵略政策，從西伯利亞各地招募哥薩克兵，組成一支強悍的軍隊妄圖憑藉武力把中國東北地區的領土納入其版圖。

康熙早有先見之明，康熙二十一年（西元一六八二年）九月，曾派人以打獵為名，沿黑龍江而行，到達雅克薩城下，刺探敵情。然後派戶部尚書伊桑阿到甯古塔打造戰艦，命墨爾根、齊齊哈爾兩個重要城堡加強戰備，選得力將領帶兵到璦琿等處建立木城以鞏固邊防。一切準備就緒後康熙二十四年（西元一六八五年）六月，都統彭春與黑龍江將軍薩布素指揮水陸兩路大軍抵進雅克薩城下，勸告城內敵軍歸還侵佔的領土，停止侵略，毫無反應。六月二十五日傍晚，清軍開始以猛烈炮火攻城。激戰一夜，敵軍投降，收復雅克薩城，城內敵軍有四十五人不願繼續為侵略者賣命，留在軍中，其餘退往尼布楚城。其頭目圖爾布青亦溜走。當清軍從雅克薩城撤走後，圖爾布青急忙帶兵進駐雅克薩城。築城牆，修壕溝，架大炮，當侵略者正做著侵略美夢時，豈知又陷入清軍包圍，交戰三個月，城內儲存物資消耗殆盡，城中水源亦被清軍切斷，原來從雅克薩城溜走的敗兵之將圖爾布青死在城內，城內侵略軍死傷甚多，沙皇的侵略計畫徹底崩潰。

清軍兩次收復雅克薩城，反侵略大捷，是康熙足智多謀的結果，是各族人民大力支持的結果，各族人民為清軍築城堡、建驛站、運糧秣、製造武器、提供情報，鄂倫春人、達斡爾人、蒙古人同仇敵愾，都作出了重大貢獻。

康熙二十八年（西元一六八九年）九月七日，中俄在尼布楚城簽訂《尼布楚條約》，條約規定：中俄兩國東段邊界以外興安嶺至海、格爾畢齊河和額爾古納河為界，明確肯定黑龍江和烏蘇里江流域的廣大地區都是中國領土。中國收回被沙俄侵佔的一部分領土，制止了沙俄對黑龍江地區的侵略。但沙俄轉而與蒙古族準噶爾部首領噶爾丹勾結，慫恿其發動武裝叛亂，叛軍到處殺人放火，把大批農田、果園變成牧場；進而攻佔青海和天山以南維吾爾族地區，更聯合沙俄軍隊進犯北京。康熙三次親征，平定噶爾丹叛亂，給沙皇侵略者又一次沉重打擊，鞏固了西北邊防。

控制思想，建設文化

清朝統治者為鞏固政權，攏絡士大夫，讓他們通過科舉考試獲取高官厚祿，設博學鴻儒科，網羅博學鴻儒，隱居深山老林的學者，多被舉薦出來，清朝從中考試錄取五十人，授以「翰林」之職，翰林院長官稱掌院學士，其下有侍讀、侍講、修撰、編修、檢討和庶起士等，統稱翰林。攏絡士大夫充當其統治工具，這屬於懷柔政策。對反其道而行之的士大夫，則採取高壓政策，一些士大夫組織各種文社，運用文字工具，秘密從事反清活動。順治九年（西元一六五二年）以後，不斷有禁止文人結社的命令，殺害文人志士，則從康熙年間開始，康熙皇帝興起多次「文字獄」。

浙江富商莊廷買到明朝大學士朱國楨寫的《明史》，原書沒有寫完，莊廷托人補寫了崇禎一朝的事情，凡與滿族有關的，如實寫出後，刻印發售，被視為反清的行為。莊廷雖死，他的屍體從墳墓拖出，砍成幾段，他的家屬皆被斬；為該書寫序、校對、刻印、買賣的，與有關地方官吏一起被殺頭，甚至有與此事毫無關係，也無故被牽累進去而遭殃，如朱佑明與其五子就是一例。這個案子遇難的達七十多人。另外，翰林戴名世的案子，被殺害的更有一百多人，被迫背井離鄉的有幾百人，其案情很簡單，戴名世寫《南山集》，提到南明抗清的故事，被認為大逆不道、罪大惡極，戴名世本人被殺害，他的族人也被誅滅。「文字獄」到雍正、乾隆時期越來越殘酷。

康熙在進行思想控制的同時，也認識到一個國家的強盛，離不開文化建設，他說：「自古一代之興，必有博學鴻儒，振起文運，闡發經史，潤色詞章，以備顧問著作之選。」他提倡文學，推崇宋學，尊孔重儒，下令「凡文武各官，皆須讀書，於古今得失加意研究。」他對文人也有過寬容的表現，對顧炎武等一批拒絕徵召的學者，置之不問；甚至方苞與戴名世案有關，也把他從死牢裡釋放。

康熙重視吸收西洋科學知識，把一些外國科學著作翻譯過來，如南懷仁的《驗氣圖說》《儀象志》《赤道南北星圖》《坤輿圖說》被一譯成漢文，便於中國人學習西方科學技術，提高科學水準。他組織天主教士費隱、雷孝思、杜德美、山遙瞻等，以三十年時間測量全國大地，規定二百里合地球經緯一度，每里一千八百尺，最後製成《皇輿全覽圖》，使中國成為世界上最早進行全國性大地測量的國家。

康熙重視文化建設，編輯出版的大量圖書流傳至今，如《佩文韻府》《數理精蘊》《大清會典》以及《康熙字典》等，值得重視的是《古今圖書集成》一萬卷，由戶部尚書蔣廷錫等廣羅群書，共分為曆象、方輿、明倫、博物、理學、經濟六編，編下分典，全書三十二典六千一百零九部。書中附圖很多，一物而諸家之圖各異，並列供比較研究；再如地方大事之是非得失，意見不一，辯正互殊，皆歸於雜錄；體例得當，內容豐富，歷經二十五年（西元一七〇〇——一七二五年）完工，大型類書印行問世，以此書為開端。官府編輯刊印的叢書尚有《禦纂七經》《古香齋袖珍十種》和《律曆淵源》。

在官方宣導下，民間私人編修叢書成風，且其種類和卷數遠遠超過官修叢書。著名的有汪士漢的《秘書二十一種》，彙集先秦、漢、魏、六朝、唐、宋古籍二十一種，文獻價值極高。王晫、張潮的《檀幾叢書》，收錄明清兩朝著作一百五十七種。張潮的《昭代叢書》專收清人著作九十種，其中收錄有天主教教士利類思、安文思和南懷仁的《西洋要紀》，該書是介紹西方情況的重要著作。

康熙十八年（西元一六七九年），委任徐元文為監修，開始編纂《明史》，康熙指示：「修史宜直書實事」，他特別強調《明實錄》的重要。「史事所關甚重，若不參看實錄，虛實何由悉知？」指導思想明確，在萬斯同等名家參與下，直至雍正十三年（西元一七三五年），經過半個多世紀，修訂三次才定稿，共計三百三十二卷，文字簡練，史料豐富，體例嚴謹，有的記載甚至是《明實錄》所無。

康熙皇帝是一位有作為的封建皇帝，他雄才大略，文武雙全。然而，其雖重視吏治，但卻謹守「君德莫不於客，治道莫尚於能寬」的格言，對貪官污吏網開一面，是其難以挽回的失誤。

王祥生　文

第十六章

清世宗

愛新覺羅・胤禛

康熙十七年十月三十日（西元一六七八年十二月十三日），莊嚴而神秘的紫禁城中又誕生了一個男嬰，這就是四十四年後登上清廷龍椅並對中國歷史進程發生一定影響的雍正皇帝胤禛。

藩邸縱橫，終登帝位

胤禛出生的時候，康熙已有了十個兒子，但按清朝皇室的規矩，皇子夭折，即不敘齒，當時健在的只有康熙十一年（西元一六七二年）、十三年（西元一六七一年）、十六年（西元一六七七年）先後出世的胤禔、胤礽和胤祉三人，因此，胤禛倒成了康熙的皇四子，這個行次，在康熙全部三十五個皇子中位居前列，屬年長皇子，佔據從事政治活動的有利地位。胤禛的生母烏雅氏，是滿洲正黃旗人，胤禛是她生的第一個男孩，當時她還只是一般的宮人，第二年才被封為德嬪，有了一定的地位。

康熙二十二年（西元一六八三年），不滿六歲的胤禛便和他的三個哥哥一樣，進入上書房學習，學習的課程有滿文、漢文、蒙古文及儒家經史等文化課，另外還有騎射等軍事體育課程。康熙非常重視對皇子的全面教育，他看到一些貴冑之家對子孫嬌生慣養，長大成人，不是「癡呆無知」，就是「任性狂惡」，反而害了子孫。因此，他對諸皇子要求非常嚴格，不僅讓翰林院中的博學大儒們充任皇子的師傅，還經常從繁忙的政務中抽空親自去檢查皇子的功課。並屢屢告誡他們要熟讀四書五經，以儒家的倫理道德規範自己，成為一個德才兼備的人上之人。胤禛讀書時，授讀的師傅主要有康熙朝大學士張英和好讀書、善騎射、任俠重義的顧八代等人，另外還向著名理學家徐元夢學習滿文。少年和青年時代的胤禛在父皇和師傅們的嚴格教育和管束下進步很快。他不僅打下了較堅實的滿、漢文化知識基礎，而且還養成了好讀書、善思考的好習慣。這個時候他開始寫詩，所寫的詩詞後來專門編纂為《雍邸詩集》，成為雍正御製詩文的重要組成部分。

除學習外，康熙帝還特意讓皇子們接觸一些軍政事務，從小接受社會實踐的鍛煉，以開闊視野，增長才幹。他每次行圍出獵或巡視地方，都要指定幾位皇子隨行。康熙二十五年（西元一六八六年），康熙北巡塞上，九歲的胤禛首次隨同出發，長途跋涉直至西爾哈烏雅蘇台（今張北縣）。康熙三十二年（西元一六九三年），十五歲的胤禛同諸位皇兄參加了曲阜祭孔大典。第二年和康熙三十九年（西元一七〇〇年），胤禛兩次隨父皇考察了無定河（又名渾河），並親自主持了永定河的治理。康熙三十五年（西元一六九六年），十九歲的胤禛與諸兄弟參加了對噶爾丹的討伐，他奉命掌管正紅旗大營。這次統兵，胤禛只是象徵性地坐鎮正紅旗，並沒有真正指揮作戰，但行軍議事，也使他受到了一次軍事生活的實地訓練，受益匪淺。康熙四十二年（西元一七〇三年），胤禛又隨康熙南巡，由德州、濟南、泰山、沂州，經淮安、揚州、鎮江而達杭州，返途經南京、沛縣、東平、東昌而返京，歷時四月之久，胤禛詳細地瞭解了沿途風俗民情及運河閘壩工程。

作為皇子，從康熙二十五年第一次隨父出塞到康熙六十一年（西元一七二二年）最後一次扈從北方行圍，橫跨風華正茂的少年，英姿奮發的青年和年富力強的中年三個階段。長城內外，大江南北，佛教聖地，孔子故里，都留下了胤禛的足跡，也讓他瞭解到了各地風土人情，名勝古跡，以及地方行政和吏治情況，這些都為他日後主理朝政打下了基礎。

清朝入關前並沒有建立儲貳制度。皇位的繼承人都是老皇帝臨死前指定的，這種不立儲君的方法既有利也有弊。其利在於各個有希望繼承皇位的人都能效忠皇帝，竭心盡力，博取皇帝的好感，以求被立為君。其弊是不立儲君，覬覦皇位者太多，容易造成父子兄弟之間鉤心鬥角，甚至兵戎相見，釀成爭位大禍。康熙繼位後，權衡了冊立太子的利弊，決定改變清朝不立儲君的制度，學習漢人立嫡長子為皇太子的辦法，建立清朝的皇儲制度。康熙十四年（西元一六七五年）十二月，年僅二十二歲的康熙便依中原王朝「無嫡不立長」的原則，冊立了孝誠皇后所生的不滿兩周歲的嫡長子胤礽為皇太子，而真正的皇長子胤禔，只因是庶生，未能得立。康熙在冊立胤礽為皇太子時曾誇讚他說「日表英奇，天資粹美」，殷切希望他將來真正成為孝子聖帝。哪知這一冊立，為康熙後日的政局造成了許多混亂，也給康熙本人帶來了無窮的苦惱。

胤礽被冊立之後，在父皇和師傅的調教之下，隨著體質的提高，他在學問和政治上也日漸成熟起來，康熙開始很是高興，並令他參與部分政務，逐步賦予他較多的權力。特別是在康熙三次親征噶爾丹時期，皇太子坐鎮京師，代表皇帝舉行郊祀大禮；各部院的奏章，聽任太子處理；一些重要事情，諸大臣的協商意見，均稟奏太子裁決施行。太子干預部分朝政，逐漸在自己身邊集結了一批官僚，成為太子黨人，其首領是大學士索額圖。索額圖為了討好和滿足皇太子對權勢日益增長的欲望，在制定有關太子的制度時，竟使其與皇帝相接近。這樣，伴隨著太子權勢的膨脹，太子與皇帝的矛盾也開始激化。再加上皇太子籍其特殊地位，暴戾不仁，驕奢無度，尤其對父皇不忠不孝，這與康熙實行的寬仁政策正好相悖。不符合康熙對繼承人的要求，於是父子感情日趨惡化，以至達到互相仇視提防的程度。康熙四十七年（西元一七〇八年）九月，康熙不得不宣佈太子胤礽「不法祖德，不遵朕訓」，「不孝不仁」的罪狀，將其廢棄，並下令拘禁，同時捕殺了一批太子黨人。

胤礽雖廢，但太子之位令諸位皇子興奮至極，一場覬覦儲位的奪嫡鬥爭便在諸皇子中展開了。他們紛紛拉黨結派，你爭我鬥，搞得紫禁城內烏煙瘴氣。特別是在胤礽復立復廢的過程中，眾皇子更是刀光劍影，互不示弱，致使康熙帝心力交瘁，抑鬱憤懣，不得不改變初衷，明確表示無意再立太子。

在爭奪儲位的日子裡，胤禛也處心積慮，深懷覬覦之心，只是手段比其他皇子更為詭譎，他善於韜光養晦，力避鋒芒。在形勢未明之前，他一方面縱橫於父皇與諸皇子之間，與他們都保持良好的關係，有效地保護自己；另一方面則外弛內張，積極創造奪嫡的條件，迎合康熙的旨意，博取康熙的歡心與重用。康熙四十七年，太子胤礽第一次被廢後，康熙命胤禛看管。當時諸皇子中，為攘奪儲位，多對廢太子落井下石，極力詆毀，唯有胤禛敢於站出來為禁錮的胤礽說話，表現出了與其他兄弟截然不同的「救援」態度，迎合了康熙對廢太子既痛恨又憐憫的心情，從而獲得了康熙帝的好感，誇耀他「深知大義」。

當康熙帝因立儲失敗而焦灼不安、身患重病之際，其他皇子多忙於拉幫結派，爭奪儲位，又只有胤禛和胤祉二人體貼乃父，勸請就醫，並「冒死擇醫」，親自檢視藥方，使康熙帝很快康復起來，博取了康熙帝的歡心。所以，在胤礽複立太子之後，康熙大封諸子，胤禛與胤祉、胤祺一起被封為親王，超過了胤禟等其他皇子，取得了爭奪儲位的有利條件。另外，胤禛奉康熙的指令，曾出色地處理過一些案子和事務，如處置向官員詐財的太監曹之璜；查勘京通各倉放米弊端等，都顯示了他的才幹，在康熙心目中留下了良好的印象。因此，當胤礽第二次被廢之後，康熙對胤禛就更器重了，許多重要的國務活動都讓他參加。康熙五十一年（西元一七一二年），胤禛奉命參加了對太子黨人的審判；康熙五十四年（西元一七一五年），西北軍情頻生，胤禛奉召參與議事；五十七年（西元一七一八年），皇太后梓宮安放地宮，康熙因病不能親往，又命胤禛去陵前讀文祭告；康熙六十年（西元一七二一年），康熙登極六十年大慶，胤禛又奉命前往盛京，告祭祖陵；是年十一月冬至節，胤禛尊命祀天於圜丘；六十一年（西元一七二二年）十一月南郊大祀，康熙因身體不豫，又特命胤禛替代。康熙帝不僅將京郊的圓明園和承德熱河行宮的獅子園賜給胤禛，而且在晚年還多次應胤禛之邀，親赴兩園筵宴遊玩。六十一年（西元一七二二年）春，年近七旬的康熙來到圓明園觀花，見到胤禛之子弘曆（即後來的乾隆帝），倍覺喜愛，命送宮中養育。是年夏天康熙臨幸獅子園，弘曆侍從回家，康熙傳見其生母，連連稱她為「有福之人」。胤禛在康熙晚年能獲此殊恩，為其他皇子所不能，這對於胤禛繼承大位，不能不說是重要原因和信號。

胤禛在迎合康熙帝的同時，暗地裡則極力培植雍邸勢力，作為爭奪江山的基幹。經過苦心經營，在胤禛周圍慢慢聚集了一大批人，其核心人物有：為胤禛「多年效力」的「藩邸舊人」川陝總督年羹堯；步軍統領、理藩院尚書隆科多；四川布政使戴鐸；以及與胤禛關係最為密切的皇十三子胤祥等，他們在為胤禛謀取帝位的過程中發揮了相當重要的功能。

康熙六十一年（西元一七二二年）十一月七日，康熙帝病重，冬至祭天由胤禛代行。十三日，康熙在暢春園召見胤禛。在胤禛未到之前，康熙已向在病榻旁的胤祉、胤祥、隆科多等人交待由胤禛繼任帝位。胤禛到達後，向父皇問安，康熙告訴了他的病症，胤禛含淚進行了勸慰，至晚上八時左右，康熙溘然長逝。胤禛哀號痛哭，痛不欲生。隆科多乃當眾口頭宣佈康熙遺詔，命胤禛即位。胤禛聞知，驚慟昏倒。在大家的勸慰下，強起辦理父皇喪事。當晚將康熙遺體運回後宮，次日封胤祥為親王。召胤禵（皇十四子）回京，關閉京城九門。十六日頒佈遺詔，十九日，胤禛以登極遣官告祭天地、太廟、社稷壇，京城開禁。二十日，胤禛御太和殿登極，受百官朝賀，宣佈繼承乃父法規，不做政治變更。呼籲皇室內部團結，共圖清朝萬世之固，並決定於第二年改年號為雍正。

雍正的即位是不是康熙的旨意，是否名正言順一直是人們議論的話題，成為清朝前期三大疑案（太后下嫁、順治出家、雍正奪嫡）之一，也是目前史學界仍待破解之謎。

禁除朋黨，鞏固皇權

康熙後期，諸皇子勾結大臣，各樹黨援，紛爭不已，嚴重干擾了朝政，妨礙了君權的發揮。朋黨的存在與爭鬥成了登極不久的雍正皇帝的心腹之患。靠朋黨起家的雍正皇帝深知朋黨對皇權的威脅，因而採取了遠比康熙帝更為嚴厲的禁除措施。他一方面大講朋黨危害，認為朋黨最為惡習，自明末開始，互相陷害，此風至今仍未平息。雍正元年（西元一七二三年）四月，他首次御門聽政，即面對百官抨擊朋黨惡習。雍正二年（西元一七二四年）七月，他還專門寫成《朋黨論》，印製八百份，自上而下，分發給諸王及滿漢大臣，以告誡臣工，使之警惕。另一方面，他對當時爭奪儲位最為激烈的皇八子、皇九子及皇十四子等幾大朋黨則採取了分化瓦解，嚴厲打擊的政策。

對於勢力最大的胤禩集團，雍正採取了欲擒故縱的手法，予以控制和打擊。雍正即位的第二天，便封胤禩為親王，並任命他和胤祥、隆科多，及其親信馬齊為總理大臣，辦理一切事務。同時，還任用了胤禩的一些親信，雍正這一著大出人們意外，胤禩的追隨者個個彈冠相慶，只有胤禩心存疑懼。他私下對人說：「皇上今日加恩，焉知沒有明日殺頭之意？其目下施恩，皆不可信。」果然不出所料，雍正在分化他的親信之後，便開始各個擊破，胤禩不斷受到指責和打擊，他的親信有的被殺戮，有的被流放。雍正四年（西元一七二六年），胤禩又被冠以種種不法罪名而遭幽禁，不久死於囚所。

對待胤禵，他的同胞弟弟，雍正也毫不客氣，對其嚴厲打擊。在早期儲位之爭中，胤禵捲入不深，康熙曾稱讚他「確系良將」，「有帶兵才能」。康熙五十七年（西元一七一八年），西北戰事發生，胤禵被任命為撫遠大將軍，主持西北軍務，稱大將軍王。駐兵青海、甘肅四年，打敗了準噶爾，立有功勳。康熙病危時，胤禵因軍務未竣，尚未班師。他是當時最有力的皇位繼承人，雍正即位又被社會謠傳為奪了胤禵的皇位。因此，胤禵很不甘心，也很受人同情，具有很強的潛在影響力，雍正絕不會放過他。康熙一死，雍正即召胤禵回京，參加父皇喪事，而將前線軍事交與年羹堯處理。胤禵到京之前，專門派人請示，是先拜謁父皇梓宮，還是先慶賀新君登極。雍正命他先謁父皇梓宮，胤禵來到靈堂。望見父皇靈柩，百感交集，哭僕在地。雍正遠遠地站在一旁，胤禵對登上皇位的親兄自然滿腹仇恨，但今日已屈為臣子，只得含憤忍辱遠遠地給皇兄叩頭。雍正為表示其兄長風度，上前扶他，胤禵卻不理他，使雍正很難下臺。雍正便借此事件，斥責胤禵「氣傲心高」，削除了他的王爵，只保留貝勒封號。一月之後，待康熙靈柩安葬東陵完畢，雍正便令胤禵看守父陵，實際上將他囚禁在遵化。隨後，胤禵的幾個親信也被收拿治罪。雍正對胤禵的無情，讓他們的母親烏雅氏非常傷心。一氣一急便生出病來。雍正元年（西元一七二三年）五月二十二日得病，次日便去世了。雍正為了安慰母親的亡靈，便封胤禵為郡王，但仍囚在景陵。不久，胤禵的妻子也染病而死，胤禵遭此種種打擊，悲憤交集，向雍正表示他已走到生命的盡頭，希望皇兄放他一馬。雍正見其大勢已去，更念同胞之情，才保全了胤禵的性命，而胤禵直到乾隆二十年（西元一七五五年）去世。

對於皇九子胤禟、皇十子胤䄉，雍正也沒有放過。他說胤禟「文才武略，一無可取」，是乃父的「無足數計之子」，在命胤禵回京後，即以前線軍中需人為名，派胤禟前往西寧辦事，暗中卻令年羹堯將其軟禁於西寧，不准回京。雍正四年（西元一七二六年）八月，胤禟被召至河北保定害死。在發配胤禟的同時，雍正又藉故將胤䄉革去了郡王封爵，並囚禁於京師。至於廢太子胤礽、大阿哥胤禔，雍正仍如康熙時一樣予以嚴行禁錮。

在徹底解決諸皇子的朋黨勢力後，雍正帝又把矛頭指向後起的「心腹」年羹堯、隆科多兩大朋黨勢力。年、隆二人曾在擁戴雍正謀取帝位的過程中立下了汗馬功勞。雍正繼位後，年、隆二人得到了特殊的恩寵與重用，被稱為雍正初期的兩根臺柱子。年羹堯曾擔任陝甘總督、川陝總督、撫遠大將軍等職，威鎮西北，兼事雲南，是一個沒有封王的西北王，也是雍正初期在外地的主要依靠者。隆科多也因擁戴有功而被尊稱為「舅舅」（其妹為雍正帝嫡母），成為總理事務大臣之一。年、隆二人雖位尊權重，但此二人居功自傲，招權納賄，擅用私人，不守臣道，以致結黨營私，對雍正皇權構成威脅，最後被雍正帝誅除。

雍正三年（西元一七二五年）十二月，年羹堯以大逆不道、欺罔貪殘、狂悖專擅等九十二大罪名被處以死刑。雍正四年（西元一七二六年）十月，隆科多也以欺罔、亂政、奸黨、不法等四十一大罪名而遭永遠圈禁，六年（西元一七二八年）六月死於禁所。除此之外，雍正帝還處決了結成朋黨擾亂朝政的議政大臣、兵部尚書蔡等人。至此，朋黨之風經雍正帝的嚴厲打擊偃旗息鼓了，雍正皇權得了進一步的鞏固與加強。

為了確保皇位能在自己的一脈血胤中永遠傳承下去，從康熙末年激烈的儲位之爭的漩渦中闖過來的雍正帝對儲位問題進行了認真的思考。並創設了秘密立儲法，以避免儲位紛爭的重演。雍正即位不久，便向群臣透露了一個資訊：他對儲位問題已成竹在胸。

雍正元年（西元一七二三年）八月十七日，他在乾清宮西暖閣召見總理王大臣、九卿等朝中要員，正式宣佈了秘密建儲的方法。他說：「當日聖祖因二阿哥之事，身心憂悴，不可殫述。今朕諸子尚幼，建儲一事，必須詳慎，此時安可舉行？然聖祖既將大事託付於朕，朕身為宗社之主，不得不預為之計。今朕特將此事親寫密封，藏於匣內，置之乾清宮正中世祖章皇帝御書正大光明匾額之後，乃宮中最高之處，以備不虞，諸王大臣咸宜知之，或收藏數十年，亦未可定。」（《世宗實錄》卷十，第十五到十七頁）這儲君是誰，本人不知，諸臣不曉，只有皇帝一人預定。他宣佈後又象徵性地徵求諸位大臣有何意見，隆科多等人稱讚聖慮周詳，豈有異議。於是群臣免冠叩首，高呼萬歲英明，雍正帝非常得意。令眾臣退下，留下諸王大臣，將密封錦匣藏於「正大光明」匾額之後才出。為了縝密起見，雍正帝除了乾清宮存放秘儲詔書外，還另書了一份內容相同的傳位元詔書放在他經常駐蹕的圓明園內，這份詔書存放的地點更為神秘，諸王大臣、九卿等無人知曉。

直到雍正八年（西元一七三〇年）九月他身染沉屙時，才將有此詔書之事，私下告訴了大學士張廷玉。雍正十年（西元一七三二年）正月鄂爾泰奉召來京，雍正帝又向鄂爾泰、張廷玉做了說明，並告之除他們二人外，再無一人知之，看來這份密詔是雍正親自存放的。

雍正十三年（西元一七三五年）八月，雍正帝去世。因有密詔，弘曆毫無爭議地登上皇位，實現了清代有史以來皇權的第一次平穩過渡，證明了秘儲制度的成功。自此以後，高宗傳位仁宗，仁宗傳位宣宗，也都是採用秘儲制度來實現的。

雍正秘建太子，收到了立國本以固人心的政治效果，同時避免了明立東宮可能出現的諸皇子間的儲位之爭以及儲君與皇帝權力的角逐，消除了儲貳驕縱、廷臣黨附等弊端，減少了政治混亂，有利於皇權的鞏固與政局的穩定，不失為一種好的傳位方法。

整頓吏治，發展經濟

康熙後期，皇帝倦勤，「寬仁」為政，封建政治固有的疾弊日益暴露出來，吏治腐敗，貪污成風。錢糧短缺，國庫空虛，帶來了一系列嚴重的社會問題。對此現象，雍正還在藩邸時就「知之甚悉。」他即位後，深深感到吏治直接關係著皇權的鞏固和國力的強盛，決心花大氣力來整飭官僚隊伍，一掃康熙末年的積弊。

整頓吏治的一項重要內容就是清查虧空錢糧。雍正正式即位前，內閣官員在草擬登極恩詔時，按照慣例，開列了豁免官員虧空一條。雍正看後，認為這樣做只能助長官吏的貪污行為，「若不徹底清查，則吏治難以整肅。」並表示對貪官污吏要予以嚴厲制裁。十二月十三日，他給戶部下達了全面清查錢糧的命令。他說各地虧空錢糧，不是受上司勒索，就是自身虧空，都是非法的。要求各省督撫將所屬錢糧嚴行稽查，凡有虧空，無論已經參出及未經參出者，三年之內，務期如數補足，且不許苛派於民間，也不得藉故遮飾。如限期不完，定行從重治罪。三年補完之後，倘若再有虧空者，決不寬貸。為了把清理虧空、懲辦貪官的運動從上到下、從內到外地開展起來，雍正元年（西元一七二三年）正月，雍正帝下令在中央設立會考府，由怡親王胤祥、舅舅隆科多等人負責，要求從此以後一應錢糧奏銷事務，無論哪一個部門，都要由會考府清厘「出入之數」，嚴格稽核。會考府是中央的審計機關，各部、各省皆由其督責。會考府成立不到三年，就清查戶部虧空兩百五十萬兩，雍正責令戶部歷任堂官、司官及部吏賠償一百五十萬兩，剩下的一百萬兩則由戶部逐年彌補。清查中涉及的貴族和高級官僚，雍正也毫不容情。當時有不少郡王、貝勒，為了填補因貪污造成的虧空，不得不將家產拿到大街上去變賣，有的官吏不想或無力補償的，雍正即以抄家產作抵押。

至於地方上的清查虧空運動更是雷厲風行，聲勢浩大。贓官一經告發，即革職離任。抄家籍沒，不許像以往那樣留任以彌補虧空。除此之外，雍正還針對許多貪官把贓銀寄藏在宗族親友的情況，令其親戚代為賠償，但嚴禁地方官和老百姓為之清償。經過大規模的清查運動，各省被革職罷官的官員多達三分之一，有的已超過了一半。雍正也被人說成了「好抄人家」的皇帝。清查錢糧的運動收到了良好的效果。清理前，戶部虧空二百五十餘萬兩，清理後僅一年多時間即有了盈餘。地方上也基本上清理和追補了康熙以來的所有積欠，充實了國庫，打擊了貪官，有利於經濟的發展和吏治的好轉。

在清理錢糧的過程中，遇到的另一個社會問題是長期存在的耗羨現象。明末清初以來，封建官吏在國家正額賦稅（錢糧）之外，還加徵所謂「折耗」（即實物折成錢糧的損耗）和「火耗」（散銀熔鑄成銀錠時的損耗）。尤其是「火耗」，雖為朝廷允許，但地方官吏卻肆無忌憚、明目張膽地任意加增。官飽私囊，成為貪污勒索的重要手段。康熙時雖有心整治，卻無能為力。地方官吏不但積習未改，反而有增無減，有的地方「火耗」之重達到錢糧的百分之四十到百分之五十，致使農民的負擔日益沉重。目睹這種惡習，雍正認為，這樣無限制地徵收「火耗」，就是剝削民脂民膏，久而久之，非釀成大亂不可，很有必要加以整頓。但他又回過頭來認為，如果一味禁止徵收「火耗」，又勢必斷了各級官吏的生路和財路，也不利於統治。因為有清一代，官吏的俸祿都非常微薄，一品京官，每年的俸銀只有一百八十兩；七品芝麻官，每年的俸銀就更少，只有四十五兩。靠這一點俸祿家口都難以養活，還要送往迎來，年節應酬，以及打點上司，要讓他們不另謀它途勒索錢財也是不可能的事，因此，還得慎重起見，拿出一個兩全齊美的辦法來。雍正元年五月，湖廣總督楊宗仁提出從州縣耗羨銀中提取二成交到各省布政司庫，以應一切公事之費，此外，絲毫不准另行派捐。楊宗仁的建議，實際上具有耗羨歸公的意味。雍正看了之後，非常贊同，說他「所言全是」，當即批准。雍正二年（西元一七二四年），山西巡撫諾岷因該省耗羨嚴重，要求將山西各州縣全年所得的耗羨銀，通通上交布政司庫，然後以一部分用作抵補無著落的虧空，一部分用作大小官吏的養廉津貼。這樣，耗羨歸公與設置養廉銀兩項措施由諾岷正式提出。雍正看後，甚為高興，當即批准在山西實行。

為了進一步在全國推廣，雍正帝對諾岷的建議非常重視，並交內閣討論，但討論的結果令雍正帝大失所望。同年七月，雍正帝斷然下令在全國實行「耗羨歸公」，並要求各地視具體情況徵收「火耗」，但徵收的比率，只許減少，不許增加，所收的「火耗」全部提解到省。耗羨歸公的用途主要有三項，一是給官吏的養廉銀，二是彌補地方虧空，三是留作地方公用。耗羨歸公把加派從暗取改為明收，把私派濫征改為定額徵收，從無章法到制度化，的確是雍正帝的一項重要改革舉措。此法實行後，各地的火耗率都比原額有不同程度的下降，普遍保持在百分之二十以下，像山東、河南等省，火耗率下降的幅度就更大，由原來的百分之八十下降到了百分之十八。火耗歸公後，用作養廉銀的份額遠遠超過了官吏的俸祿，一品京官每年的養廉銀多達兩萬兩，是其俸祿的一百餘倍；連七品芝麻官也有兩千餘兩，是其俸祿的四十餘倍。這項制度的推行，在一定程度上減輕了人民的負擔，彌補了部分錢糧虧空，增加了地方的財政來源，也限制了官吏貪污勒索的惡習，收到了良好的社會效果。

在整頓吏治的同時，雍正帝還十分重視農業生產的發展。他除了花大氣力整治黃河、疏通漕糧北運通道外，還針對當時生齒日多，土地短缺的情況，積極獎勵墾荒，並推遲起科年限。雍正元年（西元一七二三年）四月，他御門聽政，首諭開墾之事，下令地方放寬開墾政策，聽農民自墾自報，並當即宣佈寬定旱田開墾十年起科，水田開墾六年起科。墾荒政策下達後，各地迅速出現了墾荒高潮。湖廣、江西、兩廣等省農民大批地流入地廣人稀的四川，從事墾荒事宜，開闢了大片農田。雍正四年（西元一七二六年），僅甘肅、寧夏就墾地六十餘萬畝，有力促進了農業生產的發展。

為了調動農民的積極性，打擊不法地主官僚逃避賦役或將負擔轉嫁到小農頭上的現象，雍正帝對賦稅制度進行了重大改革，那就是全面推行「攤丁入畝」的制度。這種把丁銀攤入田畝，隨地徵收稅額的辦法早在康熙時期就曾議論可否實行，但到雍正時期才得以真正施行。雍正元年（西元一七二三年）九月，他禦門聽政，當戶部議複直隸巡撫李維鈞請將丁銀攤入田畝，並於次年造冊徵收時，他非常贊同，並當即諭令九卿等共同審議李維鈞的請求和戶部的議複，隨後決定從雍正二年（西元一七二四年）起，在直隸首先實行攤丁入畝的政策。此後，各省相繼推行。攤丁入畝的徵收辦法，多數地區以府縣為單位，把固定下來的康熙五十年（西元一七一一年）的丁銀總數按田畝分攤下去。具體辦法有二種：一種是將丁銀攤入田賦計算，多數省採用此法。另一種是將丁銀攤入田畝，按畝計算，這種辦法僅限於江蘇、安徽兩省。「攤丁入畝」制度的實行徹底解決了過去丁役不均、貧富不均的弊端，懲辦了富戶，減輕了無地和少地農民的負擔，有利於勞動力市場的形成和發展，同時又保證了封建國家的丁銀收入，為緩解雍正初期國家財政匱乏起到了一定的功能。

加強集權，鞏固邊疆

雍正是一個非常精明的皇帝，他非常瞭解康熙後期上上下下報喜不報憂的禍患，他登位後，為了及時地瞭解全國各地的真實情況，加強中央集權，他對當時的行政制度也進行了重大改革和創造。其中最主要的有兩項：一是完善了密折奏事制度，二是創設了軍機處。

密折是後起的官方文書，在此之前，地方官有事報告皇帝，凡系地方公事，用題本，並加官印；若系個人私事，則用奏本，不用公章。兩種文體都要交通政司進呈皇帝，在皇帝御覽之前，這些報告已先由內閣官員看過。因此，這兩種文體的奏章都是公開的，不是只有皇帝拆閱的秘密奏疏。這樣，便有許多局限，有些事情官員不敢如實陳述，有些機密又不便公開奏聞，皇帝想知道的從中得不到，不利於下情上達的真實性。題、奏本是明朝的制度，清朝沿襲明制，皇帝愈感不便，於是在康熙年間產生了一種補救的辦法——秘密奏摺。秘密奏摺是皇帝最為心腹的人，最為相信的人才能用的，一般由皇帝指定，官員利用請安摺子，密陳地方官民動態。這種奏摺直接進呈皇帝，別人不得開啟。皇帝看後，加上「朱批」，發還官吏本人保管。但康熙一朝，能用密折奏事者不多，所奏內容也不甚廣，因而還沒有形成嚴格的奏摺制度。

雍正上臺後，感到密折是瞭解下情的最好辦法，便積極推行並使之制度化。他首先擴大了可寫密折人的範圍，先是各省督撫，後來又擴至提督、總兵、布政使、按察使及學政官員。對一些中下級官員，只要經過雍正特許，也可密折奏事。究竟誰有這個資格，與其說依品秩而定，還不如說依與皇帝的親疏關係而定。雍正一朝，擁有密折奏事特權的官員已由康熙時的百餘人發展到一千兩百餘人。另外，密折的內容也比康熙朝大大豐富了。地方政事、吏治狀況、軍隊訓練、水旱災情，以及各地風土人情、氣候糧價等，都是密奏的內容。當然，籌商全國或地方政務，考核地方官吏是其最重要的內涵。

密折制度的建立，有利於皇帝瞭解全國上下的情況，提高行政效率。雍正一朝的許多大政方針都是通過密折形式與心腹大臣往復討論，最後確定下來，並予以實施的。同時，密折制度又成了皇帝控制官員的一種手段，使官員們互相牽制，互相監督，各存戒心，不敢擅權，也不敢膽大妄為，一心一意地效忠雍正皇帝。密折制度使各級官員全部處在雍正的控制之下，又都在不同程度地兼做特務活動，從而使清代的專制皇權空前強化起來。

雍正帝加強中央集權的另一舉措就是創立軍機處，直接控制機要政務。雍正七年（西元一七二九年），清政府對準噶爾用兵。為了更準確、迅速地處理各種軍機大事，隨時宣召有關大臣，密授機宜，雍正帝在他的寢宮養心殿附近設立了軍機處。軍機處不是一個衙門，也沒有屬員，只是一個臨時處置機密軍務的機構，內設軍機大臣和軍機章京。軍機大臣是軍機處的主官，但不是專職，是雍正從大學士、尚書、侍郎等官員中挑選抽調出來的，原衙門的職務仍照常辦理。軍機章京是負責文字工作的秘書類人物，其人員也是從內閣、六部中抽調而來的，但編制仍屬原衙門，升轉也在原衙門進行，軍機處的職掌主要是：面奉諭旨，書成文字，並予轉發。雍正帝每天都召見軍機大臣，有事隨時召見，商議機務。軍機處最初是為了辦理西北軍務，後來雍正帝覺得軍機處用的順手，便用來辦理國家所有機密事務，軍機處逐漸取代了內閣而成為國家的實際中樞。皇帝除通過軍機處轉呈內閣「明發上諭」外，還可直接通過軍機處發出「廷寄」給各省及在京各部，大大地簡化了辦事手續，提高了以皇帝為首的中央集權的指揮效能。此後，軍機處一直延續到清末，成為贊理機務的重要國家機關，成為皇帝獨攬大權、發號施令的重要工具。

雍正繼位元時，清王朝的邊疆地區並不安定。首先是青海、西藏地區動亂不已。青海、西藏地區的蒙古人雖在康熙時就已歸順清朝。但後來由於準噶爾部的挑動，青海蒙古封建主羅卜藏丹津居然於雍正元年發動叛亂，放棄清朝封爵，恢復舊日稱號，扣留清朝官員，並進攻不願跟他叛亂的另外兩個蒙古親王。雍正聽到前方傳來的消息後，開始還想以攏絡的方式加以招撫，結果失敗，於是決定以武力平叛。他以川陝總督年羹堯為撫遠大將軍，主持平亂事宜。年奉命後作了周密的部署，並連續打了幾個大勝仗，俘敵十萬餘人，羅卜藏丹津被迫逃至柴達木。不久，雍正帝又重用漢族將領岳鐘琪，命其親率五百精兵，趁隆冬大雪之機突襲敵巢，次年二月大敗羅卜藏丹津，俘獲其母及妹妹，羅卜藏丹津男扮女裝僥倖脫逃準噶爾。平叛勝利後，雍正加強了對青海地區的控制，在那裡設立了青海辦事大臣，處理蒙藏事務，使青海直接隸屬於中央政府，改變了過去清政府對青海的間接統治。

在西藏地區，準噶爾勢力被驅逐之後，清政府曾留兩千精兵駐守，並任命親清的藏人擔任西藏地方首腦。雍正即位後，曾接受四川巡撫的請求，撤回了駐藏部隊。然而到了雍正五年（西元一七二七年），便發生了阿爾布巴的叛亂活動。雍正聞訊後，大為震驚，並急忙從四川、雲南等省調兵進藏，平定叛亂。次年秋，在後藏領袖頗羅鼐及藏族人民的大力配合下，清軍迅速平定了叛亂。西藏平定後，雍正深感西藏戰略地位的重要，決定強化對西藏的控制。在那裡設立了駐藏大臣，重新派兵兩千駐守。同時將西藏宗教領袖達賴六世遷至康定，並派兵看守。初步穩定了西藏的局勢。

在平定青海、西藏動亂的同時，雍正帝也進一步加強了對西南地區的控制。西南地區，尤其是雲、貴、川地區是中國少數民族聚居的地方。元、明以來，中央政府都以土司制度統之，即由各少數民族酋長自治，管轄各轄境民族事務。他們雖由中央政府任命，但擁有世襲職務的特權，在其轄境內可以自定成文和不成文的法令，對屬民擁有生殺予奪的權力，中央政府概不過問。可以說在土司統治的地方，實行的完全是土司的意志，而不是中央的政策。這樣一來，土司在其轄區內可以肆意淩虐，欺壓百姓。殘酷地剝削和役使當地屬民。僅賦稅一項，他們是「一年四小派，三年一大派，小派計錢，大派計兩」，掠奪的錢財遠遠超過了向中央政府的上貢。另外，各土司之間為爭奪土地、山林、人畜，互相廝殺，經年不解，世代為仇。甚至有時候又聯合起來反叛中央政府，搶掠漢族及其他民族，致使民族矛盾、土司與地方政府的矛盾日趨緊張、尖銳。針對這種現象，明代曾在一些地方廢除土司，設置地方政權，改用中央派出的流官進行統治，實行與中原地區相同的各種政策，名曰「改土歸流」，但這個政策遠遠沒有推行開來。清代沿襲明制，土司制度又行之近百年，土司制度的各種弊端愈演愈烈。有些大土司轄地數百里，擁兵數千累萬，驕恣暴戾，橫行不法，成為割據一方的土大王。

雍正即位後，深知土司制度的種種弊端和罪惡，決心加以根除。但如何解決，一時尚無萬全之策。雍正二年（西元一七二四年）冬，他任命鄂爾泰為雲貴總督，讓他一方面平定貴州土司叛亂，一方面認真調查研究找出解決土司問題的根本辦法。

雍正四年（西元一七二六年）九月，鄂爾泰正式提出了改土歸流的建議。他在奏摺中說：「土司互相殺掠，漢民深受摧殘。當地土人也飽嘗荼毒，這實在是邊疆地區的大患，很有必要加以徹底剪除。」其辦法就是要改土歸流，否則，雖是擒拿惡首，不過是臨事治標，而不能從根本上解決問題。隨後，他進一步闡述了改土歸流的戰略方針和具體措施。雍正看後，大為欣賞，認為是治本之策，當即批准鄂爾泰的建議，並勉勵他努力去實行。為了工作的方便及對改土歸流的重視，同年十月，雍正將鄂爾泰的署雲貴總督改為實授，並加兵部尚書銜。

雍正六年（西元一七二八年），他又重新改定雲貴川的行政區劃，並任命鄂爾泰為雲貴廣西三省總督，以利改土歸流和其他政策的推行。從雍正四年開始，鄂爾泰奉命剿平了叛亂土司，並在那裡首先進行了改土歸流，然後及於未叛土司。雲南、貴州、四川、廣西、湖南等省相繼推行這個政策，在改土歸流的過程中，當地土司曾進行了強烈的抵制，甚至發動叛亂，對抗中央，鄂爾泰根據具體情況，採取招撫與鎮壓的兩手辦法，分別進行處置。對自動交印者，多加獎賞，給予現任武職，或給世職；對頑抗到底者，嚴加懲罰，並籍沒全部或大部分家產。由於雍正用人得當，鄂爾泰辦事適度，改土歸流工作獲得了成功。

土司革除後，清廷在各地分別設置府、州、縣機構，委派有一定任期的，非世襲的流官進行統治，實行同內地相同的政權體制。改土歸流的成功，不僅減輕了西南少數民族人民的負擔和災難，打擊了土司、頭人的勢力，促進了這個地區的社會經濟的發展，而且加強了中央集權，鞏固了國家的統一，在中國多民族發展史上有著重要的地位。

性情剛毅，勤政務實

雍正作為皇帝，有至高無上、唯我獨尊的一面，但也有常人的喜怒哀樂。他遇事急躁，年幼的時候，康熙皇帝就說他「喜怒不定」，到了「而立」之年才逐漸成熟起來，「居心行事，大概而定」。但「喜怒不定」的性格並沒有得到徹底改正。為政之後，動輒發笑，抑或動怒，更是不乏其例。有時「笑得了不得」，有時卻會將臣下罵得狗血噴頭。他過分自信，特別相信自己多年的生活實踐和調查研究得出的結果，對於臣工的建議，他要經過自己的思考，也要徵求大臣們的意見，但又不會為臣屬的議論所左右。他的自信與急躁鑄就了他剛毅果斷的性格和雷厲風行的工作作風，他經常告誡臣下不要優柔寡斷，不要瞻前顧後，認准了的事就要做到底。雍正一朝，許多重大決策如「攤丁入畝」、「火耗歸公」、「改土歸流」的制定和推行，都與雍正的性格和作風有關。在決定國家大政方針面前，雍正帝一旦權衡利弊，有了把握，就會當機立斷，果敢施行。當然，這種性格也使他做出了不少輕舉妄動的事情，如強迫閩廣士人學說官話以及處理年羹堯等案就是最好的明證。他常常以此為憾，並多次公開認錯。

雍正不是一個莽撞天子，他處理朝政非常勤勉認真，從不馬虎了事。儘管從早到晚，日理萬機，他從不怕繁累。他閱覽本、章，不畏煩瑣，諭令每日「將本多送」，不許積壓。雍正在位十三年，共處置各種題本十九萬餘件，平均每年達一萬四千餘件。平均每天要閱題本四十件以上。如果說閱覽本、章屬例行公事，尚不費力的話，那麼，批閱奏摺就格外辛苦了。雍正一朝，奏摺之多，內容之繁雜，均為前所未有。但為了「宣達下情，洞悉庶務」，雍正把批閱奏摺看得十分重要。每晚閱後必親筆批發，皆出一己之見，無一假手他人，也無一人贊襄於側。在他短短的十三年帝王生涯中，留下了一批非常可觀的朱批奏摺文書。後人編成《雍正朱批諭旨》一書，共收奏摺七千餘件，這是一代帝王勤於政務的真實記錄。也是後人不可多得的珍貴史料。

雍正中年繼位，勤政好學，事必躬親。身體狀況一直很好。雍正七年（西元一七二九年）曾大病了一場，但一年後即痊癒。但到了雍正十三年（西元一七三五年）八月二十一日，雍正在圓明園偶感不適，他未在意，仍照常辦公。到二十二日晚上病情加重，急忙召見皇四子寶親王弘曆（即乾隆帝）及親信大臣，諭及後事，二十三日子時崩逝，廟號世宗。

雍正是在康熙末年一片紛亂之中承繼帝位的，即位時已年屆四十五歲。即位後，他針對各種社會積弊和矛盾，銳意進取，奮力整頓，勵精圖治，制定了一系列的方針、政策，有步驟地進行了多項重大改革。儘管他只做了十三年的皇帝，但他打擊朋黨、整頓吏治，清查錢糧、耗羨歸公、攤丁入畝、改土歸流等舉措，在中國政治歷史舞臺上留下了不可磨滅的印跡，為「康乾盛世」在乾隆時期達到頂峰打下了堅實的基礎，具有承前啟後的歷史功能。儘管雍正的繼位和暴卒常常成為人們捕捉和獵奇的材料，但他勤政務實，剛毅果敢的工作作風和累累業績，足以表明他無愧於一位既有政治頭腦、又有行政才能，務實求真，奮發有為的一代治國名君。

鄧輝　文

第十七章

清高宗

愛新覺羅・弘曆

愛新覺羅・弘曆（西元一七一一——一七九九年），雍正皇帝第四子，雍正十三年（西元一七三五年）繼承皇位，是為清高宗，年號乾隆，一般稱為乾隆皇帝。他在位六十年，傳位於其子顒琰（嘉慶皇帝）後，名為太上皇，實際上仍左右朝政，是中國歷史上執政時間最長的皇帝。他勤政有為，頗多建樹，與其祖父康熙皇帝、父親雍正皇帝的政績先後輝映，構成清朝的「盛世」。乾隆皇帝重視經濟的發展、社會的安定、邊疆的鞏固、文化的昌盛，使清朝的強盛達到頂峰，是中國歷史上較有作為的封建皇帝。

清除異己，鞏固皇位

乾隆皇帝二十五歲即帝位，頭腦清醒，眼光敏銳，為了穩定政局，鞏固皇位，擺在面前亟待解決的是站在對立面的宗室王公、滿漢大臣結黨營私的問題，莊親王允祿與理郡王弘晳狼狽為奸，大學士鄂爾泰與張廷玉各自拉幫結派，問題非常嚴峻。

允祿是康熙第十六子，雍正去世後，他與果親王允禮、大學士鄂爾泰、張廷玉共同擁戴乾隆即位。這四人因功擔任總理事務大臣，管理國家日常事務。但不久，國家日常事務改由軍機處負責，然而允祿仍在朝廷擔任要職。自果親王允禮去世後，允祿成了在朝廷掌握大權的宗室重臣，威望日增。不少宗室子弟爭相攀附，「私相交結，往來詭秘」。為防止事態惡化，形成尾大不掉之勢，乾隆不得不革去允祿的議政大臣、理藩院尚書職務，對與他有關的人員一一嚴加審訊，康熙廢太子允礽之子理郡王弘晳篡奪皇位的陰謀揭發出來後，弘晳被解赴京師，永遠拘禁在景山東果園。

鄂爾泰、張廷玉是朝廷老臣，雍正皇帝的親信，張廷玉還是乾隆皇帝的師傅，他們因擁立乾隆之功，雖然先後任總理事務大臣、軍機大臣，並分別兼管兵部、吏部和戶部事務，但他們並不滿足，欲壑難填，培植個人勢力，依附鄂爾泰的有軍機大臣海望、湖廣總督邁柱、河道總督高斌、工部尚書史貽直、巡撫鄂昌、總督張廣泗、禦史仲永檀，公哈達哈等，都是一些能呼風喚雨的實權人物。張廷玉拉幫結派則更突出，走他的門路進入仕途的，盡人皆知的有張廷璐等十九人，姚孔振等十三人；張姓是家族，姚姓是姻親。當時盛傳：「桐城張姚兩姓，占卻半部縉紳。」說明靠張廷玉飛黃騰達的人數之多。鄂爾泰與張廷玉勢力的膨脹，日益威脅著乾隆皇帝的權勢與安全。當乾隆皇帝為解除這種威脅採取各種應急措施之際，鄂爾泰病故，張廷玉就成為主要打擊對象。他在軍機處的地位先後為訥親、傅恒所取代，凡因張廷玉的關係進入朝廷的官員不准提拔，不許其子張若靄承襲伯爵，解除張廷玉兼管戶部、吏部事務，進而勸他退休，藉故削其伯爵。

在張廷玉離京後，查封其在京宅院兩所，沒收其寓所私銀一萬五千兩。對其黨羽分別給予懲處，其門生汪由敦因向張廷玉洩密而被革職，巡撫嚴瑞龍以「狡詐貪劣」之罪革職抄家。至乾隆三十六年（西元一七七一年），除其子張若渟尚名列仕籍外，其餘張氏子孫全被清洗。鄂爾泰的黨羽亦未逃脫被清洗的命運。

炫耀武功，史稱十全

乾隆皇帝在位六十年間，二平準噶爾、一定大小和卓、再掃金川、鎮壓林爽文、與緬甸、安南先戰後和好，還有兩次受廓爾喀之降，合稱為「十全武功」。

清代，以天山為限將新疆分為南北二路，北路為準噶爾的勢力範圍，南路為「回部」所據。

新疆北路準噶爾所處的地位極其重要，東捍長城，西倚蔥嶺，北蔽蒙古，南通西藏，是國家的西北屏障。康熙皇帝三次親征，平定了與沙俄勾結的準噶爾部首領噶爾丹的叛亂，噶爾丹兵敗病死。然而準噶爾的勢力依然強大，對清朝構成威脅，雍正皇帝憂心如焚，經過多年準備，派兵進剿，不幸失敗。此後不再隨便用兵，採取「來勿縱，去勿追」的策略。

乾隆時期，準噶爾貴族之間爭奪汗位，骨肉相殘，發生內訌，年僅十三歲的阿箚汗年幼無知，不理政務，放蕩不羈，被其長兄達爾箚取代。但達爾箚為婢女所生，無法使人民信服，遭到許多貴族反對，一些貴族擁戴達瓦齊為汗，另一些貴族推舉訥默庫濟爾噶勒為汗，這兩人互爭汗位，刀兵相見。與準噶爾有著親族關係的圖爾伯特，長期受其欺淩，不願捲入這場自相殘殺的漩渦，遭到達瓦齊的武力懲罰，給圖爾伯特帶來慘重損失，大片牧場被破壞。三千名男女、兒童遭擄掠，牧畜全被搶走，圖爾伯特在其首領「三車淩」，即車淩、車淩烏巴什和車淩蒙克的領導下離開了多年遊牧的額爾齊斯河流域的豐美牧場，投歸一直保持朝貢關係的清朝，受到乾隆皇帝的熱情接待，對他們的生產生活給予妥善安置。劃給遊牧地區，接濟牛羊數千隻；「三車淩」分別被封為親王、郡王、貝勒，其餘頭目被封為貝子、公、台吉（貴族）。「三車淩」投歸清朝，對準噶爾部割據勢力的瓦解起著重大功能。因「三車淩」熟悉情況，被任命為參贊大臣，從其部屬中抽調精兵二千參戰，兵分二路，勢如破竹，直抵伊里。後改伊里為伊犁，以寓犁庭掃穴，功成神速之意。達瓦齊逃竄，在清軍與「三車淩」的追擊中，達瓦齊被擒。

南部新疆首領大和卓波羅尼都、小和卓霍集占兄弟被噶爾丹拘禁，清軍平定伊犁時始得自由。

乾隆皇帝以大小和卓是南疆領袖，讓他們回歸故土，但他們竟忘恩負義，鬧獨立，對抗清軍。朝廷派去招撫的使臣被其殺害，乾隆皇帝興師問罪，直搗葉爾羌等地。

大小金川之役。四川西部分設土司，各土司之間，時或因疆界發生糾紛，時或因爭奪土司之職大動干戈。明代冊封僭拉土司為金川寺演化禪師，清初照例頒發印信，為削弱僭拉勢力，另授促浸土司為大金川安撫司，嗣後稱僭拉土司為小金川。大小金川接受朝廷冊封，大耍威風，橫行霸道，欺壓百姓，擾亂社會秩序，引起土司之間的衝突，影響很大。

第一次討大金川，始於乾隆十二年（西元一七四七年），派名將張廣泗指揮官兵三萬餘名，分七路進討，攻佔碉寨數百處，官兵傷亡千餘，攻堅困難，改用火攻，不見成效。後改命大學士訥親為經略，岳鐘琪為提督，督師奮戰，終因地勢險要，碉寨堅固，每攻下一大堡傷亡數百人，攻下一小堡傷亡亦不下百數十人。這次戰役歷時兩年，調動七省之師共八萬餘人，耗費白銀一千餘萬兩，最後以招降的辦法了事。大金川更加驕橫無忌，桀驁難制，留下隱患。

第二次討大小金川，始於乾隆三十六年（西元一七一一年）。小金川土司索諾木不遵約束，恃強劫掠，製造事端，官兵進討，小金川與大金川聯合一起抵抗，戰爭極其艱苦，官兵靠各式大炮取勝，前後歷時五年，先後調兵十萬，耗銀九千萬兩，共克木城二百餘座、戰碉兩千四百餘座、石卡五百餘座，焚毀寨落兩萬一千餘間。大小金川死傷兵民不下兩萬。蕩平大小金川後，在小金川設美諾廳，大金川設阿爾古廳，旋將阿爾古廳併入美諾廳，又改美諾廳為懋功廳，派駐同知掌理政務。

乾隆五十一年（西元一七八六年）十一月，臺灣天地會首領林爽文起義，自稱盟主大元帥，建元順天，設官分職。鳳山天地會首領莊大田亦率眾起義，自稱洪號輔國大元帥。南北呼應，淡水、諸羅、鳳山相繼為起義軍所有，殺知縣、千總，發展到十萬人。福建水師提督黃仕簡、陸路提督任承恩相繼渡台鎮壓，因循觀望，貽誤軍機，被革職送京師治罪；閩浙總督常青、參贊恒瑞等先後渡台，仍一籌莫展。乾隆皇帝急命陝甘總督福康安帶領湖南、貴州、廣西、四川精銳之師去救急，生擒林爽文、莊大田，在一年又三個月的戰鬥中，起義軍死傷慘重，官兵死傷數千人。

在滇緬交界的地區，一些土司既接受清廷冊封，又向緬甸納貢，情況複雜。近代緬甸的締造者甕藉牙剛剛建立阿隆丕耶王朝（西元一七五二年——一八八五年），完成緬甸的統一，實力頗強，經常襲擾雲南邊境。各土司從中推波助瀾，乾隆皇帝四次征討緬甸，雙方皆有損失，清朝的損失極大，損兵折將，雲貴總督劉藻、楊應琚，將軍明瑞，參贊大臣珠魯訥先後因兵敗自殺；總兵官王玉廷、索柱、胡大猷、李全、德福等兵敗陣亡，不少將領在前線染病身亡，四次戰役共耗銀一千三百餘萬兩，後罷兵議和。乾隆皇帝正式冊封緬甸國王，議定十年一貢。

安南在清軍入關時正陷於南北對峙局面，廣南阮氏控制南方，鄭氏擅權北方。國王黎氏徒擁虛名，但他與中國關係密切。乾隆末年。西山阮氏崛起，既滅廣南，覆敗鄭氏，篡奪王位，黎王嗣孫黎維祁出奔。乾隆皇帝派兵協助收復失地，冊封黎維祁為安南國王。但西山阮光平勢力鼎盛，趕走清兵，黎維祁亦棄印而逃。乾隆皇帝順應形勢，改變態度，轉而封阮光平為安南國王。

乾隆皇帝對緬甸、安南，以戰爭開始，以和好告終，沒有固執己見，但他講妥協，是有原則的。

位於西藏西南的廓爾喀來犯時，他認為沒有講妥協的餘地了，廓爾喀的疆土與西藏犬牙交錯，彼此商務往來頻繁。乾隆末年，因鹽稅緣故，廓爾喀兩次入寇西藏邊界。肆意搶掠，嚴重威脅中國領土主權的完整，乾隆特派福康安等平定廓爾喀。

乾隆平定準噶爾、大小和卓及廓爾喀，維護國家統一及領土主權完整，有功於國家的強盛與民族的融合，完成了其祖、父的未竟之業，值得肯定。鎮壓林爽文、莊大田起義及再掃金川，雙方死傷慘重，完全可以避免而未避免，將罪過標榜為功勞，顛倒了是非。

加強專制，頻繁出巡

乾隆皇帝特別喜歡出巡，平均每年出巡超過兩次，一生總計出巡一百五十次之多。頻繁的出巡，在中國歷代帝王中實屬罕見。頻繁出巡，他視之為加強專制統治的重要手段，通過出巡瞭解民情，安撫百姓，消除隔閡，緩解矛盾。

乾隆皇帝出巡最使人津津樂道的是六下江南。江南物產富饒，人文薈萃。江南的安定關係清統治的穩固，但朝廷與江南地主階級之間存在著不少矛盾，江南大戶歷年積欠賦稅，朝廷為保證財源，兩次進行大清理，江南地主階級經濟利益受到損傷；科舉考試減少內地各省府州縣生員名額，江南地主階級政治權益有所削弱，因此禦史杭世駿上書指出乾隆皇帝的政策是排斥漢人。六下江南，正是想通過懷柔手段來攏絡官紳、收買人心、彌補裂痕、安定社會。

第一，蠲免積欠。乾隆首次南巡，即下令蠲免乾隆元年至乾隆十三年江蘇積欠的地丁錢糧二百二十八萬餘兩，安徽積欠的地丁錢糧三十萬餘兩。浙江無積欠，則免除其當年應徵地丁錢糧三十萬兩，避免厚此薄彼而引發新的矛盾。對商人也給予恩惠，首次南巡時，對他們中原有三品職銜的皆加「奉宸苑卿」銜，未至三品的加「按察使」銜。其餘按本身職銜加頂戴一級，還分別減免其未完稅務。六下江南共免除所經州縣逋負錢糧達兩千餘萬兩。

第二，選拔人才。乾隆首次南巡，即向江甯鐘山書院、蘇州紫陽二院、杭州敷文書院各贈送一些圖書，以表示他重視文化、關心教育。同時，為消除江南知識份子對科舉名額限制的不滿情緒，特命增加浙江等三省府州、縣學歲試文童錄取名額。對皇帝歌功頌德的，乾隆親自出題考試，成績合格，直接錄取為舉人、進士，授給官職，以攏絡人心。

第三，加官晉爵。六下江南，沿途受到現任官員和致仕老臣的迎駕，乾隆極為高興，除接見、賜宴外，還贈送禮物，禮物中有人參、貂皮等。二下江南時，前來接駕的經學大師顧棟高賜為國子監祭酒。三下江南時，天文曆算學家梅瑴成前來接駕，賜其長子為舉人出身。四下江南時，致仕老臣沈德潛、錢陳群至蘇州迎駕，賜他們在家鄉食一品俸，加官太子太傅銜。對受到罰俸、停俸、降級處分的，有的准予恢復原俸原職。對現任封疆大臣，或賞金銀，或題詩贈匾，以示君臣關係融洽、同心同德。

第四，祭掃陵墓。六下江南，每次必到江甯拜謁明太祖朱元璋的孝陵，三次至曲阜祭孔，在江南四祭文廟。途經鄒城拜謁孟子廟。對沿途三十里以內的歷代名臣的祠堂墳墓，遣官致祭，唐代的張巡、許遠、陸贄，宋代的曹彬、范仲淹、宗澤、岳飛、韓世忠，明代的徐達、常遇春、李文忠、方孝孺、於謙等，在乾隆心目中都是能臣、忠臣，紀念追悼死人可以規勸激勵活人為其效忠，充分體現其以尊重儒家傳統來消除民族隔閡、仇怨的意圖。

六下江南，取得了較大的成績。在政治、經濟、社會、軍事、思想、文化諸方面皆有所成就。督視河工海塘，查訪吏治民情，在安定人心方面的功能最突出。但他一手緩和矛盾，一手又製造矛盾，就在六下江南的年月中，大興「文字獄」，血腥鎮壓遠遠超過其懷柔恩澤。六下江南前四次皆是奉皇太后出遊，隨行王公大臣和扈從人員達兩千五百餘名，往返行程六千里，行宮三十餘處。六下江南花掉銀子兩千多萬兩，勞民傷財，其消極影響遠遠超過康熙六下江南。

嚴懲貪官，堅持不懈

乾隆時期，國力鼎盛。各級官吏趁經濟繁榮、國庫充盈、百姓富裕之機，詭計多端，聚斂錢財、貪贓枉法之事，層出不窮，行賄受賄成風，官府上級向下級徵收「余平」，索取供應；下級向上級饋送金銀、土產；上下級狼狽為奸，侵佔賑災、備荒、治河、修塘款項，向農民徵收糧米、勒索金銀，向商賈亂攤濫派、抑買商品。階級矛盾與民族矛盾日益激化，為鞏固統治，必須懲治貪污。乾隆皇帝懲治了許多貪官污吏，著名的有十大案。

一、南河虧空案。治理黃河的大員侵吞治河款，積年虧空十萬餘兩。乾隆十八年（西元一七五三年）將經管河務的高斌、張師載等革職。這年夏天，黃河於銅山縣決口，數州縣一片汪洋，百姓生命財產損失慘重，這完全是治河官員貪污造成，乾隆皇帝命令將負責管理這一段河務的同知李焯、守備張賓立即處死，並限令一年內補足虧空，逾期不能完成任務的正法，將乾隆十年來歷任河庫道姚廷棟等革職並追究罪責。

二、楊、恒、蔣貪污案。湖南布政使楊灝，貪污備荒款銀三千餘兩，湖南巡撫蔣炳出面說情，乾隆皇帝鐵面無私，排除干擾，堅決將楊灝正法，將包庇楊灝的蔣炳革職治罪，查抄家產。雲貴總督恒文，搜刮金銀數萬兩，令其自盡。並對那些身受其勒索而不舉報的地方官，各降一級。山西布政使蔣洲，在任內虧空庫銀二萬餘兩，離任時，勒索錢財以彌補虧空，被處死；山西巡撫明德因收受蔣洲的賄賂受到革職處分，幾與貪污犯有關的人員都法網難逃。

三、兩淮鹽引案。乾隆三十三年（西元一七六八年）發現前任兩淮鹽政高恒、普福和鹽運使盧見曾私下規定，從乾隆十一年起，每張鹽引加收稅銀三兩，勒令鹽商繳納，這筆非法的稅款徵收二十餘年，得六百餘萬兩。除一部分用於乾隆南巡外，其餘中飽私囊，高、普、盧三人皆正法。高恒之兄高晉，身為兩江總督，知情不報，受到嚴懲。

四、甘肅捐監冒賑案。陝甘總督勒爾謹與甘肅省布政使王亶望，以及繼任布政使王廷贊，在推行納粟捐監活動中，從捐監生納糧中藉口賑災，大肆侵吞，王亶望一人即貪污白銀三百餘萬兩。這次大小官吏串通舞弊案，涉及人犯很多，勒爾謹、王亶望、王廷贊等五十六名貪污犯一律處死。

五、陳輝祖侵吞抄家物資案。乾隆四十七年（西元一七八二年），閩浙總督陳輝祖利用查抄新調任浙江巡撫王亶望家產時，抄家底冊未加改動即上報朝廷，底冊上載有金葉、金條、金錠四千七百餘兩，而送交內府的只有金葉九兩三錢，王亶望家藏稀有珍寶玉瓶和玉山子，都沒有下落，經查實皆為陳輝祖所侵吞。陳輝祖奉令自盡。

此外尚有湖南巡撫李因培與下屬勾結貪污庫銀數萬兩案、貴州威寧州鉛廠虧空案、兩任雲南布政使錢度貪污受賄案、山東巡撫國泰、山東布政使於易簡勒索部屬案。這些案犯皆被處以極刑，毫不姑息。乾隆六十年（西元一七九五年），閩浙總督伍拉納與福建巡撫浦霖串通，盜竊庫帑，使福建全省虧空二百五十多萬兩，又侵吞鹽務經費十五萬兩。伍、浦二犯皆斬首。伍家除藏有金銀外，竟藏如意一百餘柄；浦家藏金七百餘兩、銀二十八萬餘兩。

乾隆時期十大貪污案，說明貪贓枉法之普遍，各級官吏互相勾結，作案手段變化多端，或公開搶掠，或暗中盜竊，或行詐騙，或行勒索，橫行無忌。乾隆皇帝懲治貪污的決心很大，皆處以極刑，對包庇說情的、知情不報的、窩藏贓款贓物的，皆分別給予嚴懲。現任官出現問題，往往追查其前任的責任，深挖細找，順藤摸瓜。但一直到乾隆六十年（西元一七九五年），仍有伍拉納貪污案發生，值得注意的是乾隆皇帝懲治貪污，堅持不懈，貪污仍難以禁絕，這與乾隆皇帝帶頭聚斂、揮霍無度有關，為慶祝其八十壽辰，令官員捐獻「養廉銀」，這是公開的貪污，上樑不正下樑歪，其揮霍無度，更超過其祖康熙皇帝、父雍正皇帝，他晚年檢查自己：「惟六次南巡，勞民傷財，作無益害有益。」他懲治貪污有不少疏失，最大的錯誤是放縱和珅，和珅在乾隆皇帝身邊成為全國最大的貪污犯，乾隆皇帝死後，嘉慶皇帝賜和珅自盡，和珅家藏奇珍異寶無數，珍珠手串二百餘，並有較皇冠上珍珠更大的珍珠，所藏金銀據折算值白銀十億兩。其成員有和珅的弟弟和琳，和珅的家僕中亦有家產二十餘萬兩銀子。乾隆末年湖廣總督畢沅、巡撫福甯、布政使陳淮，三人狠狠為奸，當時有民謠：「畢不管，福死要，陳倒包。」這也是一個大貪污集團。

繁榮文化，禁錮思想

乾隆時期，社會安定，經濟繁榮，文化事業得到了發展。乾隆皇帝自幼讀四書五經，研究義理，尊孔重儒，對《朱子全書》愛不釋手。但他重用的理學名臣鄂爾泰、張廷玉拉幫結派威脅皇權，使他對理學的重視發生動搖。當時整理古籍的學者引起了他的重視，最先受到重視的是顧棟高。顧棟高字複初，江蘇無錫人，是乾嘉學派的先驅，專心研究經史。著有《春秋大事表》一書。對宋儒隨意抒發《春秋》義例進行有力的批判。為了表彰、鼓勵他，特授他為國子監司業。先後得到賞識的還有江永、楊昌霖等人。他們與高級官吏沒有什麼關係，不僅可避免朋黨之患，而且可改變清初治學與反清相聯繫之風。為適應專制統治的需要，亟應從中國傳統文化中尋覓靈丹妙藥，古典文獻浩如煙海，在長期流傳中訛脫衍誤、亡佚殘缺現象非常嚴重，有能力解決問題的人才顯得極其重要，乾嘉學派應運而生。

為了通過科舉考試引導人們重視經史、鑽研考據，乾隆十年（西元一七四五年）以後殿試時務策加上經、史方面的內容。將大批對經史研究有成的學者吸收到各級政權中，乾隆皇帝為這些人開闢發揮才華的場所，即組織頻繁的大規模修書活動，特別是編纂《四庫全書》。

《四庫全書》的編纂是一項巨大的工程，分為經、史、子、集四大部，包括目錄、版本、校勘、辨偽、輯佚、考證諸環節。乾隆即位之初，即令官員到處搜訪遺書，採編的標準是「有益於世道人心」。所謂「世道」即封建專制之道，所謂「人心」即封建帝王之心，凡不合此道此心的即行銷毀，共計焚書二十四次，毀書五百餘種，一千三百餘部，遠遠超過所輯之書，在所輯之書中，凡有不符合統治思想的內容，或刪削，或竄改，特別是關於民族矛盾的論述，多全文刪除。乾隆三十六年（西元一七七一年）正式開設四庫全書館，紀昀為總裁官，延攬三百六十五人參與編輯，至乾隆四十七年完工，經過十年辛苦，網羅古今已刊未刊之書，整理編纂而成《四庫全書》，共繕寫七部。這項巨大工程除保存許多重要文獻外，也培養了不少學者專家，不少人在編纂《四庫全書》的基礎上，著書立說，一舉成名。更多的人受其實惠，在文獻整理方面取得優異成績。

在乾隆「稽古右文」政策的提倡下，私家修書成風。乾隆二十一年（西元一七五六年）盧見曾輯刊《雅雨堂叢書》，收書十一種，一百二十八卷，為當時罕秘之本，且多出精校、名抄。乾隆三十四年（西元一七六九年）陸烜輯刊《奇晉齋叢書》，收書十六種，收錄當時罕傳的唐宋金元明五朝名人之作。

乾隆五十二年（西元一七八七年）任兆麟輯刊《述記》（即《三代兩漢遺書》）。收書四十六種，以收輯諸子之書見長。此外，尚有孔繼涵的《微波榭叢書》、馬俊良的《龍威秘書》、畢沅的《經訓堂叢書》及盧文弨的《抱經堂叢書》等。

乾隆皇帝繁榮文化事業的成績不可抹殺，但有很大的局限性。他所扶持的乾嘉學派，為考據而考據，為學術而學術，禁忌甚多，明史研究、華夷之辨皆屬禁忌，稍有疏失，就陷入「文字獄」之災，慘遭殺身之禍。

乾隆前期清除異己，鞏固皇位，為加強皇權，鞏固統一，安定社會，發展經濟有積極意義。但其後期實行文化專制、禁錮思想、大興「文字獄」，使人心不安，社會動盪，貪污橫行。從乾隆四十年（西元一七五五年）開始，各族人民的反抗風起雲湧，康乾盛世的喪鐘響起，一陣高過一陣。

王祥生　文

第十七章
清高宗　愛新覺羅・弘曆

國朝興亡史——治國

作　　者　顧志華、王延武、韓　敏

發 行 人　林敬彬
主　　編　楊安瑜
編　　輯　吳培禎、李睿薇
封面設計　蔡致傑
編輯協力　陳于雯、高家宏

出　　版　大旗出版社
發　　行　大都會文化事業有限公司
11051 台北市信義區基隆路一段 432 號 4 樓之 9
讀者服務專線：（02）27235216
讀者服務傳真：（02）27235220
電子郵件信箱：metro@ms21.hinet.net
網　　　址：www.metrobook.com.tw

郵政劃撥　14050529 大都會文化事業有限公司
出版日期　2022 年 04 月初版一刷
定　　價　450 元
I S B N　978-986-06020-6-7
書　　號　History-144

Metropolitan Culture Enterprise Co., Ltd.
4F-9, Double Hero Bldg., 432, Keelung Rd., Sec. 1,Taipei 11051, Taiwan
Tel:+886-2-2723-5216　Fax:+886-2-2723-5220
E-mail:metro@ms21.hinet.net
Web-site:www.metrobook.com.tw

◎本書由華中科技大學出版社有限公司授權繁體字版之出版發行。
◎本書如有缺頁、破損、裝訂錯誤，請寄回本公司更換。

國家圖書館出版品預行編目（CIP）資料

國朝興亡史：治國 / 顧志華、王延武、韓敏　著 . -- 初版
-- 臺北市 : 大旗出版 : 大都會文化發行 ,2022.04；368 面；
17×23 公分 .
-- (History-144)
ISBN 978-986-06020-6-7(平裝)

1. 帝王 2. 傳記 3. 中國

610　　110010988